陈纪滢文存

陈纪滢 著
傅国涌 主编
许 骥 编

责任编辑：薛治
封面设计：知尧视觉
责任印制：刘苗苗

图书在版编目（CIP）数据

陈纪滢文存 / 陈纪滢著；许骥编．--北京：华龄出版社，2011.1
（遗忘的文存）
ISBN 978-7-80178-786-6
Ⅰ．①陈… Ⅱ．①陈… ②许… Ⅲ．①社会科学—文集 Ⅳ．①C53

中国版本图书馆CIP数据核字（2010）第257404号

书　　名：陈纪滢文存
作　　者：陈纪滢 著 傅国涌 主编 许骥 编
出版发行：华龄出版社
印　　刷：北京中创彩色印刷有限公司
版　　次：2011年1月第1版 2011年1月第1次印刷
开　　本：720mm x 1020mm 1/16　　印　张：13.25
字　　数：210千字
定　　价：29.80元

地　　址：北京西城区鼓楼西大街41号　邮　编：100009
电　　话：84044445(发行部)　传　真：84039173

出版说明

《遗忘的文存》（四种）收录了程沧波、毛子水、蒋廷黻、陈纪滢四位先生生前已经发表的文稿，包括评论、人物回顾、历史事件等多方面内容。这些文稿大多成稿于1949年以前，也有部分写作于上世纪五十年代至八十年代初期。实为不可多得的珍贵历史资料，具有一定的研究参考价值。

这批文章系首次以简体字版方式印刷出版，考虑到作者生活的历史年代和读者的习惯，在编辑出版过程中，我们在力求维持文稿的原貌的同时，在编写体例上尽量做了统一：

一、将文稿中的民国纪年统一为公元纪年；

二、凡文章题目后注明“节选”的，表明该篇文章不是全文；

三、由于现实原因，对文章中个别词语在不改变原意的前提下做了些微改动；

四、对涉及到的台湾行政单位，按大陆行文习惯进行了标注。

尽管如此，文中仍会有使读者读起来感觉不太习惯的地方，敬请读者充分考虑文章的成稿背景，予以谅解。

陈纪滢自传

一、关于“自传”

“自传”是近人的事。古人“立传”大多数托之后人、亲友或子孙。其中具有褒贬意义。今人因印刷方便，未得“人传”先“自传”，固然直截了当，但毕竟不足为训。因“自吹”“自捧”与“自抑”“自谦”都有失真实。不真实还有什么“自传”价值？唯一好处，可能是时间准确，大事不漏，以及从自己笔下写出来的，有权威性。可是，也不尽然。这种“自传”，时间也未必准确，工作未必尽在其中；反不如别人因细心研究而得到的为正确。因为既是“小传”就不能太长。在此情况下，不正确、有遗漏是正常事。何况在急就章下，一切错误、疏漏更难免。所以我唤醒读者注意：纵然我写下“小传”，也不是一篇完整、无误而一字不可更易的文章。仅是大体上无误，出诸作者自己一时偶兴之作而已。假设我在未来还有被人探讨的价值，只有仰赖对我有兴趣的作者，从我所有著作中整理一部“陈纪滢传记”，那才是权威。因为我已写了许多有关自己的事。就是自己写的，错误仍难免；不过我从来没故意往错处写，既未夸大，也未掩饰。如果我在写作途径中，还有一点什么价值，我那份“真诚”可能是重要资料之骨干。

二、出生及家世

我于一九〇八年出生于河北省（当时还叫“直隶省”）中部一个农村里。那个县叫“安国县”（当时叫“祁州”，民国后称“安国”。）是自隋唐以来，全中国药材聚散的中心。县虽小，经济价值则大。

我常说：平生有两大特点：（一）我的父亲是一个由旧学（秀才）改读新学（法律）的人。父亲于一九一二年就在东三省哈尔滨执行律师业务。（二）

我没有上过一天私塾，一开始就读小学。照我的年龄应先读私塾。虽然我家外院就是私塾，我也常跑到私塾里去玩，看学生们如何死背四书。但我小学毕业后，就离开本村，到县城里去读高小（三年），于一九二二年，再到保定去读中学。

这中间，我享受着大家庭的天伦乐，尤其过年过节，另有气氛。但也过着天灾人祸的日子，非涝即旱，而且长年过逃兵。所以在高小作文，一开始总是“旱涝频仍，兵燹连年”。那真是写实之至！

我的祖辈（高曾祖）家道小康，有房屋院落为证。占的地点是全村最中心地带，四面临街。而且四个院子按祖父辈四兄弟，分做东西南北院，都可以互通。有走廊、甬道、正房、厢房等。高、曾祖及祖父辈均有功名，做过京官与县官。乡下人曾给我祖上编了一首歌，以形容宅第玄昂：“齐村村，雾腾腾，陈洛孝家的房子像北京。”陈洛孝是我的高祖。可是到了祖父辈就家道中落，成了破落户。说起来，这是大家庭制度一定的结果。因子孙众多，不得不分居、析产，以及各立门户。原来产业聚于中枢，显得火火爆爆；等一分家，由集中变零碎，岂不支离破碎？小时候，读祭文，常有“食指日繁，捉襟见肘”之句，以说明家道中落，也是受人口的压力。

我父亲干了半辈子律师，穷孑一生。然而供养将近二十口人丁的家用，同时供应我兄弟五人读中学、读大学，算是他老人家的贡献。幼年间，因父叔辈常年在东北奔波，家里全凭祖母带着母亲、婶母等三人，指挥长短工，肩起田亩的责任。祖母是一个大家闺秀出身、知书达理之人，不但就近督导我上学，还能额外每月给我一元三角钱让我订阅一份《平津报纸》，叫我向村人讲述时事。以明了何方与何方作战，及为什么作战的事实？因为天天过逃兵，杀了人放了火，却不知道谁为主动跟为什么打仗？我从九岁起阅报，当本村“发言人”，就奠定了我后来从事新闻记者与写作的基础。我祖母真是了不起与影响我一生最大最多的人，祖母于一九二八年病逝，享寿七十七岁。我每一思念，亏欠祖母的最多。

一九二三年，我曾试投北京《晨报》一首小诗幸蒙录取，给我最大鼓励。以后《京报》上也刊出过我的小诗。一九二七年我读完了大学预科，遵父命到哈尔滨考入吉黑邮政管理局。在五年内，我服务南岗总局、五道街、长春、火车邮局、满洲里一等局等邮政机构。同时我也进入哈尔滨法政大学（夜间部）学习法律与经济等课。最重要的是在这五年内，我利用邮局“铁饭碗”的生活保障，努力写作。自一九二八、二九年直到“九一八”，我的写作浮名已“腾扬”东北半壁，而且也成了报界的“小人物”。所有“东北作家”如萧军、萧红、罗烽、白朗等，都在我们之后。与我同时的有赵惜梦、于浣非、孔罗荪等数十人。那时我们被目为东北文艺界的“中心人物”，并非夸耀。

三、从事新闻工作之始

我从一九三一年（“九一八”）年底接受了天津《大公报》之约聘，担任东北秘密通信员工作，在冒险中有愉快。从此我与该报发生了关系。从此我也便在新闻与创作两界中浮沉。一九三二年秋，东北邮政三万余名员工全体撤退关内，表示不在日、伪治下工作，反映了汉贼不两立的骨气。这是空前的一项志节展示。

我到了上海。一面在邮局服务，一面仍从事新闻与创作。一九三三年我奉《大公报》之命潜回东北，察勘日本抚育下的伪满洲国一年的“政绩”。采访归来后，一九三三年“九一八”《大公报》出特刊，四分之三的文章皆出自我手。内容震惊全国，也引起日本政府的抗议。我在《大公报》停留半年帮忙编“小公园”与“本市副刊”。一九三四年春，我又回到上海，结交三十年代文人甚多。一九三五年二月去武汉，与友人赵惜梦、于浣非、孔罗荪等共同创办《大光报》。我主编综合性副刊“别墅”。一九三七年“卢沟桥”事件爆发之时，我正在帮助惜梦兄苦撑《大光报》。十月，《大光报》让渡生财给天津版的《大公报》。我又回到《大公报》，担任副刊编辑、记者、特派员等职务，迄一九四六年五月一日辞职。前后计有十五年之久，我为大公报工作。中间于一九三八年、一九四〇年、一九四二年，我三次渡天山，归著《新疆鸟瞰》一书（商务版）。一九四〇年并曾去苏联开会。我对边疆因有接触，发生兴趣。从东北到西北到处有我的足迹。

四、浮名与际遇

我的浮名愈彰，显着我的正式职业愈重要。除《大公报》外，别的文化工作都是在贴钱状况之下干的。至少到今天还有许多老朋友，不知道我是一个小小公务员出身，规规矩矩每天上八小时班之后，才从事业余生活的。记者、作家容易得浮名，但很难填饱肚子。我仗着有吃饭的职业，所以才敢从事文艺工作。

我在邮局方面曾作过许多特殊业务，如行动邮局局长，如邮袋组组长，如要密组组长，如在上海邮区负责东北在自卫军治下的十八个局所，如作国际规算等等。这些都不是一般普通员工所能遇到的工作机会。在汉口我作过两任支局长。在东川，我任“要密组组长”，被称为“要命组”组长。因专司军事委员会给前方作战单位所颁的“密电码”邮件封发邮递，如果发生任何一点错误，都吃罪不起。严重的还可以判死刑。我负责三年，幸无舛错。我于一九四〇年调往邮政储金汇业局（以下简称邮汇局）在储金处当课长。如现在邮局所通行的“划拨”就是我的“杰作”。其他如挂号、撕条就走、无需久等，也是我跟几位同事向上边建议的。这些都属于邮政史上的“革命”业绩。

我在报馆工作完全是兴趣。我虽非《大公报》的全部时间的工作人员，始终是客卿地位。但我享受过一个正式职员的待遇，还参加高阶层会议。我编辑部的什么事都干过。自写社评起，国内外要闻都编过。当然以副刊为久，自“小公园”至“战线”、“文艺”，自天津至汉口，再到重庆，前后历经十五年。如果说，人有所谓“黄金时代”，那便是我的“黄金时代”。

最特殊的职务是秘密访问伪满洲国与三渡天山。前者冒险，后者际遇难得。当年是前辈的善意，希望派我以特殊任务，藉机会使我离开邮局，专门帮忙他们致力于新闻工作。可是我始终能保持邮局职务。这是邮政当局对我的偏爱。在大陆时代，有人批评我不全副精神为《大公报》工作是一大败笔。于今想来，我幸未作“职业报人”，故仍能以“票友记者”为《大公报》鸣冤。我已有三部书写张季鸾、胡政之与《大公报》（已有两部出版）。（……）

所以天下事有幸与不幸。当年，青年学子争着求入《大公报》的何止千万？我却不知好歹，硬是不识抬举，没把我的本职丢掉。其间默默中也有我的“智慧”与“命运”。

一九四五年我当选国民参政会参政员。胜利后，我去东北接收。一片幻想：想为《大公报》办东北版，想为哈尔滨市政府办地方报。但我正式的职务，是以“邮政储金汇业局”东北筹局五委员之一，到达长春。然后又奉哈尔滨市长杨绰庵先生之任命我为市府“文化指导委员会”的主任委员。

五、三年中四任经理

一九四六年五月在重庆开完了参政会，携眷复员，到北平邮汇局报到，任副经理。两年内，过足了北平生活之瘾。一九四八年二月升任郑州邮汇局经理。四月第一届立法委员选举揭晓，我膺选立法委员。同年七月又接任沈阳邮汇局经理。一九四九年一月八日，在围城声中全家逃离南京。元月二十五日，又由上海至广西桂林，筹设邮汇局任经理。八月离桂林来台北。

十二月底离开邮汇局专任立法委员，迄今已二十八年。

六、多次参加国际笔会

来台后，除出席“立法院”外，其余时间，从事写作与文艺运动。先后参加“文奖会”、“中国文艺协会”、“中央日报”、“教育部学术委员会”、“中山基金会”、“国军新文艺辅导会”及“中华民国笔会”等文化组织。一九五九年与罗家伦氏出席西德法兰克福国际笔会第三十届笔会。归著《欧游剪影》。一九六〇年出席瑞士柯峰世界道德重整会议。归著《在柯峰》。一九六一——六二，奉邀访问美国七个月，归后出版十本有关美国的专著。一九六二年底出席菲律宾马尼拉所召开的第一届亚洲作家会议。一九六四年出席泰国曼谷的第二届亚洲作家会议。一九六五年访问琉球。归著《了解琉球》。一九六七年出席西非象牙海岸首都阿比尚举行的国际笔会第三十五届大会。会后并游览西班牙及欧洲大陆。应比、德之邀作友好访问。归著《欧洲眺望》与《西德小驻》及《西班牙一瞥》三书。

一九七〇年出席台北所举行的第三届亚洲作家会议及在汉城所举行的国际笔会第三十七届大会。一九七一年出席在爱尔兰首府都伯林所举行之第三十八届大会，并再游英伦、四游新大陆。一九七四年先去日本，出席东京“新国民出版社”所译拙著《荻村传》日文本出版纪念会，会后去大阪演讲。又去北海道旭川访问《冰点》作者三浦凌子女士。十二月初率团去菲、越、新、泰、香港等地，然后去以色列参加在耶路撒冷召开的国际笔会第三十九届大会。会后迁特拉维夫住两周，游览北部名胜并访友，与文教界人士晤谈。一九七五年元月由以色列去意大利、荷兰、瑞典等国游览，为第四次旅欧。元月十四由欧转美，在东西两岸各停两周，经旧金山、檀香山等地，为第五次旅美，于本年三月九日返台，归后著《寂寞的旅程》。

(……)

八、痛苦与喜悦

以上是我半生以来大略情形，因为既是“小传”，当然越短越好。不过写惯了长篇，求短相当不易，只好就此打住。

我平生很服膺“人生即悲剧”之说。尤其对一个文人而言，天天在制造悲剧，天天也在扮演悲剧中的角色。人是感情动物；文人，是感情中之最需富有感情者。有感情的人，对于喜悦事往往淡然处之；反之，对于痛苦，则痛上加痛。六七十岁的人，哪有一天好过的日子？即有，一刹那就过去了；可是痛苦，则无时或忘。

一个文人最大的快乐，莫若把要写的东西写出来。写出来还能印出来，那更是快乐中的最大快乐。假如印出来，还能有些影响，那便是额外收获了。因此，可能悲剧结束后才有喜剧。不过喜剧要扮演的则不是自己。所以，还是……

一九七五年九月六日张季鸾先生逝世三十三周年纪念日，于木栅兴隆山庄。

讀書已覺眉稜重，就枕方欣骨節和。睡起不知天早晚，西窗殘日已無多。

這首詩也很美而寫實，前二句道盡午睡之過程，後二句則寫出午睡之悠然狀態，與一半西窗無夕陽相似。

紀瀅

庚戌初冬

目录

第一辑

伪满建国周年秘密采访记

在个人的经历上，这仅是小小一彩笔；但在中国新闻史中，可能占独特的一页。若不是慧眼逼写，这将是一个不见经传的冒险故事。

——作者谨识

一、一面永恒明亮的镜子

“沈阳事变”（简称“九一八”）发生于一九三一年九月十八日，距今恰整四十周年。中国对日抗战，虽自一九三七年七月七日“卢沟桥事变”算起，至一九四五年八月十五日日本投降止，号称八年；其实，应自“九一八”计起，共为十四年，较为合理。想当年，“九一八”纪念日是多么沉痛悲伤、轰轰烈烈、全国上下激愤的日子！至少有十年光景，每逢此日，全国各地都有重要集会。这个日子所给予四十岁以上中国人民的冲击，实在比任何日子都强烈；这个日子留给中国人民以沉痛心理影响，至少有三代之多。虽然因物换星移，事过境迁，一个重要纪念日已被人们渐渐淡忘，从心理上抹去，但若仔细抚摸一下今日的伤痛，有几许不是早日的病根？展望国家的前途，我们又怎能不把历史垂为殷鉴？激发爱国情绪，仍不失为提高民族精神教育的重要课题。自强自立，为建国之本。“九一八”这面镜子，实在在中国历史上永远明亮而富有鉴往意义。

二、再过四十年如何？

“九一八”发生时，我正服务于哈尔滨。“九一八”清晨，我的家眷从惊惶中，从长春到达哈埠。她们对我诉说路过吉（林）海（龙）路时所听到的枪声，以及在吉林、长春所看到的景象。长春以北于一九三一年十一月就进入战争状态。一九三二年二月五日哈尔滨被日军侵占。跟着江桥战起。伪满于三月一日成立。沐猴而冠，拥溥仪为傀儡皇帝。以后东北自卫军兴起，由丁超、李杜率领在吉东与日军奋战。到一九三三年初，一部分自卫军退至新疆。但吉东十八县尚在自卫军占领之下，继续与南京保持联系。此后十二年之间，自卫军多次演变，成为东北抗日联军，由北满发展到南满，共有十二个较大军事单位。其中以赵尚志、周保中、杨静宇、李兆霖等实力最为雄厚。迄一九四五年八月十五日日军宣布无条件投降，抗日联军总数尚能保持十至十二万人。（……）

三、为什么有这次采访？

我这篇小文主题是报导我秘密深入东北，采访伪满建国周年的经过，以纪念“九一八”四十周年。（……）

我那次采访的时间是一九三三年八月六日至九月十六日。我是经大连、长春，到了哈尔滨；又去三姓、佳木斯等地。采访的对象是日本人在伪满一年中，净做了些什么？军事、经济、文化、社会等等，现状如何？他们还打算做什么？东三省的民心归趋怎样？以及一般人的生活状况如何？

为什么有这次采访？我必须先加以说明。

天津《大公报》于一九二六年九月一日起，由张季鸾、胡政之与吴达诠三人接办，因言论公正，消息翔识，内容充实，编印精美，以及发行、广告业务，俱都发达，不数年间，即执全国报业牛耳。“九一八”前夕，该报发行总额，已达十二万份，而东北一隅报份却有三万份之多，占总额四分之一。所以对东北消息，一向着重；更时常以东北问题为言论中心，唤醒国人注意。沈阳及哈尔滨派驻记者（“九一八”前是李玉侃，后被日军捕去）专司采访。其余各大城市，也有特邀访员，供应稿件。自“九一八”事变发生，不仅特派员因身份暴露无法活动，就是特邀访员，也因有许多顾忌，不能继续撰写新闻。以致不但损失了广大的报份，影响发行收入；而消息来源一旦杜绝，更失却新闻发布的权威。报馆当局有鉴于此，就设法找人能秘密写通信，以恢复过去的声誉。他们找到了我的好友赵惜梦兄，因惜梦兄曾服务哈尔滨《国际协报》，为名记者。那时他正在天津、北平两地策划反满抗日的工作，与《大公报》当局时有接触。于是就由惜梦兄介绍我。因我既曾与惜梦兄同时服务于《国际协报》，同时我又在邮局上班，消息比较灵通，且有种种方便，而我那时还留在哈尔滨。当时日军正忙于黑龙江呼海铁路及吉东的战事，对于哈埠控制还不十分严密。我那时的职务是吉黑邮政管理局的邮袋管理组组长兼监视邮件检查事宜。因那时关内关外火车邮政还未开封，日伪当局派宪兵及工作人员每天前来检查邮件，尤其平津大批报纸为他们扣留的对象。我们为了使沦陷未久的民众继续获得正确消息，不定时地把一部分报纸抽出来，秘密散发到市面去。至少有三个月之久，这项工作相当成功。后来平津报馆知道报纸被扣，也就停止再寄。我的工作所谓方便，就是知道这些日伪检查人员什么时候来，什么时候走。邮局是全天候办公，他们每天只来八小时，其余十六小时都是自由交寄邮件时间，而且随封随发。所以若取不得邮局人员的合作，检查邮件之事，永远是片面行为，大海捞针、碰运气的工作。

当我接到惜梦兄跟胡政之先生的两封信后，我也曾做理智的考虑：我应不应该担任这项工作？我怎么做这项工作？怎样保证成功？经仔细考虑过后，我认为根据当前环境，这是一桩爱国行为，不是普通新闻事务。我若不答应，没人能担任；为了爱国，义不容辞。我要选择重点作有系统的报导，使读者借以了解日本人侵略东北后的动向。要绝对避免暴露身份，并且有把握地躲过日伪的邮件检查。

所以自一九三一年十月起（当时日军还没有侵占哈埠），迄一九三二年八月，我们奉命撤退上海，在此十个月之内，我用种种方法与天津《大公报》保持联系。我也写下了无数封通信，报导、揭穿与评论日本侵略东北，特别是吉黑两省的各项动态、阴谋与其趋向。这些稿件分别标明寄自哈尔滨、吉林、长春、齐齐哈尔与次要城镇，也用不同笔法、口吻写些长短不拘的小消息。这些资料，一经《大公报》刊出，立刻腾扬全国，第二天便以重要电讯普遍刊登引用在大江南北的新闻版上与读者见面了。

四、我怎样维持通信？

我每个月收到四十元的钞票稿费，分做四张，每张十元，都是交通银行所发行的红色券。这些现钞每次以保险信封寄来。当时这四十元相当于我全部薪俸哈币的三分之一，对我生活的帮助确实不小。但最令我感动的，还不是这点物资报酬，乃是胡政之先生时常亲笔写给我的信。他用隐语，以龙飞凤舞之笔，对我的通信，多所赞扬，使我大有“士为知己者死”之感。其初他落款“政之”，后来即简单写一“霖”字。因很少人知道他的正式名字叫“胡霖”。这跟季鸾先生名字叫“炽章”，不为一般人所知相同。

有一次，我的保险信，被一位同事看见，发生了疑问。我只得以有一位天津亲戚托买人参为借口。虽然我明知道他并没有恶意，但仍不得不防备。当时我所用洋文地址、姓名，都是假托的。我每次稿件都是趁“封军”之前，亲自送到“格眼儿”去的。并且常常换方式、换地点，以逃避日宪的检查，以及同人的注意。而《大公报》为了种种方便，早就有了种种代号。譬如当时我所用的是：“天津法租界三十号路一八一号新记有限公司李大为先生”。“新记有限公司”是有的，“李大为”则是编辑部的代号。政之先生派定专人接收与处理我的稿件。

另外，最重要的一个有利因素，是伪警务处人员，反满抗日的心理存在心的底处，对邮政检查一事态度消极与日本人相反。我记得有两位警官，一位姓金，一位姓尚，都是辽宁人。嘴里虽然没说出来，但一切作法，都是敷衍塞责，得过且过。有时日本人不来时，便当着我们面发牢骚。好像干这种事，有满肚子委屈。我对他们的心理摸得很透，所以尽量与他们交朋友，拉关系；不谈国家大事，彼此心照不宣。因此我的通信能照常寄出，也能照常发表。日本人曾设法从天津方面打探消息来源，以及撰稿人姓名，地址等等，因报馆防备严密，始终不得要领。所以我的报导皇皇刊登于《大公报》要闻版内，他们莫能干预，徒唤奈何。直到我于一九三二年八月自哈埠撤退到上海之前，我的秘密通信任务，除报馆少数人外，无人知晓。

五、怎样进行秘密采访？

因此，当报馆于一九三三年夏天，打算搜集伪满建国周年资料时，很容易地又想起我。但我那时正在上海邮政管理局服务，在过去一年当中，我除经常写些上海通讯外，有时也帮帮《国闻周报》的小忙。《国闻周报》与《大公报》是姊妹事业，上海总社由李子宽主持，程玉西、朱寿康等协助。说来我与他们的关系未断。我先接到的仍是惜梦兄的一封信，说明报馆当局意向，征求我的同意；继来的，则是季鸾先生的信。季鸾先生在此以前曾通过几封信，但还没有见过面。他在这封信里，言词殷切，语语动人，希望我再赴东北一次。按当时情形，我刚到上海不久，实不便离开；但这两封信确给了我很大鼓励，不容我不加考虑。于没办法当中，忽然想起服务邮局恰满六年，正好借机请“例假”。按那时邮政规章，凡服务届满六年者，可有六个月的例假，薪俸照领，还代付来回返里旅费，包括眷属在内。我与双亲，尤其母亲暌违数年，也应该回家看看她老人家。父亲于一九三二年夏，先我们结束了律师业务告老还家，也很盼望孙子、孙女回家去看看。上海管理局因大批东北员工（几百人之多）撤退，人浮于世，也乐得有人请假，暂时化解一下人事拥挤现象。于是我先与局方讲好，决定自七月一日起，准我例假半年。依据规章六个月期满后，还可以无薪延长一个月。这项安排既毕，我才分别函复惜梦兄与季鸾先生，说明经过。并告诉他们我打算先把家眷送回故乡，然后再于八月初到天津当面领教，以便报命。他们接到我的信后，十分高兴。那年七月初我率领全家大小五口，自上海北站搭乘平沪通车（蓝钢车），经南京长江轮渡径驶北平。我们乘的是二等包房间的卧车，算是我家一次空前舒适而豪华的集体旅行。因平沪直通车未久，一切尚保持新鲜气氛。在北平又与惜梦兄嫂盘桓数日，故都老友纷纷来聚，数年流离，亲切倍常。

到了家后的一切琐事，暂且不表。我于八月初只身去天津，到《大公报》拜见胡政之与张季鸾两位先生。那是我初次去报馆，也是初次拜见，两位在国内外已是极富盛名的报人。《大公报》在旧法租界三十号路一八一号。前边临街是一幢二楼，大约有十几间长，比今天的三楼还高。后面是可容两部卷筒机及排字房的工场，相当宽宏敞广。两位先生在二楼会客厅接见我。果然，不出我的想象，两位无论言谈举止，虽然不同，但各有千秋。政之先生表情热烈，言语爽朗，拿得起放得下，有大事业家的风度；季鸾先生说话缓慢，态度安详，书卷气很重；但两眼敏锐，光辉照人，又是十足报人仪范。他二人除了分别夸赞我在哈尔滨一段时期秘密通信所给予报纸的影响力外，就跟我研究再去一趟东北，是否可能？与是否有危险？

我听了之后，并不认为他们是劝阻我不去，乃是责任感的必然表示。换言之，我若认为危险，或畏惧前往，他们也并不坚决主张我非去不可；我若说无危险，情愿前往，将来万一出了事，与馆方无涉。这在责任须分明之下，我也不怪他们要我自己保证。

其实，这些问题，我早已熟虑。既来天津，当然是不顾一切要前往。但我也不是冒冒失失，或想出什么锋头才要去的。我沉吟了一下便答道：“承两位先生的美意，实在感激！去东北是没问题的，因为火车虽不通，却通轮船。至于有没危险？危险是有的，但为了报馆，为了报答两位先生的德意，同时更为了替全国同胞采访一些第一手新闻，冒这次危险也是值得的！”

他们见我答得很有勇气，并且斩钉截铁，把刚才满脸犹豫与严肃表情，一扫而空。于是，进一步跟我研究怎样躲避日伪的耳目，以及不暴露任务的种种方法。

当我把我准备的一切情形及若干把握，说与他们听了之后，两位先生领我把报馆一切部门参观一遍，并在中午与季鸾先生同在胡氏公馆为我饯行。

我住在中国饭店，把由塘沽去大连的轮船票购好之后，便于八月六日悄悄登上了“长平丸”，奔向目的地。

六、当时的国内外形势

“沈阳事变”发生后，国民政府不久就将全案控诉于日内瓦的国际联盟，请依照盟约第十一条规定处理。国联是当时各种集体安全公约下最有制度的机构，美国与苏联虽没参加，但已入会的国家在五十个以上，故国际纠纷，大多数由国联处理，犹之乎今天的联合国一样。后来几经交涉，才有李顿调查团的组织。我们邮局人员的全体撤退，就是根据李顿调查团的裁决而实施的。“李顿报告书”此时已发表，大体上与中国有利，最重要说明中国人皆不愿受日本人的统治。伪满洲国的成立，完全是由日本人一手操纵所玩弄的傀儡把戏。加上美国国务卿史汀生的不承认主义，国际干涉虽未实现，但日本在国际间的地位十分尴尬。

“九一八”后，不到四个月，天津便发生便衣队捣乱事件，为土肥原劫取溥仪之烟幕。一九三二年一月二十八日（“一二八”），上海又发生战争，这是田中隆吉转移列强视听的诡计。日军又于一九三二年初进攻锦州，借窥承德。不久，热河也被侵占，北平动摇。

以上海、北平为主的全国反满抗日运动，如火如荼，在各地掀起。其中以东北团体最为活跃。在北平有“东北救亡总会”的设立，组织庞大、业务繁多。在上海也有“东北协会”、“东北后援会”及类似的公私组织，直如雨后春笋，遍地皆是，不胜其数。而义勇军的旗号与其代表的活动，更常占满新闻重要篇幅。党国先进朱霁青率领义勇军在热河一带与日军对峙。其余如马占山、李杜、唐聚五等，都有代表在全国各地奔走呼号，请求援助。而全国人民激于义愤，节衣缩食，毁家抒难者，大有所在。捐助义勇军成了最荣誉的举动。所以在伪满洲国的日本当局，一面扶持傀儡溥仪为儿皇帝，竭力巩固基础；一面要防范义勇军的兴起、镇压内部的反抗力量，与杜绝外来破坏份子的渗入。因此各地关卡查缉极严，尤其自关内去关外的，更不会放松，以免有漏网之鱼。

七、长平丸上

日本客轮我已尝试过一次，那是从大连到上海，乘的是“大连丸”。日本人一面以武力侵略我土地，一面还以商业赚取我利益。因北宁路断绝已久，此时去东北，仍不能不借助日本人的交通工具，说来矛盾而令人伤心。“长平丸”约一千五百吨，客舱分头二三等，我乘的是三等，即统舱。舱内客人很多，大约有百八十个人，每人一领席子的铺位，挤得满满的。根据当时我的观察，十分之八九是买卖人，少数是学生；像我那样公务似的也不过五六名。我深知日本船上的茶房虽然多半是中国人，都负有特工任务，为他们驱使。对他们的应对，也不能不加防备。我把简单行李铺好，就躺在铺位上静默着等候开船。一面也做心理准备，万一到了大连，遇见险阻，我要怎样应付？我身穿衣服与携带行李，甚至手提袋里的每样东西，无论大小，是否有足以启人疑窦的地方？我再加以默察。虽然这些事我早已考虑至再，并且在装箱子的时候，也注意到了；但若站在对方立场，还有无破绽，启人疑窦的地方？目前我加以清除，还不算晚。我的名片、我的证件、我的证人与我的证物，以及遇见什么场合我怎样措词，我又重新思考，再度衡量。等到我一番熟虑，觉得万无一失之后，我才渐渐入睡。在睡梦中，听见汽笛连鸣数声，知道船已启碇，离开港口，朝大海驶去了。时间，正是八月六日的午夜。

那年我才二十六岁。照规矩我不过是一个刚出校门未久的大学生，可是我早熟，我已是有六年资历的公务员了。加上我过去几年的文学与新闻生涯，我超年龄的历练，使我忘掉了“危险”、“困难”与顾虑，却一心一意要达成使命。

那时，我颇有了上贼船之感。但也有“既上了贼船，就得对付贼”的决心。睡到天明，我走上甲板上，窥望旭日东升，从海拔线上浮起，其形确美。但这时因日本侵略国土之故，对于“旭日”这个名词，从内心里讨厌。尤其见了那只红膏药的旗帜，厌恶的心情越深。这种近似幼稚的心理表现，不只出自我一人，全国几亿同胞都有此同样的感染，可知中国人与日本民族结怨之深与招恨之巨，又何怪乎我有这种不深于世故的浅薄反感呢?

塘沽距离大连，仅有二〇〇海里。大连自日俄战后，便被日本霸占。分明是中国港口，此时却须有我要进入一个外国港口的心情。我站在甲板上，一边欣赏白浪滔天的海水与成群飞翔的白鸥，一边也望望在甲板上出来透透气的同行旅客。因一夜闷睡，几乎所有的人都到甲板上来了。其中有靠近我铺位的两个学生模样同伴也在内。因昨晚避谈，免惹是非，一夜无话。此时他们竟趋前与我搭讪。据说他们都在北平上学，家在吉林，趁暑假回家度假的。又有两位公务员模样的人，说是去沈阳。我们各怀心事，谁也不敢攀谈太多，以免暴露了真实身份。中国人见了中国人不能畅所欲言，就是这种时刻。跟今天到了外国，除非确知是从台湾出去的，不能随便交谈也是同样悲哀。谁使我们形成这个样子？谁制造了我们的距离？四十年来，屡次遭遇到这种情形，这真是对中华民族的一大挑战！

回到舱内一个个静悄悄地躺在铺位上，不发一言。这是趟最沉默的旅行。虽然我们并没有辨认船上究竟有多少日本人？但却把所有穿白制服的中国人，当成日本人看待。因为他们都操日语，即便说中国话时，也故意模仿着日本人的习惯，加了许多“的”字。种种可笑可怜的姿态，令人发指。

第二天下午五时左右，“长平丸”离距大连港口，只有十几海里了。

从一只类似巡逻小艇上边跳下了五个人，攀登到“长平丸”来了。我晓得这是每只船在进入港口前例行的检查，无法避免。

我安定一下心神，准备迎接他们的查问。

其中为首的一个大个子，身材细长，面庞削瘦，穿着蓝色细条短袖衬衫，蓝色西装长裤，不结领带，却戴着一顶鸭舌帽。两个矮胖子都穿着类似海关人员的白色制服。还有两个人介乎他们三人中间的身材，不高不矮，不胖不瘦，衣服杂色。他们先到头等、二等舱里查了一遍，约一二十分钟后，来到统舱。由茶役领导，走到每个人面前，先看每个人的船票，然后都有类似的简单问话。譬如：

“你叫什么名字？”“你是干什么的？”“到哪儿去？”“有什么公干？”甚至于还诈问：“你是跟游击队来工作的吗？”等等。我一听声音，早已知道那个大个子是所谓“金（县）复（州）海（城）盖（平）一带跟日本人当狗腿子的家伙”。平时仗势欺人无恶不作，鱼肉乡里，被人痛恨。其中两个矮胖子果然是海关人员，操日语，专门检验有无携带私货，以及有无应该纳税的东西。其余两个，一个是日本人，另一个也是中国人。那个中国人也是辽南声音。不久，就轮到我了。

大个子问：“你姓什么，叫什么？”

“姓田，名家声。”

“从什么地方来？”

“由天津来。”

“到哪里去？”

“哈尔滨去。”

“你是哪里人？”

“原籍河北，寄籍哈尔滨。”

“你是干什么的？”

“邮局职员。我是回家的。”

“有证件吗？”

“有。”随后拿出一张证件来请他看。

“你是不是与游击队有关系？”

我笑了笑，说道：“一个当公务员的，怎会与游击队有关系！”

“嗯！”他哼的这一声非常狡猾，既含有“打量你也不敢”的意思；也有“可能是真的”用意。

我以为就此过关。哪知道他转身告诉茶役说：

“把他一齐给我带到警察署来！”

“糟了！麻烦来了！”我心里开始嘀咕起来。

那个茶役对我说：

“船靠了岸，你的行李不要动，只带小箱子上岸，随后再取行李。”说良心话，这个茶役蛮和善，不似那个“狗腿子”那么凶狠。他并没有吓唬我的意思，毋宁他的语气中，知道这种问话是例行的事。

总之，我早已有心理准备，应有处变不惊的态度。

八、水上警察署

大约，又过了几分钟船便靠码头了。这时我才知道要上岸问话的，一共是三个人。另两个人就是跟我搭话的学生。茶役走来，查点我们的行李，他又把三个人的行李交给另一个茶役看管，然后就引我们上岸，经过码头大厦，就奔向问话的地点了。

这时候，一边走，一边也不免怀疑，究竟刚才他所说的警察署是什么性质？完全是特务机关吗？还是普通行政机关？但此刻实不便发问。而且，我看那两个学生面色不宁，早就吓呆了。走起路来，也是蹒蹒跚跚的。

茶役领我们三人在一座高楼之前停下，我定睛一看，在高高大门楣上，用金字自左到右横写着“水上警察署”五个大字。他把我们三个人领到二楼，把我交给那个大个子，把其余两个交给另两个便衣的人。到此时才证明这三个便衣确实是特工人员，因为那个穿制服的海关人员不见了。

大个子已摘下了那只鸭舌帽，但还握在手上。他留的小平头露出来，两道颧骨削立着。满脸冷酷，好像从来没有露过一丝毫的笑容似的。他引我走进一间屋子去，里边仅有一张书桌和两把有后背的日式小椅。他并没有坐在桌后，如同主人似的；却坐在桌的顶端那只椅子上，使我坐在桌前那个位置上。

他先点燃了一支香烟，吸了两口，又望了望我的手提箱，才徐徐说：

“请你打开手提箱。”一壁说着，一壁又似谦意地说：“我忘了，您贵姓？”

我也就一边打开箱子，一边说：“敝姓田。”又说，“噢！这是我的名片。”我从手提箱里拿出我那盒伪造的名片：“田家声”右下方印着“住址：哈尔滨马家沟协和街七号”字条。我顺便递给他一张，还说：

“请您多指教。”

“你这次回来究竟为什么？”

“还不是因生活不习惯？”随后我便伪称去年因受迫撤退到上海，没想到一年住下来，生活不习惯；尤其因气候、饮食都与东北不同，所以瘦了很多（那时我委实很瘦）。这次回来，可能另谋他就，因“满洲国”有许多故旧，今天已在“国务院”里当了高官。

他一听，似乎很惊讶，于是面部微微松弛了一下，很有趣地问道：

“你认识哪些人？”

“‘总理’张叙五（景惠）先生是世交。‘总参议’曾子固（蕴）先生是前辈。‘外务大臣’大桥忠一与他的‘顾问’马梦熊（子祥）先生都认识。”

他见我“吹”得这样仗义，也不由他不相信。我又找补了一句：“先生，若有工夫到‘新京’去，或到哈尔滨时，我可以负责跟您介绍，说不定对您的职务有所帮助。水往低处流，人往高处爬。人嘛，谁不想好？所以，我有此门路，可能不回上海了。”

我的几句话，竟使他满面冰冷化解，展露出了和暖的微笑。

“好，谢谢您。可能我会到哈尔滨来找你。”他说。

“一定要来看我！我要交你这个朋友！”

他看见我箱子里有一本俄文字典。他问：“这是什么？”

“一本俄文字典，我会几句俄国话，原先在哈尔滨学的。这回准备再补习俄文，说不定到东铁谋个差事。”

然后，他对我说：“‘满洲国’自成立以后，时常遭到外边的破坏。尤其关里各种救亡团体派人深入各机关做间谍工作，非常头痛，所以不得不严密防范。对不起你，打扰了！”

我说："好说，好说，应该如此，应该如此！还有什么可问的吗？"

"没有了，你回船拿行李，搭车北上吧。"

"不，我还要在大连玩两天，以前总没闲得好好逛过，这回可得着了。千万不要忘记了，到哈尔滨来找我。"

于是我紧紧和他握手，深深向他道谢。走出了水上警察署，加紧脚步回到"长平丸"，取出了我的行李，雇车径赴车站。不到半小时，我便搭上车往长春进发了。

九、我的凭借

我要说明，我的伪造名片及伪造证件，当然是事先准备好的。名片地址是我离开哈尔滨以前的真实住处。张景惠、曾子固及大桥忠一等，我的确认识，在当时是伪满洲国三个重要角色。其中尤其是曾子固，我曾教过他女儿英文，相处甚洽。万一出了事，我可以拉他来"缓颊"，是不成问题的。大桥忠一曾任日本驻哈尔滨总领事，我那位同乡兼有点老亲戚的马梦熊先生曾是女一中的英文教员，与大桥是好友。所以大桥忠一作了伪满的"外务大臣"，他就当了顾问。他们都在伪都"新京"（长春）任职，拉出任何一个人来，都可以做我的掩护。因此我才大胆地前来，我也不怕吹破了牛皮。其实后来这些人一个也没见。但他们确都当了我的挡箭牌。我那本俄文字典，是让他们确信我是从东北出去的。再加我说话大胆，态度和蔼，既无犹豫口吻，也无顿挫现象，使听话的人无懈可击，找不到一点可资疑窦之处，终于把我释放。至于我马上上车，无非是早日离开是非之地，免得再生枝节。后来听说，那两个学生被他押起来了，没释放。

那时代，既无身份证，长途电话也不发达。应付的方法，完全凭人头儿熟，地方情形熟，大胆心细，动作机警而已。

十、独闯伪国务院

我到了长春，就住在头道沟车站前的日升栈。这是我以前来往关内外经常落脚之地，不但与店内上下都熟习，特别我知道他们的规矩与习惯。又因为我在长春过去曾有短时期的居住，对于长春与头道沟的街道、环境都极明了。那时长春因伪满洲国的成立，已易名"新京"，但一般人仍称长春。长春自一九三二年初，日伪双方就在旧长春市迤西旧名杏花村一带，大兴土木，开辟新社区，为伪满国都兴建办公处所。一九三三年夏，伪国务院及各部均已次第完成。

我在栈房睡了一夜，已把因在大连水上警署被审讯所引起一阵不安的情绪，完全平复。我原希望在长春住两天，看看市面及比较一下一年当中所发生的变化。既而一想，我已然来到伪都，“不入虎穴，焉得虎子？”所以我于巡视了头道沟及旧长春市区各街道、各商店之后，决计作伪国务院之行。

在没有去之前，我曾作短时间的准备工作。我的考虑是：

一、我要去找人吗？二、如果第一个人不在？第二个人是谁？三、如果人都找不到怎么办？四、我的衣饰能获得门口侍卫们与传导的尊重吗？五、我的发型有什么不对？六、我的语言强调是否会引起他们的怀疑？

当我考虑周详，并且经过一番整装之后，携带名片与证件，便在头道沟雇了一辆崭新的马车（那时该地尚无出租汽车，但哈尔滨则早有）快马加鞭，扬长赶往伪国务院了。

不到二十分钟，马车到一幢大建筑物门前停下。我叫马车等候，就向当中大门走去。早已瞥见门首有两个持枪站岗的卫兵，我昂首阔步，走到其中之一个面前，说道：

“我是来看曾总参议官的。”然后拿出一张名片来在他面前一亮，他似看见没看见的，但见我神气活现，态度大方，衣饰整洁，语言沉着，于是稍一定睛，就向我行了个举手礼，说道：

“请到里边的承启处。”“承启处”就是一般机关的传达室。恰好承启处在拐角处，需要经过一条相当长的甬道才能到达。换言之，我去不去承启处，卫兵并看不见。也偏巧，承启处竟无人在，毫不迟疑，我未驻脚，便排闼直奔办公大楼。

办公大楼是南北方向，共有三层。我在楼下挨门依户看见挂着这个厅、那个室的木牌。来回溜达了一遭，并没一个人管我的闲事，盘问我。但我不能就这么浮光掠影，走马观花，看看房子。据说在二楼。于是我走上二楼，先巡逻一遍，然后再找总参议官室。我早已盘算好，如果曾老先生在，我怎么说？如果不在，我又怎么说？我要借助这个关系干什么？于是稍加思索，灵机开动，就敲门。迎接我的是他的一位秘书，三十多岁，一开口北平语音。

“我来看曾子老的。”

“您贵姓？”

“敝姓田，是从哈尔滨来的。”

“有什么事吗？”

“一来他老就任之后，我还没有道喜；二来新政府成立一年多，我想有些事，我要当面请教请教。”

那位秘书听我这么说，忙答道：“子老去沈阳了，大概还有几天才回来。我可以替你办什么事？”十分礼貌地。

“哦！”我惊奇了一下，“真不巧，我留下这张名片。不过，你若能带我去什么地方找些资料，那就感激不尽了。因为我与哈尔滨《国际协报》有关系，想写些文章表彰新政府的建设情形。”

“那容易，”他说，“我带您去公报部，那儿有各种宣传资料。”

“那太谢谢您了。这张名片留给子老，替我问候他老人家。就说前两年在他家庭做英文教师的那个人来拜候。因为怕他老事忙，一时记忆不起来。就显我太冒昧了。”曾子固先生，满人，曾任福建巡抚，并招安张作霖，在清室地位很高。当时已过八十岁。”

“好说，我带您去。”

于是又爬上三楼的公报部的一个资料室。那儿一听说我是《国际协报》的人极表重视，因该报声誉在东北极高，我确实也曾在该馆服务，如果认真谈起来，我无所不知，无所不晓。伪满建国极需要《国际协报》的支持，所以我敢这样攀附关系。万一曾氏在，我仍可以说自哈尔滨来，因他并不知道我去过上海了。

我搜集了许多资料与照片，其中夹杂着若干日文与英文的宣传品。虽然其中多半属于夸大的宣传，更不乏伪资料，但对我来说，仍有极珍贵的价值。因为我不但可以就此辨伪，更可以查出他们注意的方向。

我深深道谢了那位秘书先生，抱着资料径出伪府。不仅路过承启处时无人拦阻，而门外两个岗警，并向我立正致敬，我还礼如仪，以完成我这次独闯伪国务院之行。

我满载而归。与此我也想到机关如何防范一个陌生人闯入的情形。

沿路我见许多地方仍在大兴土木，“新京”市区的轮廓已隐然在望。那个广场更显得四通八达，气魄雄伟。日本人对于扶持一个傀儡，不惜大量投资，以装点门面。从来在这方面他们显得有“魄力”。

我不愿失掉探求民隐的机会，我问车夫道：

“新京自成立以来，你们赶马车的，生意好不好？”

“赶马车的，不抵泥水匠。因为来的人多，去的人也不少。只有房子越盖越多，工人不够用。”

“你看，这个朝廷能长久了吗？”当时我这种问话，并不显得突然。因为民间早就传说溥仪是兔子的尾巴长不了。宣统年号只有三年，大同会能多久？日本人这种做法，只有少数汉奸附合。老百姓都明白这是一出猴儿戏。

果然，“兔子的尾巴长不了！”是他答复我的话。

他又跟我说起“孝子坟”的故事。我们路过一个地方，马路弯曲很多，但在高阶上盖有一个亭子，并有墓碑一类的东西，我问：“这是什么？”

那车夫见我一问，就叹了口气道：“这就是报应！”

原来日本人为伪都开辟马路，既征地，又拆房，弄得老百姓鸡犬不宁。在“满炭”前面不远之处，有一座坟地也应在拨迁之列，可是那个坟主说什么也不肯移动，日本人遂下令叫工人掘坟，哪晓得谁来掘谁就得一种怪病（有说是吐血而亡的），不能继续工作；屡次如此，传到日本人的耳里，他们不相信有此邪事，于是派日本工人试掘，一样死，而情形越来越严重。最后以致不得不绕道而行，并且为了工程的顺利，给它加盖亭子，兼题碑记。一九四五年胜利后，我曾亲访该坟，忘记孝子姓名，好像姓王。我认为这是日本人拉拢中国人的手段之一。

我回到旅馆，多付了些车钱。吃了午饭，又在头道沟旧游之地逛了一遍，觉得市面依旧，繁荣如昔。但人民对于伪满的存在，好像根本没加理会。据栈房掌柜说，一年以来，来来往往过境最多的还是买卖人，到“新京”来的则是“官冕儿”上的。

十一、叔叔的远见

因为我急于先到哈尔滨。没有再访伪外交部，便于第二天清晨搭车离开长春了。我住在道里斜纹三蹚子街十四号，家叔陈际青公馆。家叔在“九一八”以前就是哈埠有名士绅之一，为粮事交易所与货币交易所的双重理事长，在当地有相当声望，平素对我独多爱护。所以我投宿在他家最为安全，但我也不能没理由作不速之客。我告诉他老人家，我是请准例假将眷属送到老家，前来哈尔滨取东西来的。因父亲于前年结束了律师业务，在道外还存着不少东西。我说明只住一个短时期，仍回原里。叔叔是聪明绝顶之人，他也不多问，就安排我住下，并且嘱咐我：“一切加小心就是了。”

他是东北经济界有数的权威。在他分析下，日本人的作法，完全是采压榨骗取手段，从今以后，个人财产休想保得住，言下不禁唏嘘不止。因为他也是被压榨骗取最大对象之一。（十四年之后，他不但送了性命，而且约一千余万现洋的财产，被日本人巧立各种名目征用殆尽。）

从此之后，我便在叔叔家住下。早出晚归。到了晚上，陪他老人家谈天。谈上海，谈家乡，以及在平津所见。他有意移转产业，但因日本控制严密，已无能为力。他当时认为郑孝胥、袁金铠之辈把溥仪再捧出来作执政，完全是土肥原贤二，这个日本人这样做，无非是在中国扶持若干傀儡，作为灭亡中国的一种过渡手段。其结果也是失败的。最后都将要被苏俄吃掉，坐收渔翁之利。

叔叔的远见提醒我很多。因为伪满洲国的国防、经济与其他重要设施，都是以防俄为对象，同时与日本国内政策配合。以后我特别注意这方面的资料收集。

十二、三姓、佳木斯之行

伪满建国后，东北义勇军蜂起。马占山于一九三二年四月三日在拜泉再度打起抗日的旗帜。于芷山的部下也反正于通化。李海青部出没于中东路南线。李杜、丁超进出于依兰（即三姓）与佳木斯。黑龙江方面则有徐景德、邓文与天照应等。在吉林迤北及哈尔滨迤东则有王德林与冯占海等部。辽宁有唐聚五、郭铁梅与刘景文。各方兵力，据日方估计共约二十一万，使日本不得不动用五个师团的大军来压制。这个时期，李杜、丁超的兵力，因日军的进迫，离开依兰、佳木斯地，由黑龙江已入蒙古，向新疆移转。

因哈埠于一九三二年二月五日陷落时，丁超、李杜的部队最后撤出。这两个部队留给市民印象甚深。且李杜氏在此区抗日一年有余，为最有组织的部队。依兰又为松花江下流十三县首府，我若去查访，便可提纲挈领，举一反三。佳木斯为日本特选的移民区，更应一看。我决计访问这两个地方，除寻找抗日的一些痕迹，及采访日本移民情形外，同时也因我在东北那么久，始终还没有乘过松花江的江船。有以上种种原因，决定以五天时间完成访问。但是日伪因义勇军及反满抗日份子遍地，各地特工人员极为活跃。我虽然人地皆熟，但也不能不预防于万一。于是我稍加准备，就买票搭船前往。

在松花江里行船，犹如在长江里航行，多数地区平稳而多姿，因两岸都是人烟稠密，富庶之区。任何一个小地方都比长江二等城市繁华，如巴彦、木兰、通河都热闹得不得了。粮食（大豆）、渔业、木材与皮革都等待出口。那时三姓大约有十五万人口，四五万人口的小县很多。地方经济繁荣，可以说没有一个穷人，也无失业之说。其中百分之八十是直鲁移民，仅有少数土人，所谓鱼皮鞑子者是也。

三姓曾在民国初年设依兰道，莫德惠氏（柳忱）曾任道尹，对于这个地方曾在他生前所著《双城莫德惠自订年谱》介绍如下：

“民国十三年，余任吉林省依兰道尹。依兰地区为我国极边区域，在周代为肃慎氏之地，两汉为挹娄，南北朝属勿吉，隋唐时附靺鞨，后归渤海。宋属契丹、女真，至元代则为开元路之北境，明代设辽东都指挥以理之。清代置将军都统驻防，民国设镇守使。至民政方面，清光绪末年设府，辟作商埠，民国改府为县，即依兰道尹所驻地。亦名三姓，意指舒、葛、卢三姓。此原始地名，亦状其户口之稀。

“所辖十三县，大抵荒寒僻远，文化落后。惟就地势而言，其南境，牡丹江与松花江在依兰会合。由北而南，至牡丹江上游二道河子以上，曲折而东，由绥芬北境西北曲，则与俄国接界，截兴凯湖为二，与俄南北分割，然后以松河、蔡河（又名松嘎里河，按即松花江）为界，连乌苏里江蜿蜒而北，是为我国之东北国界。北境以黑龙江为界，至都鲁河以上，亦与俄接境。西则全部邻黑龙江省小兴安岭东南端之丘陵地带。总观全境，东北两面与俄国相接，若干县份，如虎林、同江，与俄国仅一江之隔。一旦中俄有事，为边境必争之地。民国十八年中俄战争，即可为证。即平时亦不免为强邻觊觎。九一八事变以后，依兰镇守使李杜将军首先发动抗日，惜势孤未能挽回变局。日本占领军曾命伪满洲国强制征购土地，交日本开拓团使用，实行屯田移民。（……）

“余到任后，欲深切了解民间实际情况，乃轻车简从，全面视察各县。辖境西及西北邻黑龙江省，为陆路交通，其县则北有黑龙江，东有乌苏里江，南有牡丹江及松花江，所经以水路为多。虽身体不适乘船，亦勉为之。某日在黑龙江与松花江会合处，风起浪涌，更值深夜，轮船机械发生故障，顺流漂泊，情势极为危险。迨天明风息，则搁浅于富锦县境之沙滩上，是亦冥苍默佑也。

“观察结果，念欲开发地方，首须启迪民智。因本向来重视小学教育之一贯主张，特为广设学校，慎选师资，宽筹经费，不时亲自巡视各校。现在台之国大代表吕铭，即为彼时之高小学生，曾以品学兼优，经余特颁奖品。此外，关于实业之振兴，荒地的开辟，交通之改善，商贾之招致，亦皆拟有进行计划。惜不久奉调去职，未能完全实现。”

经过一天一夜我到达三姓。一下船，就遇见当地伪政府的稽查人员，我把邮局证件给他看，我说我是来查局的，也就过了关。我住在客栈里，以两天时间，静静地察看商民的交易与社会一般情形，在若干建筑物上，还有没清除净尽的自卫军标语：“自卫军是保境保民的救星！”“中华儿女要反满抗日！”“打倒日本鬼子！”“杀死汉奸走狗！”等等红红绿绿的纸条，仍粘附在墙壁与电线杆上。有的仅剩半截，有的只有一两个字，但凑起来则知道全句的意义。

市面上的人只贪图作生意，对伪政府的作为，好像根本没有理会。一般老百姓更显得麻木不仁。

跟他们提起自卫军来，好像这是另一个世界的事了，其实才一年。

第三天，我又乘船到佳木斯去，仍以巡视局务为名，以应付夜晚军警来查店。此行主要为调查日本人移民的情况。

日本侵占东北既有国防目的，也有经济原因。日本系一岛国，可耕的土地面积与人口不成比例；工业发达，但须寻找市场。所以向外移民的主张，自二十世纪之初就奉为国策。而移民最近的地方，莫若朝鲜与东北。日本已统治朝鲜数十年，双方相处极坏，且朝鲜人多地狭，没有多少富裕土地，可供移民耕种。所以在“九一八”以前，曾在南满路两侧试办移民，日本人认为相当成功。但南满沿线早已开发，不能容大量移民，等伪满成立，遂决定依照计划实施。当时他们的计划，每年移民一万户，每户平均五人，计共五万人。每人可得十晌（一百亩）可耕的土地，由日本的通产省下设满洲垦殖部主管其事。根据资料显示，截至二十二年八月，日本自九州与本州迁到佳木斯的移民还不到两万人，约二百户。没达到预期的主要原因，乃是气候严寒之故。因东北每年有半年是冬令时间，耕种不便，取暖花费较多。甚至因气候骤然变化，致有许多移民害病生冰疮之事，时有所闻。

当时我曾邀了一位会说日语的邮局同事，陪我去他们类似“集体农场”地方的办公中心拜访，主持其事的日本官员说，他们相信十年之后，可达到五十万人。据我后来于三十四年重返东北时，佳木斯区域的移民仅有十万人左右，只有原定目标的五分之一。他们自认移民政策失败。失败的原因，除气候不适宜日本人民外，同时他们仍竞争不过中国人。后来中国人也垦荒，但比他们的成绩佳。（……）

又佳木斯附近的鹤立冈与鹤冈为产煤区，并有金矿。在敌伪时代曾修筑佳林铁路（佳木斯至林口），胜利后成为合江省省会。

十三、怎样寄发资料？

自佳木斯又回到哈尔滨。我又到《国际协报》与《哈尔滨公报》找寻旧报纸，凡有资料性的，我都剪下，分门别类，各成系统。又在中东铁路局理事会所出版的《中东路月刊》，找到许多珍贵的“建设”资料，内容丰富、包罗极广。年鉴、人名录、画片、书籍及零星纪事，都在我尽量搜罗之列。整理这些资料，也耗费了我不少时间。

那时候，关内关外，虽不通车，但仍通邮。我把这些资料分成若干大小不等，厚薄不同的待寄的内容。然后根据体积，分装信封，或用牛皮纸包装，或作印刷，或作信函，以英文打字，打出寄件人与收件人的住址，挂号或快信寄往天津《大公报》的代号。为了躲避敌伪的检查，当然我最内行。什么时候寄？到哪里去寄？应该平寄？抑应挂号？我都斟酌情形，亲自去办。为了避免邮局人员的注意，邮亭、邮车都是我发信的去处。最重要的，我利用中国人崇洋心理，不仅寄件人是著名洋机关、洋人；而收信人也是洋机关、洋人。信封与包装更是漂漂亮亮的，毫无瑕疵，并令人一见就起重视之心。大大小小，共有十几包，我顺利交邮，并且都逃过了检查。

十四、不承望失败在日本人手里！

我决计于九月半离开东北回到关内去。正在我犹豫借助什么交通工具时，我见报刊载北宁路已于九月十日通车了。我喜出望外。

我用两天的时间，与家人话别，并且确把父亲的东西装了满箱。叔叔婶婶都有满腹牢骚，我劝他们多保重身体，通车后可到北平去逛逛。临走之前，叔叔垂着泪说道：

“你去吧！谁能离开这里谁有福气！叔叔英雄了一辈子，不承望却失败在日本人手里！……”又道：“盼多来信。”

我也陪着掉了几滴眼泪，并祝福他们。（叔叔于一九三五年去世，死前曾有信寄我，表现了无限悔恨。）

十五、最后闯关

我乘早上九时的中长火车，下午转南满车。大约五时左右到了沈阳。自沈阳至临榆（山海关）仍是日伪管辖的天下。因为通车未久，旅客拥挤不堪。直到午夜十二时才到达临榆站。下站之后，搭北宁路之前，须要接受日本宪兵队的检查，才能算是正式出境。

有一队持枪的日本宪兵，严令大家在站台上排起队来，各人照顾自己的行李，等候检查。轮到我时，从衣服口袋到行李箱底，翻过来倒过去，做了一次彻底摸索。我看他们最重视的是文件，幸亏我的资料完全寄出去了。如果带着，不但片纸只字带不走，恐怕还要惹相当麻烦。

“你的，不是记者？”一个日本宪兵用生硬的中国话问我。

我立刻答道：“什么记者？我不知道。”因为他从我身上找不出一点儿记者生活的痕迹，连来时那本俄文字典也寄出来了。他搜罗了半天，毫无所获，只好让我过去。

我虽故持镇静，却捏了一把冷汗。

大步迈上车站那端的北宁路车。当我在椅上，安神坐定之后，我不禁朝着远方的检查行列，发出了一阵胜利的微笑。

“是否我听错了？那个日本宪兵在搜索记者？难道我的活动，他们的特务机关有所发觉吗？我的应对妥当吗？”后来从多方证明，日本特务机关，确实发觉有外来的记者在境内活动，但不知是何人。

我一边微笑，一边再行思索：“万一我仍搭船看见那位大高个子怎么办？”“车到山前自有路，我早已准备好了。”我这样自言自语。但对刚才宪兵搜查一幕，仍不免惴惴然。

我买了包子与烧鸡，不免大嚼一顿。吃完后，我开始假寐。可能这是我一个多月来，最心安的一刻。吃得十分香，睡得十分甜。人生最大愉快，莫如心理上没负担。我最爱心理上的空白。

火车于午夜一时开出。乘车多半是平东迁安、唐山、宝坻一代的生意人，满口老祖语音，使我深感这类语音的普遍性，与诧异同一省份语音是如此有距离。

因为行车不按钟点，直到九月十六日中午时分，才到达天津东站。合着我此行共耗四十日。

十六、赶写十二小时

我下了车，先到旅馆去沐浴，并吃完午饭，然后驱车到《大公报》。胡政之先生见我平安归来，喜出望外。并且告诉我，所有资料都已收到。我也简单把此行经过报告了一番，他也替我捏了一把汗。胡氏立刻当着我的面，叫王芸生进来（这是我初次见芸生。）把我刚才的报告又简单重述一次。略一商量，政之先生便对我说：

“纪滢，你偏劳了。既然你回来了，而且如此惊险，咱们就不能不趁机会凑凑热闹。我们打算后天“九一八”两周年出一张特刊。现在已有惜梦兄关于热河的一万多字，希望你从今天下午开始写，可写到明天晚上十点钟，写多少是多少；源源本本，详详细细，尽量纪述你这次秘密采访经过。一面写，一面排。我马上给你一间屋子，晚上，你就住在这儿，一切茶水、伙食，我叫他们供应。那些资料，等会儿我叫协民兄送给你，以备你使用。”

然后，他便引我到编辑部后边一间宿舍去。指着一只办公桌，说道：“你就在这里写。又指着里边一张床，晚上你就睡在那儿。我叫听差给你准备稿纸与文具。叫排字房的小孩儿随时来取稿。你就开始写吧。”

连谒见胡氏到我伏案写稿，前后不到半小时。这真是最急猝的差遣。但我这时实在乐意接受这种临时而又十万火急的命令。因为谁让我回来的不前不后，恰好有余暇完成这项紧急命令呀？假如我回到天津的日期是九一七，也许这个特刊变了质，至少材料方面不会如此之多。天下事往往如此凑巧。一个记者本质，就是永远不失掉分秒的机会，应付急就章。他必须随时随地把握机会从事工作。不管什么环境下，也要完成工作。老一辈的记者，都有这类经验。胡氏这样立刻决定，便是丰富经验的发挥。所谓“稍纵即逝”、“当机立断”是也。将近四十年来，我每次回忆这段刹那间的决定，不知不觉对前辈先生们智慧之高，表示无限敬意。

一个姓张的茶役给我打了个冷水手巾把，又沏了一杯香片，拿来一叠稿纸。我就坐在藤椅上，先享受了中国人惯常非药品的镇静剂。然后伏案构思，一至于下笔疾书。不一会儿，果然排字房小孩儿前来取稿。我就把写好的几页交与他，并且告诉他说，“每隔一小时来一次吧。”中间，我吃了一顿蛋炒饭。写到夜里十一时，居然成功写了一万六七千字。我估计再加上几张照片，两版足够了。因为《大公报》每一版是十二栏，每栏一二〇行，每行九字，除去标题、空行，大概实需一万字。如果配上几张图片，两版一万八千字也差不多了。

我实在需要睡眠。于是去报告政之先生我第一日成绩，并且预计次日下午决可竣工。他高兴极了。嘱我好好休息一夜，明晨再继续工作。此时，在芸生案前，已看到我写稿子的校样。对于馆方工作之迅速与负责的态度，教我不能不感动。我那时才知道季鸾先生在病中，所以没到报馆来。但我之平安归来，他已全晓。

一夜安眠，疲劳尽消。张役为我准备的早点有稀饭、馒头、花生米与豆腐卤等，正是北方人爱吃的东西。我饱餐一顿，即展开工作。

大约在九时许，有一位自称姓杜的同事，抱着大批邮件送到我室内来。原来是杜协民先生。他说："这是您寄来的资料，胡先生叫我送给您。"然后他说："每次收到你寄来的邮件后，胡先生就赶紧教我锁在保险箱里，谁也不让看。你真是了不起，这种仔细与机警，使你采访成功。不打搅你了，写完了再领教。"

我说："好说，改天再向杜先生领教。谢谢你，替我保存这么多邮件，我现在还不需要。"

原来杜先生是贵州人，当时他是《大公报》的会计主任。抗战后，他曾任重庆《国民公报》社长。又曾担任贵州省参议会秘书长。

"锁在保险箱里谁也不让看。"这两句话给我印象太深，几十年来一直存留在我心中，萦绕着无限感激之情。因为前辈报人深深了解一个年轻新闻工作人员的辛苦，点点心血都付予相当体谅与重视。这种妥善安排，足为后世之鉴。

第二天的速度不减，到了下午两三点钟，我的全部纪事，居然大功告成。不多不少，恰好是三版三万六千字的容量。配上了四张照片，大约我净写了三万二千字，共耗费了十二小时，每小时的生产量是两千六七百字。当然比起古人"倚马万言"（假如不是夸大）的速度来，我太惭愧、太差劲了。

那个取稿小孩儿名叫那普津，旗人。后来长大了，我们曾邀他去汉口《大光报》当排字工人。当时他每小时跑来取一次稿，见他满手漆黑，浑身脏兮兮的；但是小脸又白又红，眼睛大大的，怪可爱。

十七、东北勘察记

我写完了稿，回到国民饭店。洗了个澡，就倒头大睡。一直睡到七、八点钟，我才醒。到马路上吃了一顿丰盛的晚餐。然后我在英、法两租界的人行道散步，逛公司，极显潇洒悠闲。此时心理上的轻松愉快，无法形容。在预定时间内，完成一桩心愿的事，也是我与生俱来的愉快。

第二天（"九一八"）清晨，我在旅馆买到《大公报》。那天共出四大张，第四张便是纪念"九一八"特刊。我打开一看，皇皇出初号刻字标题"东北勘察记"，醒人耳目，列在特刊之首。署名则是"本报特派记者：生人"。然后每隔一两千字有一子题，提纲挈领，清楚明白；令人读来容易。照片清晰，地位适当，帮助文字，生色不少。整整三大版，都是我的文字与资料。当时看了，真是既感动又雀跃。感动的是：报馆这样重视我的采访，任令三大版登载我的纪事；用初号刻字标题，只是要闻版的事，我的纪事文能获得与要闻同等重视，哪能不令我感动？而没有标明我的真实姓名，正是我的盼望。那时，《大公报》有一个不成文的习惯，即撰稿人自己从不标姓名，任令编辑先生去作主，以免有出锋头之嫌。当时如果用了我的真实姓名，可能连累哈尔滨的许多亲友，尤其我叔叔。说不定曾子固老先生也被牵连在内。我文章内时常说自己是一个闯入伪满洲国的"生人"，所以芸生就用这个署名姑代我的真实姓名，正恰合我意。后来才知道，他还是请示了政之先生才决定的。又在我的正文之前，有一段介绍词，说明记者曾作广泛的采访，深入的勘探，将另有专文介绍伪满的国防、军事、经济、外交、文化，以及社会一切动态，希望读者注意。

我在旅馆里，把刊出来的每一句及每一字读过，虽然全文甚长，但尚无拖沓之弊。也可以说文字还相当生动，有很高的可读性。惊险处也会令读者替我捏一把汗拍案惊奇；哀痛处也可以引起洒同情之泪；高兴处也可以招致会心的微笑。我以写实的手法，报告了我亲入虎穴的所见所闻。我掬诚传达了四千万东北人的心声。这是两年来第一个中国大报，也是第一个中国记者，所采访的第一手资料。不敢说绝后，却已空前。我高兴！我快乐！但我也心酸！因为我自幼儿所受教育，不许说谎话。但这次却说了许多妄言。我没有内疚吗？后来我才悟到："对敌人不诚实，无损于道德。""谎言若是猎取真实的手段，那谎言便是金玉。"

十八、余波荡漾

当天上午胡氏自报馆打电话给我，对我的纪事，夸奖甚多。为了给我洗尘，说晚上要请我吃饭。嘱我先到报馆来。届时我到编辑部，胡先生一见我便沉着脸说："报馆锋头是出足了，可是麻烦也来了！刚才接到南京电报，说日本大使川樾对于本报特派记者秘密赴伪满洲国采访，已向政府提出严重抗议。"随后，他又绽出了笑容："你不管，由我们来应付。"

然后他解释日本的立场，他们认为"在汪精卫领导的政府，主张以'睦邻'为政策之时刻，《大公报》竟然敢派记者，深入东北，秘密采访满洲国的虚实，是件极不礼貌、富有破坏性的行为。"

我很有歉意地说："因我惹了麻烦，很对不起。"

"报馆既刊登了，就由报馆负责。我们怕政府胡涂，接受了他们的抗议，对我们有所行动。"胡氏不无顾虑地跟我作进一步解释。

当时我抱着歉意的心情，应邀到原是黎元洪花园的胡氏寓所去吃饭，心中确很别扭。但稿子既然登出来了，就该由报馆负责，是对的。我所歉然的，是怕给报馆找来麻烦。

胡氏见我沉默，就故意以劝酒使我高兴起来。我为了不辜负胡氏的美意，也就强振精神，喝下几杯。记得那天陪我的，有曹谷冰、许萱伯、王芸生、孔昭恺、赵恩源、杜协民、李清芳、马季廉、杨历樵，及费彝民等，济济一堂，都是当时《大公报》的中坚人物。我多么光荣，有此宠召？

“九一九”那天，天津一家日文报纸，也对《大公报》派记者至伪满之举大事抨击。

但是，中午胡先生再邀我去报馆，说：“一切过去了！”我也未细问，怎么过去的？胡氏并且告诉我：“你即日搬到报馆来住，有系统地写出你要写的文章来，什么也别顾虑！”

十九、编“小公园”

我敬谨遵命。即日起，搬进报馆。我所睡的床，原来就是何心冷的铺位。他正卧病医院。同室友艾大炎与高元礼二位。

自那时起，我平均每周写一篇有关伪满的专文，仍署名“生人”。文章由《大公报》刊登，然后由《国闻周刊》转载。这些作品一直被全国知识界引用，其中数目字更延长使用到“七七”抗战爆发，可知资料搜集之不易。又因何心冷患病，我又兼任“小公园”及本市版的编辑。这两个职务原是他的工作。一直何氏逝世，我为他出特刊，我天天不是写就是编，偶然与林墨农兄出去吃小馆看京戏，倒也悠闲自在。从九月起到二十三年阳历年，才放我回籍渡旧历年。中间，胡氏与季鸾先生至少有两次要我辞掉邮局职务，到报馆与他们共甘苦。当时《大公报》的声望与待遇，在全国新闻界中总算第一等，但经我仔细考虑，我没有遵命。我说：“我在邮局已有六年的年资，待遇还不错。（那时我已拿到现洋一百二十元的薪俸，《大公报》曹谷冰的待遇与我相等。我若到报馆，显然不能与谷冰看齐。）同时我不需要在人事上费脑筋，慢慢再说吧。谢谢两位先生的盛意。”政之先生于我临走时，又赠我一百五十元，以为额外报酬，并嘱咐我，请我随时把乡间民生疾苦，以小品文记载下来。这些事都使我有极深印象。

二十、我的祈求

约在一九三四年春，我访伪满文章，还在《国闻周报》陆续刊登。敝帚自珍，偶然看看还算有内容。回忆前尘，不禁惊险万状。也不禁对日伪之被骗哑然失笑。我之如何与水上警察署的大个子交涉，我之如何独闯伪国务院大楼，如何剪报与搜集资料，如何躲避日本宪兵的搜查，如何邮寄资料，说起来其中得失，完全凭方寸之间。稍一差池，不但前功尽弃，更可能锒铛入狱，作了日伪恐怖政策下的冤死鬼呢！托天之福，托《大公报》之福，更托全国同胞之福，使我成功地完成了这次采访。在个人的经历上虽然仅是小小一彩笔，但在中国新闻历史中，可能占独特的一页。可是，这桩事只有《大公报》人知道，只有我少数知己知道。若不是《传记文学》主持人刘绍唐兄以慧眼见我在《忆迪化》一文中，有此不经意的记载，逼我写出来，这段经过，恐怕石沉大海，很难有公诸于世的机会了。我诚恳祈求，哪个机关，哪个私人，如存留二十二年“九一八”纪念日的特刊，以及那段时期的《国闻周报》，能够替我把那些破文章烂稿子复印一份出来寄我，我愿付相当代价，并馨香拜谢了！

关于伪满洲国的组织，简记如下，以供参考：

1. “国名”：满洲国。
2. “国土”：奉天、吉林、黑龙江、热河及蒙古自治领。
3. “国民”：不分种族，以居住满、蒙之年限为标准。
4. “国旗”：红蓝白黑满地黄。
5. “元首”：称执政，溥仪担任。
6. “国号”：大同（后称康德）。
7. “政治”：民本主义。
8. “国都”：长春。

在汉口的年代

《大公报》在汉口创刊筹备工作，不久就绪，准备十二月一日发刊。但截至发刊前夕，除了季鸾先生高高在上，领导一切外，编辑部人员寥寥无几，仅有孔昭恺、赵恩源和我共三人，经理部也只有曹谷冰、李清芳与袁光中和三五位助理职员。有时候，季鸾先生于写完社评后，给大家改标题，指示新闻编排地位。谷冰在忙完了业务之后，也上到楼来，编要闻，看“特别栏”的文章（即目前台北各报流行的“辟栏”。）昭恺编第二版国内外要闻，恩源编国际和本市新闻。我除编副刊外，兼跑外勤。业务部门更是一身兼数职，人人忙碌情形，可以想见。好在大家都不是编报新手，处理稿件，游刃有余。所乞求的，只是在发刊伊始，如何打开销路而已！

我在前面说过，自一九二六年起，迄抗战期末，《大公报》一直蒸蒸日上，在全国各大报与读者心目之中，有它绝对不可动摇的巩固地位，对国家社会也有不可估计的贡献；但在报馆本身而言，“九一八”前后五年才是办报最为得心应手时期。

第一、它是在北方发迹的报，在北方近二十省市读者群中，根深蒂固，不需要过分注意销路，报份自然与日俱增。同时江南读者慕《大公报》的盛名，军政学各界也莫不争阅，平津商店固然要在《大公报》登广告，上海商家因争取华北销场也要在《大公报》登广告。它充分把握住地理上的优势。

第二、它拥有众多优秀的报业从业员与广大文教界的支持。大家想能记得，在抗战以前，中央通讯社创设未久，其他通讯更不发达，各大报都需要自己特派记者驻在各重要城市，拍发电报和写通信。所有重要新闻都是自己记者供给，很少条消息是相同的。就是外电如路透、哈瓦斯、海通、电通等社电稿也是自己译为中文，各报也不尽同。如现在这样千篇一律的新闻稿，可以说想看也看不见。关于此事所生影响之优劣，姑置不论，然而大家对于新闻竞争采访，不遗余力，那份精神，是值得回忆的。说真了，站在读者立场，我们宁愿欣赏过去那个时期的报纸，不愿阅读今天这样几占四分之三雷同的文字。《大公报》那时候在北平、南京、上海、汉口都成立着分社，由报社派有专人经营。每一分社，少则四五人，多则一二十人。其他各省市也都有特约记者或通信员。彼时，经常与该报保持通信关系的人，至少有四五百人之多。若再加写各类文章的作者，何止数千人？

因此我常想，一张远见、有气派的报纸，可通过报纸，动员全国无数优秀人才为报社贡献智慧，弥补报社人力财力之不足；报纸借众人之力量为读者服务。反之，一张短视或胸襟狭窄的报纸，只认识自己眼前的几个人，不知和不能动员和激发读者作者的力量，则其结果可想而知。

《大公报》在这方面充分做到了。不但如此，它还能使每个从业员安心服务，从内心乐意给它卖力气。可是有一点，对于用人，事先极为严格，绝少因人情滥用职员。正因为如此，它的职员都能够发挥以少胜多的精神。譬如在“九一八”后，每日报纸出版三大张，编辑部除译电校对外，真正负责编辑的也不过三五人，而外勤记者也不过二三人。若和今天台湾情形相比，编辑先生动不动二三十人，外勤记者有多至十八员大将的而且报纸篇幅仅有一张半。以前办报的人，乌乃太辛苦乎？今天各报抱残守缺，唯恐替人宣传，唯恐有人写文章寄来；把报纸与读者、作者的关系缩得无可再小，岂非故步自封，作茧自缚乎？

第三、它有最优良的印刷设备。《大公报》在天津法租界三十号路一八一号的后边有宽敞的印刷厂棚，轮转机是由德国购来，是当时首屈一指的新式机器，附带设备如制版，砌纸等器材也是最新式的。其余如铜模万能铸字炉等都是最现代化的。

第四、它有健全的人事制度。《大公报》是由吴达诠、张季鸾、胡政之三位先生以道义的友谊基础，联合接办《大公报》；又以文人论政的立场，发展《大公报》。所引用的人多经严格考核而来。自一九二六年迄七七事变以前，该报已有了最健全的人事制度。无论人员进退、加薪、考成都依一定法规。当时别的报馆常常闹人事问题，而《大公报》独无。别的报馆内人事情形复杂，而《大公报》也没有。员工稳定，也是《大公报》所以能办好的最重要原因之一。

第五、它有相当好的经济基础。《大公报》于一九二六年由吴达诠先生出资本，张、胡二位先生出人力接办，大约在一九二八年时，已有盈余，以后添置器材，补充设备，当然需要大量资金。以吴氏在金融界的地位（彼时他任盐业银行总裁）和《大公报》的声誉，银行无不乐于往来。因此它在经济方面，更比其他报纸有更优越的环境。

第六、还有一个不成文法的制度，为其他各报所无，就是经理部门的负责人必须由曾在编辑部担任过重要职务的充任。如许萱伯、曹谷冰、金诚夫、李子宽等都是根据这样传统管理业务。这种制度有什么好处？当然有，而且很多。首先是一个经理业务人员既充分了解编辑部同仁甘苦与需要，他就不至于纯以业务观点衡量与推进业务。容易与编辑部合作。其次一个有文字修养的首长，既容易领导编辑部，更容易被业务部门的员工信服。人望、才学与社会关系等等加在一起，比单纯一个只会打算盘的人物实在有种种利便。

因为报社的灵魂实在编辑部，业务成功与否须先看报编辑得好不好，保证成功则在经理部。

《大公报》靠这种制度发展社务，可以说是它的特色。请看其他报馆，若非社长综理一切，往往编辑、经理两部分人员因为本身利害，彼此歧视，以致闹出许多是非来，构成报社内部最头痛的问题。

当然这仅是一例，也可以说在某种环境下一例，不足为后世之训。不过以中国近几十年来，报纸一直还没真正走入企业化的阶段，这一例不容抹煞。

《大公报》靠以上几种优势，在华北有不败之基础。可是自“九一八”后，东北沦陷，报纸销路骤减去三万余份，于是不得不在长江流域另找出路。但在上海开馆一年有余，基础未立，就又遭逢空前国难，因此这次到汉口以后，在形势上，它有绝对后来居上的把握，但骨子里，仍怕因局势陡变，再遭摧折，所以不得不小心翼翼应付创刊后一切问题。

事前各种事物无不顾虑周详，尽量减少业务开支，在报面上，则仍维持一贯作风，维持过去水准。

季鸾先生每天必亲撰社评一篇，看着大家发稿，等到所有最后通信稿看完之后，他才回家休息。

果然，《大公报》发刊尚不及一月，报纸销路已超过五万份，为原有当地报纸销路之总合。广告也颇为拥挤，常有等候一周之久，还登不出来。读者对它的过分厚爱，真令人感动。报馆同仁自然十分高兴，对于编辑采访等工作越发起劲。彼时上海还可以通电讯，其他凡能通信处所的记者，仍逐日拍发电报，又派长江（即范长江）、秋江、高元礼、何毓昌、曹士瑛等跟随部队，拍发军事新闻。徐盈也从北方绕津浦南来，沿途都有通信。每天打开报纸，别人家有的消息，《大公报》一律有，《大公报》的专电与通信，别人家则没有。天长日久，读者自然有比较，心里明白，都争着看《大公报》了。

有一天，外边盛传德国驻华大使陶德曼已从沦陷后的南京秘密来到武汉，据传是来做说客的，要劝中国与日本议和。霎时之间，街头巷尾纷纷传说这件事。我们正待向季鸾先生请教，他老先生恰从外边访友归来。我们见他神色严肃，不像往日那样满面春风，跟大家有说有笑。他脱去外罩，就在编辑部里，倒背着双手，来回踱步，若有深思。大家知道情势严重，谁也不敢贸然的向他请示问题。

大约在室内来回走了十几分钟，他老先生便走进那间小得可怜的办公室。他开始要写社评了。

我们仍然埋头编稿子，也不知他老先生今天写什么题目。往日我们多半晓得他要写什么问题，因为他常常在动笔之前跟大家谈他要写的内容。这天他闭口无言，而且神色异样，一定有较为沉重的大问题。

一小时许之后，他老先生拿出他的社评底稿，交给谷冰看。谷冰大概看了十几分钟，抬头就问：是否马上发排？张先生答：“马上发排，你给我校对一下，别让它错一个字。”

他说完，谷冰打了两下叫铃，就把稿子付与工友送工厂。这时见张先生脸上那股沉重严肃之气，才渐渐舒展。他又在地上走来走去，察其脚步已经不想以前那么沉重。我正待向他老先生请教大局，他就对我说：“纪滢！等会儿我这篇东西排好了，你看看！”我就趁机会问陶德曼来武汉的事，他说：“写的正是这个问题。”然后他又慨叹着说：“这真是存亡绝续之顷，一念之差，就可以亡国！”然后他约略把内容给我说了一下，又对我说：“时间太晚了，否则你应该去看看蒋百里先生！请教他一些意见。明天吧，你说我叫你去访问他，请他指教！”

不一会儿，社评校样来了，谷冰又仔细校对了一遍，然后就叫我们传阅。我已不记得题目。好像是《我们一定继续抵抗》这篇文章先说明中日历史关系，次说明自“九一八”以来，日本军阀处心积虑图谋蚕食中国和借卢沟桥事件又要鲸吞中国的具体事实。中国虽贫弱却无负于日本，日本不察中日地理历史关系，竟想亡人之国，逼中国订城下之盟，是可忍，孰不可忍！最后以报人立场向政府呼吁，一定要抵抗敌人侵略到底，不打得日军离开中国，决不中止！陶德曼的善意调停虽值感谢，但中华民族和日耳曼民族同样有屹然不倒坚强性格，望德国规劝日本，从速放下屠刀，莫趁胜诱降！

这篇文章，理直气壮，富有感情，文字干脆利落，段落分得极合适。句句鞭辟入里，字字掷地有声。真是可垂千古的佳作。

次晨刊出，社会精神为之一振。政府于当日中午也发表声明，拒绝言和，除非日军立刻退出中国。

政府声明宣布之后，读者越发重视《大公报》了。有人说，昨天晚上，蒋委员长曾请季鸾先生吃饭，他一定探出口气来了，所以才那么主张。也有人说，政府想借《大公报》试探试探人民的反应。然后好作主张。七嘴八舌，说什么的都有。

关于政府当局有时把重要决定预先单独告诉给季鸾先生，不能说没有；可是季鸾先生绝非无主张的人，大家更可相信。诚然，从那时以前，迄季鸾先生死，政府当局器重季鸾先生，遇有重大问题，常常征询他的意见，也是尽人皆知之事。因此读者认为《大公报》经常代表政府发言，读者宁愿在《大公报》社评内寻找新闻。由此可知，彼时政府扶植《大公报》，不遗余力（……）。可是话又说回来，彼时政府所以扶植《大公报》也非偶然。第二天下午我去德明饭店去拜访蒋百里先生。蒋先生是中国军事学家权威，我心仪已久，只恨缘悭。这次遵季鸾先生之嘱，专程拜访，听他畅谈一小时之久，饱尝宿愿。

蒋先生那时已连续在《大公报》写过几篇军事论文，理论透辟，引证古今中外军事哲学与事实，说明中日战争性质与归趋。蒋先生是留德学生，他的老师便是德国著名军事学家鲁登道夫。他以文学笔法，记述当年留学情景，有军事，有哲学，还有文学艺术味道，极受读者欢迎。后来这些文章都搜罗在《国防论》一书内。

当时蒋先生告诉我："季鸾先生的主张绝对正确，这次与日本打仗，千万不能中途停下来，停下来便亡国，打到底日本必败！"他又引证在德国康边时，德国某夫人论中日两个民族。那位夫人熟读东方史，旅居中日两国多年。对于中日两民族有深刻认识，她说："日本民族重小节，刚强，但因系海岛国家，胸襟不阔，气量窄小，靠武士道精神维持国运。中国是一个历史悠久，文化极渊博的国家，是大陆国家，同时有极绵长的海岸线，也是海洋国家。人性淳厚，酷爱和平，但守旧，少开展。同时工业不发达，因此地虽大，物虽博，却积弱贫穷。日本与这么一个国家为邻，一定会引起她觊觎之心。假若日本一旦侵略中国，凭中国地理环境就可以打败日本，因日本绝无那么大的兵力占领全中国也。"

蒋氏又说："如今不幸而言中，诚是中、日两大民族的悲剧。"

他又论拿破仑与希特勒，他说："旷观世界史上号称英雄人物，最后莫不因英雄个性跌倒，前人哭，后人笑。一个踏着一个脚印往前走，明知是覆辙，却非蹈不可！这又是历史学的悲剧。”

当时蒋先生发挥了很多宏论，可惜我已记不清了。归后我写了一篇访问记。

国民政府既拒绝谈和，日本不战而降的企图顿然消蚀，老羞成怒，又加紧以飞机空袭武汉，并在鲁南加强军事部署，企图击溃我方野战军。

一直到一九三八年春，日本已增派兵力先后将近两百万人。但北路仍停滞在鲁南地区，沿江尚在安庆迤东，东路侵到浙江以后，始终未能越金华一步，前锋滞留在遂昌一带。攻势之顿挫，可以想见。

一九三八年二月廿日，希特勒德国受日本蛊惑，忽然宣布承认伪“满洲国”。国民政府立刻宣布与德绝交，并将德国军事顾问团解聘，以佛根霍森将军为首领的顾问团离汉之日，季鸾先生又以《惜别佛根霍森将军》为题发表社评，这篇文章写得婉转动人，十分得体。以后佛根霍森将军回国，在德国侵丹麦之役任指挥官，有人事后遇见他，还在提起《大公报》给他的赞誉。军人各为其主，在当时他无法留在中国，更无法不受希魔的驱使，但佛将军对我方建军的贡献，仍值一记。

三月间，临沂会战，造成台儿庄大捷。《大公报》首先刊发号外，为对日抗战第二期战斗中最令人兴奋的新闻。号外本来是可以大赚其钱的，但这一次《大公报》做得非常漂亮，印了五万张号外，交工友黎吉祥站在楼上向下撒放，（当时摄有电影）不一会儿工夫，这些号外，就被抢一空，霎时传遍武汉三镇，爆竹之声，响彻云霄，人心兴奋达于极点。

台儿庄一役，我方负责攻击的有孙连仲将军部、汤恩伯军团王仲廉部、关麟徵部。敌人方面有矶谷廉介、板垣师团、板本旅团。这一战把敌人两个师团约三万余人完全歼灭，为上海战役以后空前大捷。

后来虽然有徐州大撤退，但自台儿庄一役后，我军已有充分信心，不但可以寡抵众，而且也可以弱袭强。尤其对于战略战术的运用增长了宝贵经验。以后六年抗战，能够退守自如，缘于这次胜利的因素实在不少。

这一段时间内，全国军政学界领袖都集中在武汉，武汉也呈空前繁荣，但以报纸而论，外来报纸只有《大公报》一家成功，其余都未能发展，如《申报》就是一例。《申报》曾在一九三七年末与一九三八年初出版约两月，因销路始终打不开，遂在无声无嗅的情况下自动停刊。其余如南京的一二报也想在武汉复刊，但因有《大公报》之故，未能尝试。

忆新疆之行

“噗啦”“噗啦”的声音

我们于一九三八年十月四日由汉口乘飞机去新疆，六日上午十时左右到达迪化，承新疆省边防督办盛世才亲迎于机场，沿途严密保护，把我们接到督办公署内西大楼。那里边正有四五百名代表在举行全疆各民族第三次代表大会。我们一行十六人，由盛氏前导，从会场大门口走入场内，一片掌声，震耳欲聋。全体代表一面起立，向后瞅着我们鱼贯进入，一面热烈地鼓掌。我一见这些人的面孔，真如置身异域。其中除了少数汉人外，有百分之八十的代表都是丰隼隆目，装束特别，在我们内地人通常认为是异族型的。年轻的，年老的，有满面胡须的维族老者，也有极漂亮，具有西洋美的塔塔尔族妙龄女郎。肤色不同，像貌各异，衣裳别致，语言有差，真称得起是一个民族博览会。

我们被安排在会场最前一排，面前摆着绯红香脆的苹果、糖果盘、烟茶和若干文件。这是大会第二天，上午由省主席李溶报告省政。李溶是一位六十多岁的老先生，长袍马褂，戴着老花眼镜在念报告书。报告完毕后就是维语、哈语和蒙语的翻译，原来报告的全文也不过三十分钟，经过这三翻又花费了几达一时半。

完了以后，休息五分钟，就变更议程，改开欢迎“中央代表”临时会。由盛督办主持，他首先致欢迎词，后又把我们按名单一一介绍，每介绍一个人就跟着一阵掌声。介绍完了之后，盛氏请杜重远讲话。重远是一位擅长词令的人，他把新疆省在抗战期间的地理上的重要性，盛氏治理新疆的辉煌功绩与今后在巩固边防，以援助中央抗日的工作上，全疆代表应如何努力，种种问题，他讲来有条有理，而且声色具备，异常动听。讲完之后，全场热烈鼓掌。

随后，盛氏就介绍我讲话，他说：“现在请《大公报》的陈记者讲话！”（记者与姓氏连在一起，是我自任记者后，首次在新疆听到的称呼。平常人只说某某报记者某先生）我辞谢不遑，又被掌声催迫，只得上台去简单致词，我说：

“我是《大公报》的一个记者。这次盛督办邀请张季鸾先生来新疆，张先生因健康关系不能来，叫我代表他出席，所以我只是代表报馆和张先生个人参加盛会。一个记者的职责，是将各种事实忠实地报告给读者。《大公报》跟新疆的读者一向保持着良好关系，今后当更增强。我仅祝大会成功，诸位代表健康！”

我的简单致词，居然也博得与重远的动人讲话同等热烈鼓掌。

时间到了中午，已是午餐时间，盛督办邀我们去和代表们共同用饭。饭厅是用席子搭盖的，里里外外都有红布白字标语，棚子里有纸制成串的万国旗，互相交叉，在半空悬挂。五彩缤纷，俨然办喜事气象。这顿饭由人数众多采用中菜西吃办法，桌子以西菜方式摆置，我们和盛氏坐在贵宾席位。盛氏又把李溶主席、财政厅周彬（即毛泽东的弟弟毛泽民化名，后来知道的）、教育厅长孟一鸣、外交部驻新疆特派员兼《新疆日报》社社长汪宝干，还有督办公署参谋长汪鸿藻各处处长等多人。民政厅厅长邱清浚因病未出席，建设厅厅长悬缺。我们一时也认不了那么多人，而新疆当时习惯与苏俄一样，不与交换名片，我是来采访新闻的，不多认识人怎么找新闻？所以每介绍一位，就得牢牢暗记其特征或亲加叙谈，以便增加印象。

在吃饭的时候，盛氏给我们介绍新疆各族风俗习惯，说代表们最多数信奉回教，而新疆又盛产牛羊，所以大会伙食一律免用猪肉。起初上了些冷菜，以后又有牛排羊排等，最后是羊肉和蛋炒饭，另有一碗羊肉汤。盛氏给我们解释这种炒饭，原名抓饭，是维族与蒙古族用手抓着吃的饭，他用几个手指比划了一番。我想，原始社会缺少吃饭工具，而手指是任何民族最原始吃饭的利器，所以一直沿用下来。但与会代表则多已使用刀叉及筷子。至于这碗羊肉汤，既荤又膻，差不多的人都吞食不下。我因是北方人，且自幼年即喜食羊肉，尤其到过满洲里之后，别人腥膻的羊肉，难以下咽，我则越膻越香，因此我很顺利地吞食入肚。吃完了饭，端来了大盘子苹果与哈密瓜，在饱吃油腻之后，水果受人欢迎，自是定理。而新疆伊宁所产苹果品种之佳，仅次于阿拉木图，普通的体积都如饭碗大小，果汁甚丰，香脆适口，在内地殊不多见。

午饭后，盛氏问他的副官长李毓麟我们的住处安排好了没有？李答道：“一切已经安排好了。”这位副官长青年英俊，应对合节，礼貌亦周。盛氏就说：“那好，我送你们去东花厅！”说着说着，他那群侍卫手提着武器，把盛氏和我们十六人前后都围绕起来，由饭棚徒步再经过西大楼（彼时东大楼还未兴建，然已有蓝图，正待来春兴工。我一九四〇年再去时，已兴建完毕。）又经过承启处的东甬道，走不远，则到达东花厅。东花厅在我未到新疆之前，已久闻其大名。自杨增新、金树仁治理新疆以来，历次政变，东花厅几乎都被牵连在内。若干政要曾牺牲于东花厅之内。所以我一闻东花厅之名，耳朵为之一怔，既而又想，我既非来新疆任职，又非图谋不轨，何须担惊？于是进入院后，我就先察看东花厅的环境与布置。我先看见这是一个座北朝南的院落，我们是从西便门而入。大约有一亩地大小，北方是一座大厅，东边有三间小屋，不似厢房，南边有一个带门楼的小门。院内有一株粗大的槐树，另有藤萝架，老树枯藤，在冬日的塞外，越显萧条，好像地上跑着一只彩尾孔雀，孤零零地在觅食。

在一瞥工夫，我们进入厅内，发现廊下已经站有两个岗警。有一只鹦鹉见大家来了，也振翼长鸣，不知是表示惊讶呢？或是表示欢迎呢？进入厅内，见厅内分内外两间，异常轩敞。两间房内，都铺着不露地的蓝色羊毛和阗地毯，墙上挂着名人字画，琳琅满目。当中摆着铺有白台布的长桌，水果与烟糖，应有尽有。再加上是日阳光普照，室内已生起火炉，暖和如春。盛氏又问明谁睡哪一张床，每人几条被褥，带来的行李件数对不对？等等琐屑项目，无不注意入微。

他安排既毕，叫我们休息一下，然后下午请继续参加大会，他就告别了。那群侍卫又如蜂拥一样，护卫以去。

我们洗漱毕，各就床上，稍事休息。杜重远、萨空了、黄毓沛和我等五人住内间，其余十一人住外间。每一床位上，都铺有一领俄国羊毛毯子，使我重温哈尔滨时的生活。

下午三时，副官长来请我们开会。我们一行由重远率领，再赴会场，顷听各厅处的施政报告。这天是由教育厅厅长孟一鸣报告全省教育。孟是一位失去双足的人，行动都需要有人背扶，在吃午饭时，我已非常诧异，听了他的报告，不但见他口齿伶俐，条理清楚，而且所用术语与各种名词，都异常新颖，我暗想此人必有来历，可是我苦于不能立刻知道背景。听完了他的报告又听财政厅长周彬报告财政。周彬一口湖南腔，人长得矮矮胖胖的，脸上经常浮着笑容，最初我还以为他真的姓周，而湖南人如何来到新疆当财政厅长，不禁使我纳闷不止。

这两个人的报告当时给我的印象是新疆教育、财政，自盛世才任督办后年有进步，特别是教育已比杨、金时代发达多了。他们并印有各种语文的书面报告。

晚上，盛督办在东花厅正式欢宴我们。邀督署与省府重要官员作陪，事前每人并发了请柬。一共坐了四桌。这一次完全是照内地北方筵席形式，除参翅之外，还有西北最名贵的烤乳猪。有三种外国名酒佐饮，苏俄制白兰地、葡萄酒与香槟酒。连火柴都是苏俄制。盛氏在饭前，又简单致词，表示欢迎之意。跟着杯觥交错，互相敬酒。我此时与盛氏面对而坐，仔细端详其容貌，浓眉大目，眼光灼灼，虽然说话有点木讷，但他的一举一动，显然颇为机警，非寻常人物可比。我趁机将季鸾先生致候之意传达，他遂把话题转落在季鸾先生身上。

“我在上海读中国公学时，季鸾先生教我们西洋史，他先生从来不看讲义，只凭记忆力，把历史年代的时间说得丝毫不错。又因为他敏锐的思考，把历史对后世的影响，分析得极透彻。”然后他又问起他的生活与身体来。

我一一具答。并且说另有季鸾先生的亲笔信还锁在箱子里，请督办给我一个机会，以便面呈。

“那好，”他说，“我乐意跟大家有机会单独谈谈。”

然后他就劝大家喝酒，好像很能喝酒的样子。无意中，我瞧见他的侍卫们在门前门后环立，后来我更发现连端菜的侍者，也都是由侍卫穿上白衣而充任的。

杜重远又在席间称颂盛氏治理新疆的功绩，把新疆十四个民族由分裂融合在一起的事实，特别介绍给大家听。后来话题又转到乌兹别克、塔塔尔、吉尔吉斯几个民族上去，重远怕我不晓得这三个民族与其他民族有什么分别，又特别对我说：

“纪滢兄！你看见了没有？有些代表的皮肤是白色，面貌轮廓像西洋人似的，可是头发与眼珠却是黑色，就是塔塔尔族代表。塔塔尔与乌兹别克两族人的面貌体型与中亚细亚各民族多半混合，令人分辨不出来。你看那些女代表漂亮不漂亮？”

“不但女代表漂亮，”我说，“连男代表也相当健美。”

重远是喜欢讲笑话的人，虽然我们与盛督办是初次见面，而且是正式宴会席上，他也不忘随时轻松一下。他说完了之后，以后又谈起口里人（在新疆称内地为口里，玉门关口也）娶维族或塔族女子为妻，所生子女称为“二转子”及其如何秀美如何动人等等。

“库车梨，哈密瓜，秧歌子一枝花。”重远说完了，又问我：

“你知道新疆的女孩是多么漂亮吗？”

“我很知道，从你的大作中和我今天所看到的，新疆的一切都很叫我感觉新鲜。”我一个初来访客，实不便仅对当地女子有过多的称赞。

盛督办在宴席间有说有笑，及其自然，一个主人款待客人的一切礼貌，它无不竭力尽到。

一顿饭约用了一个半小时，然后大家又退到一边吃哈密瓜。我们虽已连续享受两顿名产，但仍如初次吃时那么新鲜有趣。

在我们吃瓜喝茶之后，重远又去请盛氏至内间的内间去单独谈话。大约谈了半小时之后，盛氏又请我进去。我当面呈上季鸾先生的亲笔信，他看着信，不住点头。当客套话讲完，我就请教了他几个问题：（1）对抗战前途的看法。（2）对苏俄援助中国的估计。（3）新疆在抗日战争中对中央可能的贡献。（4）六大政策的真谛何在？

盛氏谈吐虽木讷，但对于我的问题，并没有表现有任何难以解答之处。他的答话很长，而且都似乎经过了一番组织才说出的，原词已记不太清楚。（可详见拙著《新疆鸟瞰》——商务印书馆二十九年香港版及重庆建中出版社三十一年版）大意说：

“日本孤军深入，一定越来越困难。只要我们坚持下去，日本必失败。苏俄在这时候也一定会竭力帮助我们，帮到什么程度要看双方合作程度及互相需要而定。新疆是抗战大后方，又是苏俄援助中国的唯一孔道，我们新疆一定竭尽力量巩固后方，保持国际要道畅通，同时我们也愿向中央贡献人力物力。”以后他便为我解释六大政策的由来。

所谓“六大政策”乃是“反帝”“亲苏”“民平”“清廉”“和平”“建设”。当我没到新疆去之前，已经知道这项名词了，等我们到了迪化之后，“六大政策”与其内容的十二个字，可以说是到处可见。督办公署迎门就立着一个宛以屏风的大木桩，上边书写着十二个字。好像记得督办门前还悬着一副红布白字不甚工整的对联“彻底实行六大政策，维持中苏永久和平”。

他对我把每一个名词的含意都解释了一遍，其立论与他所著《六大政策教程》的内容一样。如以今日眼光来批判，当然荒诞不经，极成问题；但以彼时他所处环境而论，他的所谓“六大政策”，也不过是“一面倒”的分裂名词而已！

同时在他谈话当中，我知道他曾于那年（一九三八年）九月，到过莫斯科，并与斯大林见面。

这四个问题，大约谈了四十分钟，他说：“你还有什么问题，尽管提出来，我都可以答复你。”我又请教了他关于他对蒋委员长的观感。

这时候，他很兴奋的样子，对委员长说了许多恭维颂扬的话。特别引述他在北伐中任作战科长一事，他说：“委员长是我的老长官！”窥其语意也颇为诚恳。

我趁机会以记者立场，阐明中央对边疆与他个人眷顾之意，希望他免除内心上的顾虑，一心拥护中央报效国家。我说的时候，他也时常点头表示赞成。

我辞出之后，他又把萨空了请进去。其余十几个人在外厅悄悄谈天，准备在他离开后，即休息，以解终日疲乏。

不久，他与萨空了谈话毕，遂与我们告辞，由他那群侍卫“噗啦”“噗啦”护卫着走了。

他走后，大家即开始准备睡觉。但我是个记者，我的一日工作尚未了，不能跟大家一样同时休息，于是我趁他们睡了，自己躲入内室，草了一张有千八百字的电报稿，报告第一日抵迪化印象及与盛氏谈话经过，立刻交给侍候我们的侍卫组长，请他即刻转呈督办批阅，代交电台发加急电，致汉口《大公报》馆。

我等候那侍卫组长回报说：“督办已看过，已叫电台立刻发出。”才放心。

我在睡前，出门外去厕所解小手，突然看见厕所隔壁的房顶上，有岗位持枪戒备，气势汹汹，如狼似虎。再仔细看看，花厅甬路与墙角，也有岗位来回戒备。我久知新疆地方情势复杂，但绝未料及督办公署内墙之内，还如此森严？像我们这批客人，也值得如此加倍保护？我一壁解着手，一壁思虑重重。在夜色黑黯中，见房上地下警卫，在寒风中，穿着厚皮袄的持枪巡逡，人影幢幢，大有随时可捉得刺客态势。触景生情，越发觉得过分严重。既而一想，入境问俗，我才来一天，有什么资格批评人家不当？我们自己不以为重，但人家不能不以贵宾相待，万一出了什么意外，譬如说有人假借与别人的仇恨，把我们其中一个人暗杀了，那不也是件不大不小的麻烦事儿吗？

归房后同人早已酣然入梦。我也因竟日疲劳，一觉天亮。

第二天欧亚航空公司的驾驶员技师等三人即离迪化回汉。我们则仍旧白天出席大会，晚上参加各种同乐晚会。

大约盛氏最初数日，每天中午或晚上与我一块吃一顿饭，有时两顿饭都在一起。他每次到东花厅，侍卫打先站，从远处就知道他来了。因为他的侍卫都穿着钉子鞋，冬季西北，冰天雪地，再行走在满披冰雪的砖铺甬路上，就发出“噗啦”“噗啦”的声响。我们在房内忽然听到一阵阵“噗啦”之声，就知道督办驾临，忙准备迎候。所以此行，令人印象永难磨灭的是“噗啦”“噗啦”的脚步声。

他每次到东花厅来，必先问大家睡好了没有？吃的东西是否合口胃，叫侍候我们的组长要常常与我们掉换口胃，或者问我们要参观什么！乐意到哪里玩一玩？关注我们起居饮食，无微不至的一类话。

我们称谢后，也就趁机会表示意愿，尤其像我，越听得多，见得广，才越有资料。这种场合，别人不肯说，往往由我开口，希望他给我们安排一个参观日程，我并特别要求给予我单独访问各重要代表的机会。他都叫副官长照办。

一连开了五天大会，除报告、讨论之外，还举行一次军事大演习，由两团骑兵对垒，飞机大炮，隆隆震耳。雄马奔驰，杀声四起，使参观代表相驾失色。听说这次演习，很收镇摄之效。各族代表于大会期间，也分别聚餐、摄影留念，煞是热闹。我趁大会尚未结束之际，由盛氏派有翻译员二人轮流陪同我到各代表住处访问。

我把所谓“十四民族”（汉、满、蒙、锡伯、索伦、汉回、维吾尔、塔塔尔、吉尔吉斯、乌兹别克、塔吉克、塔兰其、哈萨克、归化）的重要代表，一一访问过。按新疆号称四百万人口，维族占二百余万，汉族仅有五十万。我访问的时候，特别注意询问他们家庭生活状况，对这次大会的观感，及知不知道中央政府方面的情形，当时我的印象大概如下：

新疆自盛世才主政后，人民在生活方面不无改善，但人民恐怖心理并未袪除。多数代表对于“亲苏”政策，反应模糊。从其吞吞吐吐的答词中，可以窥知对苏俄从无好感。各民族间的关系虽有增进，但因种种原因，并未到达水乳交融程度。他们极盼地方与中央关系日臻密切。使新疆免除孤悬塞外，呈割据状态。所有代表对蒋委员长不但熟知其名，且无不表示拥戴。其中有若干代表误认为记者是中央所派，曾情词恳切地叫我回汉口后，向委员长致敬意。我说：“我仅是一名记者，不见得能很快地见到委员长，但我可保证将你们的诚意，以电报打回报馆，在报纸上发表出来。”

这次访问使我进一步了解地方人对现实政治较真实的观感，虽然大多数代表并非完全由选举而来。同时更使我了解各种族的风俗习惯与其种族的由来。也是我后来对边疆少数民族问题发生兴趣的开始。

访问了各民族代表之后，我又参观了学校、机关、工厂、医院、报社以及住家等处。一连五六天，我都在东看西看，仔细访问，当然凡是公立机关，都可以看见有苏俄人，不是当顾问，就是任主管。

其中有一天，我曾参观了一个蒙古包与一维族音乐青年住家。在盛世才时代，各族优秀青年，每年选拔若干人到苏俄留学，学习各种课程。他们留学的地方，并不是莫斯科而是塔什干。塔什干有一个大学，新疆留苏青年大部在那里求学。其中有若干青年学音乐，有一位姓阿布都拉的声乐家，在苏俄相当驰名，为他灌的几张代表民族声音的唱片，我曾听到，的确不凡。也有若干青年小说作者及诗人，写得一手好文章，可惜是维文的，我看不懂。但说起旧俄时代的作家与作品，他们都极熟稔。

总之，我到了新疆一连忙了十天，比同行伙伴多听了些话，多看了些东西，也多走了若干地方，使我对新疆有较深认识，确是沾了记者的光，否则，我也无资格也不敢贸然向主人做此要求。

我们还游了水磨沟、西公园，参观了“一炮成功”与几个归化族的领袖谈话。这些归化族（即白俄）中有不少是沙皇时代显赫之辈，有一个校长还是沙皇时代的外交官，曾周旋于欧洲的外交政坛上，活跃于樽俎之间，大有此一时也彼一时也之慨。

我每天拍发三五百字的电报，报馆接我电报后，编排在重要地位，标题也极醒目，全国读者久不知新疆消息，一旦由我详尽报导，也颇收独家新闻畅销之效。

大约在十月中旬，我的访问工作行将告一段落，正准备回汉口时，突接季鸾先生来一电报：

“盼尽可能留新继续采访新闻！”

我看了电报之后，疑虑万状。一方面定是大局不佳，暗示我不必回武汉；一方面新疆尚有未经采访之新闻。

我拿着电报请示了盛督办，他说：“我们欢迎你多留些日子！”

在迪化四十天

敌军从三路围攻，武汉危在旦夕，使我欲归不得。又因季鸾先生给我一张电报，我不得不在迪化住下去。可是我因局务，虽然承同事慨然帮忙，暂行替代，但我责任心重，万一到时候回不去，岂不连累同事？且我个人物件，大都在局内存留。忧心如焚，思虑重重。我遂一面打电报给管理局，一面又详细写了几封信给代我的同事，说明情况，免局务责任不清。在十月中旬，敌人已侵入武汉外围，武汉陷落在即，我的假期到十一月三日才到，万一不幸我回不到武汉陷落，我也不算旷职。事实上，因无正常交通工具，我就是马上想赶回，也不可能。因此我只得安心在迪化住下去。

同来的一行人已有数位搬到外边招待所去住，只剩下杜重远、萨空了、黄毓沛、刘贵宾和我五六人同住在东花厅内。阳历十月正是旧历九月，迪化已落过几场大雪了。雪后初晴，阳光温暖，冰雪融消，水滴答答，在东花厅望院内老树枯藤，感系颇多。

盛氏怕我们闲居无聊，命令副官长取来留声机及各种唱片很多，叫我们破寂解闷。我则请求盛氏给我到郊外旅行机会，或到南疆一行。盛氏一一答允，说："你先到附近各处看看，到南疆去，总得有便车。"于是在雪融之后的数日，我们连续参观迪化市外名胜。

迪化西关有个公园，市民叫做西公园。那条驰名的乌鲁木齐河横贯其内。河道甚窄，两岸植树，我们去时，还没完全结冰，流水潺潺，环境极为萧瑟。后边有一个跑马场，并非赌博性的场所，是为养马试马而设。养马的工头是苏联人，他介绍给我许多种马，其中有一种马是最优秀的，牵出来给我们看。那匹马浑身鬃毛火炭一般，真是"身高八尺，头尾丈二有余。"他又故意叫我们看看马的速度，他骑在背上围绕着场地急驶速奔，确有"昼行千里见日，夜走八百不明，登山迈岭如履平川，漫江过海，驰骤如飞"之势，真乃是千里驹也。我们赞叹多时，才离开那里。

我们又去红山嘴子，此处风景，颇似今日之碧潭。山峰陡峭，形势险要。再走即是"一炮成功"。据说是刘锦棠治新时代，回乱迭起，有一次，回族叛民，占据城垣，负隅对抗，刘锦棠在城垣西郊山岗上，摆下了一尊土炮，向城内打了一炮，叛民即投降。这个山岗因一炮解决叛乱，就被命名为"一炮成功"。

游览这个地方时，我并不以汉人统制新疆成功而自傲，相反的，我觉得其中问题实在复杂，决不是三言两语说得清的。在早先，新疆常有三年一小乱，十年一大乱之说。种族相斗残杀，永无宁日。新疆民族间的不安，一面固然是历任边疆大吏庸碌无能所致，另方面则多半由于外国对新怀有野心而起。我们如何解决这些问题，只有自己强大，再依看国父孙中山先生的民族主义予以合理安排。同时各边疆少数种族也必须识大体，认清自己终归是中华民族一分子，不受挑拨，不受蛊惑，共同维护中国民族的大一统才是正路。在新疆四十天，我才充分理解种族问题的重要，更钦佩国父对此问题的远见。

我们游完了"一炮成功"又去水磨沟。水磨沟是迪化附近唯一的名胜之区，距离迪化城约十公里。此处四围皆山，独此处成为平地，有多年老树，有亭台花榭。有一道河穿贯其中，若在夏季，定是消暑胜地。可惜我们去时已是冬季气候，有未消的冰雪，远山近洼，都是白皑皑一片。

这个地方以有水磨闻名。省府建设厅利用河水筑成了水闸，在水闸之上，建有电动磨粉机。西北人民喜面食，所以这座水磨便成了民食中的重要生产工具。

我们在水磨旁盘旋多时，见水流激湍，磨声隆隆，人工水利，极尽机巧。可惜再过些时，河水冻成冰后，就无法磨面了，只得等次年春雪消融时节再工作起来。

在水磨沟附近，还有一处温泉，可以洗澡。另有一处硫磺火焰，从地下冒出，可以煮饭。我们也流连了一会儿。

我又建议游毕水磨后，再登高山，以眺望附近山区雪景。大家赞成。我们攀登附近山峰之上，正在远望天边蔚蓝的云彩时，忽闻驼铃之声，展眼远处，见有几十只骆驼，正负荷着沉重物件，缓缓走来。在冰天雪地到处皆白的旷野中，有一串踽踽而行的棕色兽群，特别显著。可惜我不是诗人，否则在西北荒原间驼铃之声，正是大好诗材呢。不一会儿工夫，骆驼群逼近，仔细一看，驮的是煤筐，每一骆驼至少驮负五六百斤生煤，装在一只大筐里，缥在骆驼背上。大约有四五十只骆驼，却只有三四个年轻人驱赶着。

我们问了其中的一个，才知道附近几十里外，有一个煤矿，迪化所用燃料，就由此间煤矿供应。

我自一九三三年服务长江流域，久不见平原与高山，更不见如此积雪，心中又特别挂念战事前途，忧心忡忡。难免触景生情，要多在野外徘徊些时。回忆一九三〇年于中俄战争，由哈尔滨调赴满洲里邮局服务。那年三月廿九日，邀集同事数人，攀登满洲里的南山情景，恍然如昨。我侥幸有机会由东北绕道到西北，既攀登了外兴安岭，又来攀登天山之麓。人生不过数十寒暑，不到十年间，我已行万里路，总算平生一大快事！只可惜我尚未读万卷书，如此浮躁，一事无成，大好光阴，终被蹉跎，今日登高，不啻对自己下一警告。

我们返回迪化城时，已见万家灯火。督办门前，已架起防卫炮来了！一种森严之感，又逼上心头。

晚饭时，因知民族教育馆开幕，承启处打电话来，说盛督办就要到东花厅来，邀同出席指导。果然“噗啦”“噗啦”之声在电话通知之后未久就从远处响来。

盛氏一进屋就问：“今天净到什么地方去来？”

我们一一具答，并且说了一些水磨沟的水磨生产情形。他又告诉我们附近三道岗煤产量很是丰富。还有几处煤层极浅，几乎可以任意挖掘。只要拿着铁铲，背着筐，到那里就可挖出煤来，供家中取暖炊饭，可见新省矿产之富，尚待地质家广泛勘察。

民众教育馆筹备数月，原订在三全大会时揭幕，因筹措不及，才改在十月中旬举行，是一座礼堂，备有书籍及图表一类的东西。据说这个会场可供市民演剧集会之用。

我们去时，新省军政首长都已在场。实际上，新省事权统一，城区不大，每有公众集会，都是这些人物参加。而自盛世才氏治新后，革除私人彼此应酬习惯。平时不但彼此无婚丧喜事之繁文缛节，也无大宴小吃之酬酢，只有督办请客，大家才有共同享受机会。所以迪化城内既无一家饭馆子，也没有一所旅馆。因公来省住招待所；因私来，不客气，只有自寻办法去投靠亲友。这样虽有种种不便，但已使各级公务人员省下了不少交际酬酢费用，我认为像这种地方迪化，自有特殊原因，在某种意义讲，也未可厚非，不无提倡的必要。

好像是汪宝乾做主席，他简单报告了几句，就请盛督办致训词，盛氏勉励工作人员，多为民众教育服务，话也很简单扼要。其次就请杜代表重远讲话。

在重远上台时，盛氏则由另外一个椅子上，移近与我并肩而坐。他问我重远讲完了，是否可简短致词。我婉言以大家等看游艺节目辞谢。重远是爱讲话的人，遇有机会就滔滔不绝。这次当然更不例外。

在他对新疆各项事业称颂了一番之后，他兴奋地说道：

“新疆在未来建设的途程中，需要许多专门人才来工作。所以我回到内地后，一定介绍大批人员来新疆工作。……”说到此处，盛氏忽以右肘触动我的胳膊，然后悄悄地对我说：

“重远这句话要使我们新疆人害怕了。”

“他的用意很善。”我也悄悄地答。

“有专家来固属好，但若大批来，岂不让大家害怕顶了他们的饭碗吗？”

我说：“不会的，哪有多少人会来？”

我察知盛氏的顾虑，就递了一张小条子给重远，盼他修正刚才他所说的话。他照办了。

他下台后，盛督办又趋近他解释原委。

由此小事，可知在新疆那种环境里，说话行事之难，须处处留神，稍不小心，说不定就闯下大祸。

然后游艺节目开始。我们到新疆后，已数度欣赏新疆歌舞节目，留有深刻印象。

这一夜，和在督署西大楼所看各项节目相仿。有单人舞、双人舞、团体舞等。我们在内地所看到的新疆歌舞大体上具体而微，在新疆因人才众多，音乐齐全，服装式多，所以演来格外生动。

第一、先说舞蹈人才。平均而论，维族、哈族、塔族、乌兹别克等族的青年男女，到了十八九岁，都够得健美条件。男的高大雄壮，女的妩媚多姿，无论穿出什么衣服来都美观。再加上她们所习跳的舞姿，在简易步伐中，特别摆动，佐以两指打响，双眼飘动，都是原始时代男女求爱的表情。

第二、舞姿。新疆舞蹈舞姿，多半重腰肢与项部，摆动幅圆不大，侧面比正面的姿式多。两胳膊向上与平置的时间频繁。跳小步与打手响最勤。以我外行人来看，与芭蕾舞几乎站在相反的地步，既不用足尖，而臂摆动幅圆也不那么大。

第三、音乐。这种舞蹈所配的乐器，普通有两弦琴（新疆名字叫“都达”）、四弦琴、笛子、锣，还有西乐里面的铃鼓，而以笛子领导。音乐拍节多半是四分之四或四分之二，很少用四分之三的。激昂快速多于低沉迟缓。

第四、服装。服装颜色多采深而重，含蓄多于暴露。长的多，短的少。尤其绝对不露肢体，头上那顶小帽子与脑后拖的大辫子，更为重要点缀。因为回族，人民重礼节，思想保守。在中东及中亚细亚一带至今女人还带面纱。新疆妇女已经时兴了，然而仍不像内地妇女袒露肉体那么多。也因地处寒带之故。新疆维族女子，在未出嫁前，以束有辫子多少代表年龄，部顶小帽子有极华贵，价值甚昂者。

我认为新疆舞蹈仍保留着民族固有舞艺与情调，可列为我们民族舞蹈的一种。话又说回来啦，所有世界回教民族，大概至今还保留同一形式。

在这次会中，我们初次看到朗诵节目，由一个维族学生拿着稿子朗诵，颂扬“伟大的盛督办”的诗句。可惜我们听不懂。

在此以前，至少我们已经听过两三次，由女生唱的《四月革命歌》了。

原来盛世才氏于一九三三年把金树仁赶走，取得政权后，因那天是四月十二日，所以就把这天作为纪念日。年年此日，大事庆祝。编了一首歌，共有四节，都是颂扬盛氏的词句。我们初次听到这首歌，是在西大楼一个晚会上。汉族中学女生数百名，齐唱《四月革命歌》其初不知是什么词句，只闻声音清越，韵调铿锵，极为悦耳。后来索歌词来看，才知道曲谱是套用西北民谣小调而成。

随后几天内，我报告盛氏，要求他派员跟随我在城内各街市看看，他也答应我了。

我在各处逛了一天，才发现迪化城内天津附近杨柳青地方的商人特多。其初不明白何故如此，后经向人询问，才知道远在清朝末季，因左文襄公征西，随营经商的有一批是杨柳青人。那时候，所卖的货品，无非是布匹针线香皂毛巾日用品之类，包装的工具仅是一块油布。扛在背上，步行随军，千里迢迢，餐风露宿，经数月之久，才到新疆。后来这批人，一批引一批，同村引近邻，子子孙孙，亲亲友友，往来于天津与迪化之间，常年做生意。有的在新疆落了户，有的春去冬回，年代既久，人就越多，仅迪化一城，大概有杨柳青人三、四千人之谱。塔城、伊犁、和阗等地，也有一二千人。大概新疆各地所有百货店都归他们所有。我遇见一位七十几岁的老翁，是同治年间来新疆。他说起早年随军经商的滋味，不住感慨系之。问起他回过口里没有？他说前十年回家一次，如今在新疆子孙繁衍，仍过着数十口的大家庭生活。但他们依旧保留河北籍贯。另外此处中药铺有两三家，也是天津一带经营的，自我介绍时，说我是河北安国县人，他们都知道安国县就是昔日的祁州，出药材的地方。有一位老掌柜的指着架上的铡药刀，说："这把刀还是贵县打的呢。"我说："不但新疆的药刀出自敝处，全国连海外药店无不出自小县。"他们都笑了。实在不是笑话，药刀形状特别，我县南关有一家打铁店，专门制造切药刀，因为钢用得好，锋刃特别锐利，所以风行海内外。

我参观了左公祠和湖南会馆。迪化因曾左和刘锦棠都是湘人，所以湖南也不少。

我又参观了新疆土产公司，这个公司，专为对苏贸易而设，新疆的羊毛与皮革为易货主要物品，换来的东西，大宗为香烟、白糖、酒、火柴、布匹、五金、肥皂等物，至于各项机器，以及科学用品无一不是苏俄产品。前边所记杨柳青人所开百货店所有货品，多半是一二年前的上海货。自华北多事，货物完全靠邮局以邮包寄来。七七抗战后，货物来源断绝。所以百货店里的国产日用品反成了奇货，其价格比苏俄东西高很多。不过同胞们除了绝对没有外仍爱用国货。听说招待所用的先施牙膏，已是两年前的陈货，而棕榄皂也被市民认为奢侈品了。土产公司有苏联毛毯，我看看质料远不及哈尔滨裕庆德产品精良，但索价甚昂。可知苏俄只顾忙于重工业，对于轻工业非常马虎。

有一天，盛督办给我与杜重远排了一个节目，叫我俩去新疆学院讲演，重远讲青年报国之道。我讲世界局势的蠡测。讲完之后，我俩同车回到东花厅，他问我："纪滢兄！你看我若是留在新疆，应该干哪一行？"我不知他什么意思，想了想才说："盛督办要请你作什么，你就干什么。"然后他说这两天盛氏正在征求他的意见："省内有两个职缺虚悬着，一个是建设厅长，一个是新疆学院院长，任凭我挑选，正在考虑中，可是我犹疑不定。"

我也没多加思索，就说："你是学陶业的，当然应该从事建设事业。如果你能帮助盛督办把新疆各项建设事业发展起来，岂不是一大功劳？"

他听我说后，抿嘴笑了笑，说道："经你这么一说，我算决定了！"

我满以为他是决定就任建设厅长，谁知道过了两天，新疆学院院长的任命书握在他手，我惊奇不止，但也不便询问经过。同时萨空了也当了《新疆日报》社的社长。他俩都非常高兴，我们都恭贺他们。

他们在发表新职之后，不久即就职。但重远为了聘请教职员，萨空了为了添置印刷机器都急于回内地。

武汉于十月廿五日陷落，军政机关集中重庆。抗战大局又至一阶段。国事前途如何，真令人放心不下。

听说十一月半有欧亚班机来哈密，闻后颇喜。我们要求盛督办设法叫我们搭机赴渝，他同意我们的要求。就先期给我们预定苏俄到哈密的飞机（即后来中苏合办的哈密到阿拉木图线）一切既定，盛氏又连日设宴为我们践行，每人并致送新疆土产一份。我承他多赠一套新疆县志。我又向他取得亲笔致季鸾先生的信，道谢了他多日招待后，才完成我初次访问使命。

计自十月四日到迪化，十一月中旬离开，整整在新疆住了四十天，所得资料至多，预备到重庆后，加以整理。我们离迪盛氏又亲自送行。先到哈密，改乘班机到兰州。未料到兰后机件损坏，经五日之后才返抵重庆。下机后即见茫茫白雾，笼罩山城，不料一住就是八年！

新疆鸟瞰（节选）

初版自序

这本东西完成在我第一次旅行新疆周年之日（一九三九年十月四日），并且是在长江上流的一个小县城中。

按现时印刷困难情形，若是印好再送到读者面前，最快也要在一九四〇年夏天了。这种延迟，一因我个人职务关系，没能够把它一气写完；二因在写的期间，鉴于印刷的困难使我的笔益发迟缓了；但后经许多注意新疆问题的热心朋友们的督促，终把它写完复命。这些经过都令我非常感奋。

新疆之惹人注意虽已在若干年前，新疆境内的各种问题能走到圆满解决的途径，却是近几年来的事。在早先新疆问题的重心在边防，在民族问题未得合理解决；而现在的重心却在如何建设，如何担当抗战建国的任务上；换言之，过去的新疆问题，多半是国家的隐忧，现在则多是有关国家的福利的问题。这个大转变需要我们来认识，同时也需要我们来研究。

这本书大部分是一种报道性的记载，其中间或有一些个人的观感。最感遗憾的是收集好了的许多材料，如新疆的反帝会、民联会与话剧运动、官药房、盛世才游苏记、苏联人在新疆等等情形，都有专篇记载的价值，可是因时间关系，都付阙如了。

关于怎样开发新疆以及修筑西北大铁路等问题，因前人记载已不少，这里则缺而不录。因为现在的问题不是该不该的问题，而是怎样实行的问题。所以笔者也愿附笔在此，藉可唤起国人的注意。

一个新闻记者并非预言家，他的记载务求其真实客观，与国家有利，才是他的本职。我在新闻界滥竽了几年，每每对自己的职务感到悚惧，对于自己的作品也常以“大公无私”自勉。因知这本书内的一切论断记载，我会力求客观与真实，但自愧才学不足，词不达意之处，尚祈读者教正。

我和新省任何人没有私人关系，有之，则是我因他们的业绩，他们对于“中央”爱戴的热情，对他们不禁起的一种敬慕心理而已。

这本书出版的目的，除了介绍新疆的真实情况之外，主要的是希望藉本书使地方与中央更加密切起来。假使新省当局因此更进一步地为国家为民族担当起重大的任务来，那更是我所祈祷的了。

我爱护这祖国的一大角落，我也爱护这生存在辽阔大地上的人群。创造历史的任务已在你们眼前展开了，努力吧，新疆的四百万同胞们!

一九三九年十二月 在重庆

再版自序

本书由商务印书馆一九四〇年五月在港初版，出版后，香港与内地交通已感滞阻，十二月初，太平洋大战爆发，这本书连同纸型都葬毁在炮火中了。据估计，本书流传在内地的至多不过百余本，因此现在名虽再版，实际与初版无异。

出版后，有许多留心边疆问题的中外朋友们，不惜牺牲时间财力，到各处去搜买，及经辗转购得一本，即欣愉地来信告诉我，这种盛情厚意实在可感。再版时所用蓝本，就是已赠送朋友后，经过至少将近百位读者读过的一本。本书实无多大价值，而处处则反映国人对边疆情形，尤其是新疆情形的关切，则殊值注意。

笔者在初版自序中说过：“本书出版的目的，除了介绍新疆的真实情况之外，主要的是希望藉本书使地方与“中央”更加密切起来。假使新省当局因此更进一步地为国家为民族担当起重大的任务来，那更是我所祈祷的了。”很幸运的，我四年前所希望的，所祈祷的，于今完全实现，我衷心地愉快。

兹承建中出版社再版，其目的无他，除弥补初版未能普遍发行之缺憾，希望“中央”与地方关系永远保持密切外，更盼国人对新疆有深切的了解而已。

再版资料完全改新，并增添第二、三两次旅新记事多篇，均希读者教正。

作者一九四三年三月于渝

第三章　十四个民族各代表访问记

全疆第三次代表大会记

前记——笔者于一九三八年十月四日奉大公报社命由汉口飞迪化，参加全疆第三次代表大会，兼考察新疆的一般状况，原打算在迪化只住两周，后因无飞机，以致延迟到十一月十五日才返到重庆，在这四十天当中，战局变化很大，先丢失广州后撤守武汉，我在迪化则天天和渴望着胜利消息的各界同胞们接触，一面怀想着内地同胞的颠连痛苦，将士们的英勇牺牲，一面则亲见后方民众的热烈情绪，各界首领对国家抗战的关心，使我万感交集！笔者在迪虽只下短短四十天，但因开大会的关系，几把全疆各大城市的重要人物都看过，诚为旅新千载一时之机会，至今仍不失为可资参考之重要资料。兹将三全大会经过情形述篇首，以作介绍十四个民族概况之前奏。

大会召集意义

在内地住惯了的我们，每天所接触的人大半和自己差不多，偶有语言的隔阂，但是像貌并不感觉陌生。而文字并且是一致的。所以在种族上，一般人也只知道汉、满、蒙、回、藏五族，及西南部之苗、傣、傈僳等族罢了，其实如果到了新疆，那里的人，种族名称之多也许会使你一时记不清。

新疆共有十四个民族（维吾尔，汉，回，蒙，哈萨克，柯尔克思，满，锡伯，索伦，塔塔尔，乌孜别克，塔兰其，塔吉克，归化），但人口只有四百余万，土地有五百五十万方里，其中汉人约有五十万，而历来掌握政权的则是汉人。过去因为种种措施不当，致激化成历次变乱，使各民族互相仇杀，继续不断地演民族流血的惨剧。“三十年一大乱，五年一小乱”的谚语，可为新疆过去历史的最好写照。

过去民族政策的错误，不仅是因为武力高压致激起了民族的武力反抗，同时专以宗教羁縻，和用文化压迫的结果，使一般原极优秀的民族都变成了愚民，种下社会不安的因素。自前清以至民国，治理新疆的人，虽然聪明愚昧不等，但大多数的行政者都是执行了这种错误的民族政策。所以远在内地的人们只能听到边陲上的人与人的仇杀，只听见一些恐怖事迹的传说，轻易找不出一点令人听了安慰的消息。这种原因，虽然不是单方面的，但民族问题没得着合理的解决是最主要的。

新疆自从一九三四年四月十二日（新疆人惯称的四月革命）迫金树仁下野后，由众推戴盛世才氏为临时督办，后经政府正式任命。盛氏鉴于过去民族政策的错误，在他为推行新政创造的六大政策“反帝，亲苏，民平，清廉，和平，建设”中，特先提出民平政策（民族平等）解决民族间的纠纷。从一九三四年四月革命起，他根据这种政策，厘订了许多关于“民平”的条例，如关于教育，政治，经济等都有所规定，主要的原则是要实行真正民族平等，打破大民族统治小民族的狭隘民族观念。不过这期间，境内一切封建残余势力，仍然在暗中活跃，境外的野心军人政客，也希图占据这块出产丰富的地盘，以致使他的政权不能迅速巩固，使他的政策不能照预期的办法去实施。因之在革命后四年间，他为彻底实行他的新政策，一面用军事力量削平各种叛乱，一面依他的新理想努力建立新的政治基础。

现在证明过去新疆境内的不安不但是统治者铸成错误的重大，同时各民族因为积仇太深，仍不免抱着狭隘的少数民族主意观念，特别是几个民族首领受了日本帝国主义的蛊惑，忘却了国家利益，给民族留下了一笔血债，使国家减少了许多力量。但要想彻底终止这种互相残杀的悲剧，使各民族有国家利益高于一切的认识，显然地绝不能靠武力的；假若专靠武力，一定要失败。必须用政治力量争取各民族的互相了解，用文化增高他们的教育程度。这样才能保证民族的永远团结和保证国家的永远统一。

新疆全省代表大会的召集意义，除了加强民族团体，并且注意检讨过去施政成绩和决定以后施政各种方案。第一次大会是一九三五年四月间召开的，第二次是一九三六年四月间召开的，一九三七年因麻木提及马虎山在南疆叛变，没有召开，直到一九三八年十月一日才召开这第三次代表大会。以新疆本身说，在击败了多年为患的马仲英，肃清了全疆反对势力，政权统一，建设已粗有规模的时候来举行这个大会，无异于开一个“民族同乐会”；在全国来说，全面抗战开始后，特别是中苏邦交走上了更密切的途径以后，新疆骤变为最重要的地方，它在五年前提出的亲苏政策，到今天博取了国人普遍的同情。在抗战期间召集这个大会，不但可以使全疆人民团结，使西北后方巩固，而更可以使我们的抗战多一层保障。

筹备经过

这次大会出席代表系按区、族、法团的人数多寡，分民族首领和民众代表，由各地民众选举出来的。全疆计有迪化、伊犁、塔城、哈密、焉耆、阿克苏、喀什、和阗、阿山等九区，有维、汉、哈萨克、柯尔克思、回、蒙、归化、锡伯、索伦、乌孜别克、满、塔塔尔、塔兰其、塔吉克十四民族，另有学生、妇女、商会、工人、警察军队等六个机关法团，计出席民族首领民众代表及各机关法团代表共有五百一十人。

各地代表选出之后，于九月间由大会分派汽车，从各地将代表迎接到迪化，事前由大会招待处在迪化南关外妥觅空房数十间备代表们住宿，并在院内搭有一大席棚，附带舞台，可开会、演剧、聚餐，宿舍系按区居住，每屋门首钉有汉文维文区名木牌，棚内室内挂红布白字的标语，所有代表于九月半齐集省垣。在这个期间，省垣并举行一个全省运动大会，各项成绩虽不说怎样好，但以新省本身而论，有几项记录都是新创的。在开会以先，除开运动大会外，驻迪军队，并举行一次秋季大演习，所有驻迪机械化部队都出动。大会宣传处利用开会前的时期，每天派人轮流召开演讲会、歌咏会，每隔一天召开一个晚会，晚会上各民族表演本族固有音乐歌舞，花样翻新，精彩，同时更编制了一只汉文“三全大会歌”教了很短时间，无论那一族代表都学会了，连六七十岁的老叟也唱得非常熟练。这次大会事前筹备的完善和给代表们的教育工作，在内地甚属鲜见。

会场布置

会场设在督办公署西大楼，该楼是去年初造成的，在迪化可称最大的建筑物，能容二千人。场内布置极为堂皇，正中用“国旗”排成六角形，另有一木质的六大政策标志（如★形）嵌在旗的当中，上悬中山先生遗像，蒋委员长照片，及盛督办、李主席的照片，地板上铺满新省名产地毯，墙壁上悬有用维文蒙文汉文写的标语，因为用的都是红布白字，看着极其鲜艳夺目。台的最上面是主席团席，次是各机关当然代表席，发言人席，翻译席，记录席，代表席，每代表有入场证，有专号，秩序井然。

另外在会场外边搭了一个饭棚，有电灯电话，标语，办公署的大门、会场屋顶，遍插着崭新的“国旗”，机关、商店、学校、住户扎牌楼，挂灯结彩，光辉灿烂，真是盛极一时。

开会情形

笔者此次同行共有八人，因沿途耽搁直到六日才到迪化，盛督办把我们从机场迎接到督办公署后，我们几个人穿着不整齐的衣服，带着满脸尘沙，竟在雄壮的军乐和热烈的鼓掌欢迎声中，在众目睽睽之下，走进了会场。我们占据了来宾的首席。

六日是大会第六日，我们从那天起，到十一日闭幕日止，每天像上课一样的去听讲，所讲的有四五种语言，所看见的有各种不同的面孔，白种人，黄白之间的人，这些人如果不是在新疆看见，一定要疑惑他们是外国人，感觉不出他们与自己有什么关系，哪知道这些高鼻梁、深眼窝、黄头发、虬髯的男子汉，和白脸金发的女人也是中华民国一分子，他们和她们同样有拯救祖国危亡的一颗心呢。

第六日是主席李溶氏的行政报告，（盛督办的政治报告及结论已于五日完毕）七日是行政报告的结论，八日是各代表对督办主席政治报告及行政报告的讨论会，九日代表正式提案，十日系双十节休会一日，但大会一定要利用这个机会要我们新自内地来的几个人做一次演讲，我们见盛意难却，只得勉强应讲，虽然讲的不好，但是因为新疆一般人对抗战情形，因交通关系仍然很隔膜，所以我们讲出来的材料还算是新的，因此结果也竟得了不少的掌声。十一日上午通过宣言及决议案，下午督办致闭幕词。

语言问题

这里我要附带告诉大家，新疆有一个最困难的语言问题，全疆十四个民族，除汉、回、锡伯、索伦、满（最后二族尚有固有语言）五族可以讲汉语外，其余大部分民族都是说维吾尔语言，蒙古族要说蒙语，归化族要说俄语，哈族柯族和蒙古语言多少还有差别，塔吉克、塔兰其的话和维吾尔语言仍有尾音的不同，所以大会采用了汉、维、蒙、俄四种语言，预备了四种翻译员，每当一人发言就需要翻译四次，因之时间的消耗，很是惊人。翻译人才，在新疆是相当宝贵的！

几个特征

这次大会也有几个特征值得提出：第一，是各民族首领及民众代表对“中央”及新政府均诚诚拥戴，对日本帝国主义都很真实了解，真实痛恨，有伊犁区维族大阿洪上台发言时，提及新政府的德政竟感动到痛哭流涕，各代表每发言末尾必高呼打倒日本帝国主义！第二，会场秩序精神始终良好，十四个民族代表，像兄弟一样，和和气气，讨论各种提案。这种团结与守秩序的精神，内地也不过如此，而困难则比内地大，因为各代表生活习惯各个不同，尤其是像蒙古、哈萨克族的代表们，都是过惯了游牧生活，骤然局促着在一个屋子里，一天坐上十几个钟头，始终不显倦容，真是难能。第三，各代表除了有少数不能执笔的外，凡能写字的都随时记录，绝不是马马虎虎听听而已。第四，这次大会有妇女代表八人参加，维族有二人，这是过去二次都没有的，第二次代表大会虽选举了女代表，但因维族首领和加尼牙子的反对，竟出席后被撵出场，所以这次新疆的妇女也解放了！

通过提案

这次通过了决议案二十四条，条文要点如下：

一．政治方面

1、加紧实行民主制，提高人民对政治的认识。2、在统一的政策下加强民众团结，巩固抗战后方。3、保持中苏永久亲善。4、提高行政效率，肃清贪污。5、扩大民众组织，提高民众在法的地位。6、施行民众训练。7、健全军政组织，提高军事技术。8、改革并刷新司法行政。

二．经济方面

1、政府与人民共同建筑迪塔（迪化至塔城）及迪喀（迪化至喀什）公路，并修筑已成之公路。2、成立垦荒水利委员会，确定土地所有权。3、发展畜牧业并改良畜种。4、发动人民乐捐积谷备荒，以利抗战。5、发展工商业并奖励投资。6、改组银行，扩大资本。7、改良及统一币制。

三．文化教育

1、普及教育并增加各民族各级学校。2、扩大新疆学院为大学。3、增加女子各级学校。4、编辑各种教科书。5、普遍设立民众学校。6、发展文化娱乐教育。7、改善及扩大印刷机关。

四．保健卫生

1、增设医院。2、严厉禁止麻烟。

除以上各条以外，临时由大会代表提议增加一条拥护处置叛逆案。（笔者案：此案系指和加尼牙子等于一九三七年在省方煽鼓的阴谋暴动案）

大会闭幕以后，各代表连续参观迪化各种建设三天，又对盛督办的政治报告分区用四天时间做更深一层的研究。十九日才由督办备汽车三十八辆将各代表分送原地。行时，所有汽车在督署门前经过，全迪各机关首领，学生，工人都列队送行，情况十分热烈。

大会的收获

新疆这次大会的收获，在新疆本身方面是它的六大政策的胜利，特别是反帝、亲苏、民平，三大政策的胜利。经过这次大会，在政治上不但更走上民主制的路，而更加强化了民族间的团结力。在全国方面，因为新疆十四个民族的团结，使新疆地方稳固，也就是使抗战后方更加坚固，对抗战前途更为有利。因为十四个民族和全疆机关首领同情并极力拥护“中央”政府的抗战政策使“中央”威信深远地依存在西北角的新土上，于四百万同胞的脑海里。因为中苏邦交的增进，新疆要贯彻它早已实行的亲苏政策，遂对“中央”更增强了信心与拥护，同时对中苏邦交它也负起了更大的任务。因此，我们可以说新疆这次大会，不仅是他本身新政策的胜利，而是全国抗战的胜利尤其是率领全军抗战到底的最高统帅明智决策的胜利。

二、十四个民族各代表访问记

（一）疏勒县大阿洪阿都日西提

我们本来在开会的几天当中，已经按区域，依族别，沿着他们住的宿舍，一一慰问过了。但是我们为了更深一层了解各民族的生活状况及各地方的情形起见，决计请盛督办通知大会秘书处派翻译再做一次详细访问，并且决定在四天之内，把九个区、十四个民族的首领和民众代表都访问一遍。另外我拟定了几位特殊人物一定也要访问的。维语翻译人才虽然不少，但对于汉文有功底的只有两三位，在大会上这几位翻译已经累得舌敝唇焦了，刚刚得到机会休息，又得应我们的差，实在难为他们了。我们请的翻译员是何光奎君，湖南人，二十二岁，在新疆学院语文系读书，他的汉文根底很好，在大会担任维语翻译；还有一位叫哈美德，迪化人人皆知的哈秘书（曾任都署维文秘书），维族人，在新疆学院任维文教员，他的汉文很好，大会上凡是由汉语译维语都是由他担任；另外还有一位姓文的是锡伯族人，维文、俄文都懂，也是迪化不可多得的人才！

粉壁宿舍被红布的标语绕缠着，房间并排地矗立着，宽敞的院落，雨后的泥泞地，跟北方的客栈有同样的风趣。因为每餐吃的是羊肉，在老远就嗅到腥臊的气味了。

看起他来，顶少有五十多岁了，一问才三十七。原来维族人多半是早熟，并且又不尚修饰，二十几岁的青年就有中年人的气概，他的名字叫阿都日西提，是喀什区疏勒县维族大阿洪。浓浓的两道眉，黑虬虬的胡须，头常是是扬着朝天，两只手插在宽阔的袖子里边，阴沉沉的锁在眉头，不露一点笑容，使我们顿时感到大阿洪的严肃，想象他对教民所施的威严。

从他的诉说，我们知道疏勒县（南疆喀什区）全城只有一千五百多人。有五处小学校，学生有两百五十人，皆是男生，没有女性。原因是没有女教员教书，维族是不会叫他们的女儿跟男人去念书的，虽然是几岁的小女孩也不能啊！

他自已业农，有一位太太，一儿三女都在寺内和他念可兰经。疏勒县有文化促进会他兼任会长。所以他在宗教上，地方上，是很有权威的一个。我们问他，“假如有了女校，是否会叫女儿们入学呢？”他说，“原先自已是不乐意的，现在也感觉到读书识字的必要。如果能成立女校，我一定送自己的女儿入学。”我们问他，“在没有成立女校的时候，不可以暂入男校吗？”他摇摇头。

这个县的居民大部业农，汉人不过有一二百人，都是经商。麻木提叛变时，地方很受蹂躏，今年商业形情才好起来。县长是汉人，原先维汉人民感情不很融洽，近两年来，新省政府实行六大政策后使两族人民的感情一天天才变好了。

他说，杨（增新）金（树仁）时代，每年征派车马，人民只有纳税完粮的义务，根本谈不到权利，自新政府成立后，除了正当粮银以外，一切苛杂都没有了。

（二）一位疏勒县的呼尔加

刚和疏勒县大阿洪谈过之后。在他身旁坐着一位高大身材，尖脸白须的老者向我们攀谈，我们很欣然地默听他的话。后来知到他在宗教上并没有地位，是因为道地的呼尔加（维语称农人为呼尔加），今年已经六十岁了，说起话来抖抖擞擞地，从他的面上层层叠叠的皱纹，可以判断一生是如何的劳碌过。

没有等我们问，他首先告诉我们，他叫阿特汉，有两个儿子，两个女孩，并且已经生了两个孙子，两个儿子都念过书，但他自己一个大字也不认识。

他继续告诉我们，南疆土地辽阔，因多沙漠，水利很成问题，但可耕之地则土质肥沃，出产丰富。一般农民都不愁衣食。农产物有麦子，稻米，玉蜀黍，地方上仅有小手工业。

我们问他：“知道不知道中国和日本交战的事？”他说：“我们对详细情形虽然不很清楚，但是我们知道日本鬼子是可恨的！我们当地农民都知道。”他并且说：“回去以后，一定把在大会上听到的消息传达给他们，呼尔加也是中人，也要救国！”

我们又问他，“现在当地驻军和人民感情怎样？”据说现在好多了，军队购买东西，和人民不发生直接关系，并且都是很公道的，人民也不像原先看了军队就骇怕了。

最后他叙述去年麻木提叛变时，他的家曾被麻部大抢五次，仅剩下了一匹马也被抢去了，他叹息着。

（三）学生代表依敏江

依敏江是疏附县的学生代表，十八岁的英俊少年。现在疏附县立中学一年级读书，父亲是呼尔加，有两个哥哥，一个帮助父亲为农，一个在当地开染坊。

从他的装束和面部表情，可以断定他一定是位朴实，思想前进的青年。我们特别举出维族婚姻问题来和他谈，试听听他的意见。

据说以往维族女九岁、男十二岁就可以结婚，奉父母之命并延阿洪证婚，双方以牛羊为礼。等男女长大了，因不值得的事往往又离婚，又因一男可娶四妻，女子嫁后被遗弃也是常事。而男子一生光阴几乎都消耗在争娶老婆的事上。最近几年，这种不良风俗已渐渐改变，现在普遍情形，男子二十四岁、女子十六岁是结婚标准年龄，但是男女结婚仍须由双方家长主持，儿女仍然没有争议之权。

我们问他："将来你自己怎样结婚呢？"

"我吗？我现在决定不结婚，读十年书再说……"他微笑着，一个泛红的脸。

我们又问："假如你的父母一定给你订婚怎么办呢？"

"我誓死反对！"

后来从他的诉说中，知道他近年来受了新省府的六大政策的熏陶，对各种问题都有新的认识，他主张婚姻自由，并且同意为了消除各民族间的隔阂，各族应该互通婚姻的见解。

他说杨、金时代完全是武力高压和宗教羁縻政策，对外族文化只嫌其不低落，婚姻问题更不屑过问。新政府成立以后，使各族文化平等发展，维族同胞读书的人日多，当然一切陋习，都随着文化水平提高渐渐可以革除了！

最后他说要向我们要求一件事，我们静静地听着。他说：维族青年们都知道国家危亡的情形更知道抗战的艰苦，希望我们回到内地以后把维族青年们关心祖国的热情传达给国内同胞知道！

我们被他的话感动得几乎落泪。

（四）和阗阿洪谈话

我们访完喀什区的代表以后，决意先把南疆行政区的代表们访完，再访北疆行政区，于是我们走进了和阗区代表的宿舍，粉壁墙上，悬着装满衣服食物的包裹，阿洪们所带的白布缠头，因为进到省城来，很少佩带了，也在墙上一圈一圈的挂着。统长的一个房间被一条土炕占去了三分之二，地下再摆不下什么样桌椅了，他们在不睡觉的时候只好盘着双膝坐在铺盖上打盹。

他们对于我们的面貌，因为天天一块开会的原故，早熟悉了，一见我们踏进了房间，都争着立起来表示欢迎，随后我们也坐在炕上大家围了一个圈子，红脸汉，连腮胡须的老人，宽大的各色的袷褡，几十双炯炯的眼睛神秘地投射在我们的身上。

先开腔的是一位维族二阿洪穆合买提沙力。

我们问他马虎山为害和阗的情形。

"问起马虎山吗？"他向翻译员反问了一句，翻译员点点头。

"马虎山在和阗盘踞了三年半，逼死了无数老百姓，杀死了无数教民，把和阗所有的马羊都征发光了，换了军火。新城（和阗分新旧城）只剩下墙砖，房子呢，被他纵火烧的不余一间，我们和阗人不知做了什么孽呀！”

“现在呢？”我们问。

“新政府自从削平叛逆，将土著军队解散以后，首先解除人民的负担，一九三七年度的田赋完全免缴，养蚕本是和阗人民的重要生产事业，自从马虎山盘踞本区以后，他不但摧残人民不能从事蚕业，连人民的丝棉也卷走了。去年由新政府发给蚕种一百甫筒，（一甫筒合国称三十斤）教人民从事育蚕，又发给人民棉花种子，借给人民农具，使各种工作，渐渐恢复了旧观，现在的人民，丰衣足食，总算是从黑暗中走到光明的路上了。”

原来和阗区共有七县及一设治局，即和阗县、策勒村县、墨玉县、于阗县、洛浦县、皮山县、叶城县及赛图拉设治局，全区有七万人口，是南疆很富庶的一个区域，农产以棉，麦，蚕，产量最多，洛浦、和阗织的地毯，花纹精致，质料坚牢，凡游过新疆的人没有不称道的，原先曾向欧洲大量输出，自从马虎山在和阗盘踞以后，百业停闭，去年马被驱逐后，各业才渐谋恢复。国内闻名的“和阗玉”，就是和阗出产。以前玉商和玉工都很获利，后也因为马部在和阗驻扎，以致不能照常出品，交通不便，运输困难，销路滞塞，往往采玉还不如业农。马走后，新政府对采玉也有所计划，闻对保护玉工，奖励私人开采，设立工厂等事，都有拟定。现在迪化市上出售的较好玉镯，每只索国币百元左右，价格亦较前提高，不过这种东西，终究是一种有钱的享售品，即便再贱一点，一般老百姓也与它无缘啊！

和阗有苏联开设的贸易公司，专办出入口货物，从和阗输入苏联的有土网、地毯，输入多是日用品。据说，以先英人印人在和经商的也不少，自马逃入印度以后，遂绝迹。

随后我们问他个人生活情形，据说他也是农人，有两男一女，当地有小学五所，有四百多个学生，汉人少，维汉两族感情还融洽。

最后他对我们表示希望得盛一张相片，拿回去，好让族人瞻仰瞻仰盛的丰采。

（五）于阗代表谈抗日

同和阗维族阿洪谈到一个段落以后，有一个于阗的民众代表插话，于是我们把视线转移到他的身上，于阗位和阗东，靠近塔里木大沙漠，全县是一片大平原，人口不到二千人，居民大部业农，畜牧也很发达。

据说当地教育不很发达，原先人民没有看见过报纸。

我们问他："人民对中日战争知道吗？"

他说："以先是不知道的，今年二月间，喀什的报纸才继续寄到，大家才知道中国正和日本打仗呢。"

我问："看见过日本人吗？"

"没有，最近在画报上才看见是那么一副凶像！"

"你们那地方，是世外桃源，日本是不会打到的呀！"我们在试探他。

"不，于阗是中国的地方，我们是中国人，不能因为地方远，就不负起救国的责任哪！我们回去要宣传，要募款捐助政府，救了国家才能永远过太平日子啊！"

这是大戈壁上的民众代表的宣誓。

（六）阿克苏青年县长阿布都拉

阿克苏，汉姑墨国。元朝时，与乌什、叶尔羌、喀什噶尔，号称四大回城。金树仁曾一度任阿克苏县长。现在是南疆最富庶的一个行政区。全区共有阿克苏、温宿、拜城、乌什、库车、沙雅、柯坪、阿瓦提、托克苏等九县。阿克苏产的米，粒大富黏性，不但冠全疆，就是内地产的米恐怕也不及它，库车的梨，汁多味甘，胜过天津梨。

阿克苏全县共有九十八村，一万九千四十户，九万一千一百五十七人，汉人不过六七十人，均业商。

我们所拜访的县长阿布都拉，今年二十五岁，维族人，原在迪化省立第一中学毕业，后经省方官费送入苏联塔什干中亚大学读书二年，精通俄文，外表坚实老练，从他做的各项统计表，证明他相当精细，不愧为一位青年行政家！

我们很庆幸碰到这么一位地方官，我们于是向他举出几个问题，请他具体答复。

我首先问他，关于当地教育情形。据说，全县有简易师范一所，小学二十七所（内女校一所），师范有三班，学生一百二十名，小学有五十六班，学生一千六百四十八人（内女生三十人），当地教育行政机关，除教育局外，尚有民联会及文化促进人负责帮助发展教育工作，学生数目较五年前已增加三四倍。

关于农村经济情形，他拿出向大会报告的统计表来给我们看，今年全县共播麦种一万二千三百八十六口袋（每袋一百六十斤），玉蜀黍种二千八百袋，胡麻七百五十五袋，稻子一千〇五十三袋，棉种一千一百七十六袋，杂粮八十六袋，因土壤肥沃，今年收成非常丰富。譬如种稻，播一袋种，即可收七袋，并且任何庄稼，都可种植，真是宝地！本年省方春耕货款省银二千五百万两。

现全县共有马七五九一匹，牛二七七八五八头，羊四六七九只，骆驼六四峰，毛驴一四一五二匹，一般畜牧业很发达，牛羊不收税，其他畜类按匹向政府纳税，今年一般民众，因为收成好，不愁衣食，安居乐业。

关于县政情形，据说，阿克苏是一等县，县内除县长外有秘书一人，科长二人，县长月薪省票二十五万两（今年八月份起，以前每月只二十万）合国币六十二元，办公费及交际费包括在内，秘书、科长月薪省票三万两，合国币七元五角，不及内地一个车夫赚的钱多。我们问他，这么小的薪水能维持生活吗？他说，一般公务员都是兼差，那两位科长和秘书，还兼任教育局长和教员，加在一块儿，每月也可有十二万银子的收入（合国币三十元）。这种县与内地不同，组织小，事情多，县长一个人，必须兼办数人之事。同时每个老百姓一有事，都可以排闼直入衙门，不像内地县长还有人代见，摆摆威风呢。

听他说了县长一人包办一切事务之后，我们联想到县内司法问题，审问判决案件拿什么作根据呢？他说现在的根据，第一是以省府的六大政策为最高原则，其次再参照各民族风俗习惯来判定罪的轻重。（按此次大会已通过整理司法案）

恰巧，这位县长身边带着一张全县羁押犯人的详情表，笔者将案由摘录了两段，现在录下，备研究边疆问题者参考：

阿西木（男）十八岁，本县县立小学教员，因强奸女生肉则木（十六岁）被控，自认不讳，处有期徒刑六年。

阿不拉（男）六十四岁，因索牛口角，唆使其子麻木提他瓦持棒殴击艾立克顶心，以致身死。又捉回艾一提，打落门牙两个，灌粪示辱。处有期徒刑十四年。

据说，现在阿克苏监狱内共羁押犯人十七名，控诉案由最多的是财产问题，其次是婚姻问题。因维族每男可娶四妻，但往往女子年岁稍大，男子即行遗弃。关于遗弃案件判决情形，仅按男子家产大小，给予若干，但无标准数目，男女协议离婚时，如生有子女，男归父，女归母，和汉族习惯大致相同。

我们问他个人生活情形。

他说：家里只有一位太太，也是维族人，十八岁，是离过婚的，她的前夫就是本县前任县长，因参加省方暴动案被捕，后经行政长介绍给他。她对这位县长很表好感，长得也很俊俏，他俩也就成了神仙眷属了。这位县长夫人现在小学当教员，一个月也有十几万银子的收入，因为两个人都读过思想的书，所以在精神上物质上都感觉相当满足，他并且主张各族互通婚姻，他说，不过需要慢慢来，因守旧的人还占多数。

当地销售《新疆日报》一千多份，人民对中日战事已渐明了，对抗战的将士们都非常钦敬。

（七）萨衣提谈库车

在一间宿舍的屋角下，坐着一位老迈龙钟的老者，他很用心地静听着我们的谈话，他的面色很红润，眉毛也很清秀，戴着一顶貂皮帽子，一望可知他是一位富有而有相当学识的人。我们转身凑近他，问他是哪里的代表，是哪一族啊？

“诸位先生来看我们，我们非常感觉荣幸！”他们首先向翻译员这样谦逊地说。

“我吗？库车维族阿洪！”

“库车不是产梨吗？”我说。

“梨！甜不算，水汁还多哩！杏干，包仁！要什么，有什么。”

“请问老先生地面怎样呀？”

“地面吗？”他说完了略沉吟了一会。

“麻木提那贼娃子，把我们害苦啦，要粮食，要干柴，还要我们姑娘哪。”

“那么惨吗？他不是维族人吗？怎么还害同族人呢。”

“同族人？他管吗？老汉还被他给在马尾巴上拖了三里地呢。”

原来这位老者，叫萨衣提，是库车有名的阿洪，对宗教研究很深，今年五十岁了，有二男三女，在地方上深得民族信仰，麻木提去年在南疆叛变，军队到各地骚扰，打到库车的时候，抢劫奸淫无所不为，萨衣提因麻既系回教徒，不应该这样胡作非为，遂以阿洪地位向他劝告，不想竟触怒了他，竟然被缚在马尾上拖了三里地。

“县长不管吗？”

“县长是和加尼牙子（原先的省副主席）的私人，和麻有勾结！”

“后来呢？”

“后来他们把我绑到阿克苏去押了十一个月！”

“几时才恢复了自由呢？”

“省军把他们赶跑了以后。”

“省军不抢劫你们的财物吗？他们对当地妇女有失礼的地方吗？”

“先生！哪里的话？省军纪律是非常严明的！”

“你的话是真的吗？”我们恐怕他故意说好听的给我们，反把真相遮掩了，不得不用种种话试探他们，于是我们又告诉他，假如驻军有不法行为和任何官吏有贪污的情形，不怕是一星点，尽管告诉我们可以转达给当局。

“阿洪说的是实情，如果有不好地方，为什么不乘这时候说呢？”这是另一伙库车代表们的声音。

后来从他们的谈话，又知道当地有六个小学，学生有四百多人，汉人很少。有帽、毯、花毡等手工业，从库车至迪化乘大车一个月可到，汽车也需五天工夫。原先阿富汗人在库经商，麻木提失败之后，也逃光了！

（八）吐鲁番的水火

这是吐鲁番民众代表阿都拉所讲的故事。

离吐鲁番二十里有一个地方叫胜金口，那里有一座山，常年冒火，相传就是西游记上所载的火焰山。夏天毒热的太阳，蒸发着大戈壁反映出来的火热，再加上满山的红舌头贪婪地舐，整个吐鲁番便陷在火坑里。

“跑啊！跑啊！”晌午，人们看见火山的火舌伸得更长的时候，如果再在地面上呆下去，非要热死不可，不得不像躲避空袭似地，跑到他们那当年预备好的地下室（地窖）去避暑。在里边，男人可以做点小手工，女人拿着布缝衣服，等太阳西落了，一群一群地爬上地面。这样日子，每年有三个月。

这样热的天气，当地人民因为没有寒暑表，也不知道竟热至多少度，然而如果你把合好了的稀面摊在墙上，马上可以变成一张烙热了的饼，这不是笑谈，是实事，由此可知热在吐鲁番是什么情形了。

正因为热的缘故，出产丰富，棉花，高粱，麦子，葡萄，不但产量大，质也精。棉花桃大，葡萄无仁，葡萄干比美国的还好，棉花供给全疆用而有余。麦子也是一样。马仲英和加尼牙子原在吐设有油厂、面粉厂，现已被新省府没收归公。

然而常年不雪不雨的吐鲁番，靠什么来灌溉这肥田呢？是的，这是需要说明的。水的问题，不但在吐鲁番，在全疆都是一个困难问题。吐鲁番位在海拔以上，境内既无泉水又无河流，要不把水的问题解决，岂不要把一切生物涸死？相传林则徐谪戍新疆时，曾在吐鲁番住过，传授土人一种饮水方法，是将天山雪化的水流，引至山麓，在山麓挖一蓄水沟，然后再引水成渠，直至吐鲁番，全渠长百里。到吐鲁番以后，再建坎井，俗呼“卡儿井”，将渠水导入坎井，以备随时汲用，没有钱建造坎井的人，可向有坎井的人租用，所以在吐鲁番常以有坎井多少定一个人的贫富。水，火，在吐鲁番的功用是这样冲突着。

（九）焉耆风光

焉耆也是一个政区，辖焉耆、轮台、尉犁、婼羌、且末、吐鲁番、托克逊等七县，及库尔勒一设治局。据焉耆维族首领于素甫（阿吉）谈，区内以蒙、回、维、汉四族占多数，维、汉、回三族人，大部分业农，蒙族则仍以游牧为生。

现焉耆县有维族学校十所，学生三百多名，在四月革命以前，人民受旧政府剥削压迫，不能维持生计，破产的很多，近五年来，省政府不断供给人民籽种，改良牧畜业，百业才渐次繁荣。

当地有教堂三所，维回两族人民，仍多在家读经，不愿入学校，报纸销售约百份左右。

我们问他，当地人民对中日战事几时知道的？他说，原先人民不看报，对内地情形好像隔着一个世界，任什么都很模糊，去年年底，一般老百姓们才听省里来的人说中国和日本打起仗来了，后来文化会、学校才订了几份汉文维文报纸，在大街张贴，大家对战事内容才渐渐知道了，不然恐怕现在还装在笼子里呢。

（十）蒙古活佛夏律瓦

一个特别的房间里，放着一只铜丝床，一张长方形的办公桌，一袭很精美的毛毯和一件红绿色的袷褡，在墙上垂系着，这令人一看，就知道绝不是一个普通的宿舍。

我们就在这么一个房间里，看见了蒙古活佛夏律瓦。

他猛然看起来，不像是蒙古人，四十多岁的年纪，瘦瘦的脸，两颗明亮豹突眼睛，穿一件汉人常穿的长袍，态度很温雅的，绝不似一个游牧民族的首领。但是他不仅被全疆十五万蒙古人奉他为活佛，他还是新疆省督两署的政治顾问，蒙族文化会的委员长。

我们要拜访他的时候，正是蒙文会要改选的日子。所有的蒙族代表齐集在招待所的院子里，预备要开会。但是，看见我们到了他的房间，他马上叫那些代表们慢慢开会，先到他这个房间来，和我们坐在一块集团谈话。大概有二十几位吧，穿着各色各式的蒙古装，很呆直的眼睛，坐在几条长凳上面，凝视着我们。

有两位蒙语翻译，他们虽是蒙人，但汉话却说得非常流畅。

活佛的哥哥鄂亲王，在去年春天患花柳病死了，不久鄂亲王的儿子也死去，他这辈仅有他自己。说起了他的家世，也很凄惨的。他的喇嘛召在喀什。在塔城也有。

据说现在蒙族在全疆散布各处，以焉耆、塔城、伊犁，三处为多，人民仍以游牧为生。现全疆有蒙文学校二十四所，私立三十所，学生二〇一九人。经政府送往苏联塔什干留学学生七人。比前五年，学校及学生数目，都增加一倍！

我们问他对三全会的感想。

他说："杨金时代，不许人民，尤其是外族人参预政治，现在的新政府则鼓励人民学习政治，更给人民参政的机会，这是和以前不同的地方。就以教育一项说吧，四·一二革命前，蒙族人读书的很少，因为那时候，政府非读汉文不让成立学校，一般人既不能读本族文字，反而读很困难的汉文，结果宁肯不读本族文字也不再要求上学了。新政府成立以后，主张以平等精神待遇各民族，更抱定提高各族固有文化的精神来发展教育，所以近五年来，读书的渐多了。"

我们问他全疆有没有蒙文报纸。

他答道："现在塔城、阿山两处有蒙文报，是翻译新疆日报的。"

他继续说，虽然有报纸，但一般人仍感觉无书可读，因为本族固有书籍很少，翻译人才又感缺乏。现在有从苏联带回来的小说，有人正在把他翻成蒙文。

谈了些零碎问题后，我们更进一步问了几个问题。

"你觉得蒙族与汉族还有什么隔膜吗？"

"以先也许有，现在一点也没有了。原因是大家都站在平等的地位，又都受着日本帝国主义的欺凌，只有侵略我们的才是异族呢。"

"你对内蒙古的情形熟悉吗？"

"不清楚。"

"你知道日本利用德王成立傀儡组织的事吗？"

"不很知道，但我想无论如何，不应该受日本人利用。"

于是我们把德王在内蒙受日本愚弄利用的情形，向他们说了一些。他——活佛和他们似乎领悟到那是极愚蠢的事！

"对于苏联的印象怎样呢？"

"苏联是真正帮助我们的国家。"

"蒙古同胞有没有对苏联害怕的呢？"

"苏联是和平主义国家，我想不应该有什么害怕的心理。"

"你对国家有什么贡献？"

"我要想办法贡献我的力量，并且鼓励全疆蒙族贡献所有的力量！"

后来我们知道他最近用三百只羊换了一部苏联造的汽车，在全疆蒙族里面，他是唯一的汽车阶级。

（十一）昭苏设治局局长那逊

当我们和夏律瓦活佛谈话的时候，有一老年人插话最多，引起我们对他注意，后来知道他是昭苏设治局（是额鲁特营改设），局长那逊，额鲁特营大部居民是蒙人，所以这个设治局就用蒙人来管理。

那逊今年六十六岁，面目瘦峭，两撇白胡，细长的个子，形成他沙漠中生活惯了的特型。

我们寻觅到了这么一位蒙族地方官，是我们更深一层了解蒙族情形的好机会。

“设治局内的事都是由你一人处理吗？”

“是，大事都由我亲自处理。另外有几个人帮忙。”

“有打官司的吗？关于那类事件多呢？”

“地方人民间时有纠纷，主要案件以婚姻、抢劫、贪污为多。因酒后伤人的案件也不少。”

“遇见这种案件，根据什么来判罪呢？”

“重要的根据，就是按‘公道不公道’，来判别是非。”

“判别是非以后，还怎样处理呢？”

“处理办法，大半是罚款办学，或充当地方某项公益的基金。”

“在什么情形下，准许男女离婚呢？”

“从前因为吃酒，男女可以离婚，现在办法，遇到这种案子，先行排解，所以因吃酒离婚的少了。因无儿女也可离婚，但女人因无子女，也可令男人再娶。”

“离婚时要什么条件呢？

男子若是对女子提出离婚后多半由男方送给女方马若干匹，若因无儿女，双方协议离婚，则平分男家财产。”

“若生有子女呢？”

“子归夫，女归妇。”

后来我们问他知道不知道现在中日战争的情形，他说，原先不很清楚，这次从大会上才知道的多了，他预备回去将详细情况报告给民众。最后他说：“蒙古人也要爱国啊。”

（十二）哈萨克代表托合塔日汗

在蒙古代表宿舍隔壁，是阿山区哈萨克族代表住的地方。

哈萨克在全疆十四个民族中是最强悍的一个民族，男女均善骑，人民以抢劫为荣，散居在北疆伊犁、塔城、阿山及中苏边境。现在还有很多哈族，兄弟住在中国境内，哥哥住在苏联境内。一但因事惹起纠纷，他们可以利用这种两重国籍关系逃脱。前些年，阿山区各县及哈密区镇西县汉人时受哈族抢劫，人民感受非常痛苦，后经省政府派队剿拿，并使他们受教育，近二年来，抢劫案件才渐少。

这次阿山区派来的民族代表，是该族公爵托合塔日汗，据说家居布尔津县，四十三岁，有三男四女，一子在苏联塔什干大学读书。阿山就是地图上的承化县，不过在新疆阿山已变为一个行政区的区名了。据说，承化县现有哈族房室一千三百顶（按系哈族以房子的顶数多寡计算户口的），大部人民都过游牧生活，全区有哈族学校六十三所，学生约有一千余人。公私医院有八十余所，全区销行报纸共约二千五百份左右。

哈族习尚与维族相仿，文字稍有不同，哈文字母共二十四个，维文则有三十二个，但言语能互相了解。人民不缠头，身穿短套（类西装上身）足着长靴，戴高顶皮帽，外表颇富尚武精神。

阿山区的行政长沙利夫汉，是哈族。

哈族以前男女婚姻，亦极受父母限制，现在男女亦可讲婚姻自由了。结婚年龄，普通男子在二十岁以上，女子在十七岁左右。

托合塔日汗公爵在族里颇负盛望，家中也富有，我们问他有多少马？他说从来也没有详细数过，确实数目自己不知道。原先马有病后，只有土方治疗，往往死亡很多，今年新省府在各地设有兽医院免费治疗所以他们对政府极为感激，马死的数目也少了。

这一族人虽然是以强悍为名，但是这次在大会上，他们听了关于全国抗战的消息以后，他们很兴奋地向大会提议，愿将全阿山区人民私有的枪支捐出来（据说哈族的是相当多的），送交新省府转送前方，当时会场上的代表们报以热烈的掌声，后来主席团恐怕这种举动会引起当地人民的误会，所以决议可以随意捐一部分。现在这件事已在进行中。

在抗战期间，中华民国无论任何族都起来为救祖国贡献力量了。

（十三）乌孜别克族的代表

我们在一个晚会上，曾看过各民族的歌舞，除了塔塔尔族外，乌孜别克族的音乐和跳舞也显示其特殊风趣，后来知道在新疆十四个民族中间，乌孜别克族的文化程度是相当高的。

霍什哈尔伊卿，是和阗区乌孜别克族的民众代表，据说一九二九年曾在苏联塔什干当皮匠，父亲死后，因为生活关系，他同他的母亲才迁至和阗，正式入了中国籍。

（十四）青年局长哈生明

除了阿克苏县长阿布都拉是维族中翘楚的青年外，喀什区的全区公安局长哈生明也是值得特别介绍的一位。

他今年二十六岁，一个很魁梧的身体，胖胖的脸。不但会说汉话，并且能写，写的还相当漂亮。原来他也是迪化省立中学毕业，汉文根基颇好。富新思想，省方看他很能干，于去年平复了麻木提叛变以后，就派他充任喀什全区公安局长，因为他是维族人，既能了解政府的政策而又懂汉文，因之对地方上贡献甚多。他解除了地方上维汉间的误会，促进了文化教育。他能利用语言文字把维汉间的一切沟通。

喀什全区有十县，约有一百万人，占全疆四分之一，警察有五百名，据说境内安宁，警察仅在地方上帮助民众做点公益事。

我问他关于宗教上的意见。

他说："信仰宗教，本应该自由，省府亦极力尊重人民信教的自由。不过维族青年们对于本族宗教仪式的繁重（按每日作'奶妈'五次）都感觉其不便，我想改良宗教的最好方法，一定要从提高文化入手，如果每个人都受到相当教育，一定可以革除旧习了。"

"就像我吧，"他继续说"事实上因职务关系，不能奉行宗教上的仪式了。"

随后我们又问他对苏联及日本的认识。

"苏联友邦诚心诚意来帮助我们，还用说吗？日本几次勾结唆使野心的军阀来侵略我们，使我们多年来不得安宁，虽说现在的新疆没有日本人的势力了，然而他正疯狂地侵略着全国。他们这种残暴无力的侵略，我们认识得非常清楚。我们誓以全力挽救祖国的危亡，虽然我们是在远远的西北角。"

听了他的话，使我非常感动，同时更感到边疆所缺乏的青年就是像他这样的。

（十五）塔兰其族那孜尔和加

在大会上发言最多，声音最洪亮，态度最激昂的一位代表，是最被人注目的伊犁副行政长那孜尔和加。

那孜尔和加是塔兰其族在新省府最高的一个官吏，也是塔兰其族十几万人中最负声望的一个，身体十分魁梧，红润的脸，浓眉大眼，说起话来，真好像铜钟，同时他也是一位天才的演说家。

喊句口号，在那孜尔和加的演说词的结尾总不会丢掉的，也只有他那洪亮的声音，激昂的表情才会引起全场的共鸣，每当他发言以后，热烈的掌声总是紧跟着响起来。因为他不只注意到一个少数民族的问题，反之他常常谈的是全民族的问题：他不知谈新疆，他时常注意到全国。从大处着眼的一个边疆的维族人，能激起了全场的同情是自然的。

塔兰其族的风俗习惯和维族没有丝毫差别，为什么还要单独称一族呢？原来这里边也有一段故事。据说元朝时，南疆喀什噶尔的一部分维吾尔不过有二三十户，因为生活关系想向北疆伊犁、塔城一带移民，遂集合了大小一百多口，乘着中古时代的大车，餐风露宿，走了几个月到了伊犁。那时候，伊犁还没有城，这帮新来的外乡佬把家室安顿停当以后，一面努力耕种，一面筑城，居然用很少数人的力量，把一座土城建筑完成，因此当地的维吾尔都惊异了，称他们为“塔兰其族”（意即很卖力气的农人），代代相传，这些人始终保持紧密的联系，一直到现在，人口已有十万多人，虽然宗教、风俗、习惯，完全与维族相同，但是因为历史关系，俨然另一集团。据说新省府四·一二革命后曾有意把这族并入维族，后因塔兰其族人愿意保持着这个“很卖力气的农人”的集团，反对合并，遂作罢论。

现在塔兰其族散居在塔城，伊犁两地。伊犁一区有六十多个乡村，有四千多家，都是塔兰其族，人民仍以业农者为多，其次是游牧。据他说伊犁区现有学校三百多所，学生四千多名，其中有维吾尔族和塔兰其族学校二百所，学生二万八千多名。

他个人于二十三年曾参加省内革命，当张培先异动时，他帮省府军队办军需，省府念他的功绩，遂委派他任副行政长。

我们问他：“前两次大会曾参加过吗！”

“前两次都参加过，但是没有这次圆满。”

“为什么呢？”

“前两次人民对省府还存着畏惧心，有话不敢痛快地说，这次没有这种现象了。”

“这是什么原故呢？”

“因为这几年人民确实得着省府的实惠了，同时全疆也统一了，种族间的隔阂也少了，并且因为日本帝国主义来攻打我们，大家为了救国，一定要拥护省府巩固后方，完成救国的任务。”

他洪亮的声音，又像在台上演说。随后我们祝他为新疆的前途努力，为国家努力，他诚恳地点着头，表示接受。

（十六）米医生

鼓掌最多而热烈的是米医生。

米里格牙子是阿克苏省立医院的内科医师，一个三十二岁的青年，乌孜别克族，苏联塔什干医科大学毕业，一九三〇年以前他还是苏联乌孜别克族的人民，因为他的叔父在阿克苏住家，鉴于当地人民疾病流行，医生缺乏，就召还他到阿克苏来行医，于是他也就改了国籍。这次是以民族代表资格来参加大会的。

这位医生，从各方面证明他是富于正义感，有热情的。譬如说，当每个正确的提案提出之后，他总是鼓掌最先，停掌最后。有时候，他为表示拥护某个提案，他常会兴奋到不自主地立起来。这种热诚的表现，竟换取全场人对他的注意和尊敬。

在吃午饭的时候，常常有代表的演说助兴，这时一般代表们异口同声地会喊："米里格牙子医生！"米医生也毫不推诿站立在一只木凳上演讲一套热心肠的话，也许当中插几句诙谐，使人听了颇觉开心。

"对医生应该问医药卫生。"当我们拜访他的时候，这样想。

他劈头反讲六大政策："亲苏对，民平更好，因为集合愚民不但不好治理，反而招祸，政府过去已建立了好基础，从此逐步迈进，一定前途无量。"

阿克苏近两年才有官医院。以前人有了病，求神，祷告，用土方，死了怪命不好，活着是有神保佑。男女界限很严，风流事反倒多，得了花柳病暗里求神，死了也不明白。

看吧！新疆因为气候变化剧烈，皮肤病居多，其次就是花柳病。要想解决这个问题，第一要提高教育程度，第二要打破宗教对两性间的束缚，第三要有整个的卫生计划。第一、第三新省府已有很好的计划，只有第二条还有困难，城市里容易办，乡下则太难。

米医生到现在还是独身，据说已和一位塔塔尔族女子订了婚，不久就要结婚了。

我们盼望他多救活几个人，用科学打破迷信。他说："愿意到内地多救护一个伤兵，以人道为国家效忠。"

（十七）回族大阿洪马良骏

这里所指的回族是说汉话的回教徒。

马良骏是新疆全省回族的大阿洪，今年六十八岁，甘肃清水县人，光绪年间由甘肃来到新疆，现在哈密主持寺务，后在伊犁开校十七年，去年迪化回族全体从伊犁把他请到省城任校长，现在兼任宽巷子寺及陕西寺大阿洪。他对经典研究颇深，著有《回教真谛》。并译翻《清真最要志》等书，所以这位老先生的文章道德都不愧为教主。

在未和他见面以前，我们曾在会场上听他的演说，他虽然用了很低微的声音，但是他的每句话都是很新颖的，而在代表中，他恐怕也是熟读西洋史的唯一人，他讲土耳其、阿拉伯和埃及的古今大事了如指掌，我们当时引为非常惊奇，后来才知道他原来是一位饱学之士。

在大会上他说："我们只有一个敌人——日本，我们要一直抗战，我虽然是一个将近七十岁的老朽，我愿意率领全疆的回族同胞为救祖国而战！"这种老而益壮，为国的赤诚，全场都被他感动了。

我们在最末一天在招待处会见了他，因为那天我们预邀谈话的人很多，当时除了简单的谈了谈外，我和他约好过些日子将亲到他寺里去拜见，他说非常欢迎。

有一天上午，督办公署的副官领我到了宽巷子寺，不巧他出去替族人主持婚事去了。招待我的是他的侄子，别人也称他为阿洪，他把我领进大阿洪的住室以便等候大阿洪回来，室内挂着一张画的世界回教国大地图，桌上摆的是回教经典，坑上铺着和阗织的毛毯，屋子虽不大但很雅洁，尤其是没有佛堂那种烟缭气。

不一会，马先生从外边回来了，紧忙招呼我们，并且预备了一桌盛筵给我们吃。

他说，迪化现在共有二十三方，每方约有五十家，回民约有五六千人。他对过去马仲英屡次侵犯省方的事颇为不满。他说，宗教不是争权夺利的工具，而是拯救人类的福音，要拿宗教作号召，扩张个人势力，与吾圣默罕默德的道颇不合，何况他对本族人民也不好，其失败是当然的。

我们问他："在抗战期间宗教的宣传方法，是否应该与抗战配合起来？"

他说："那是当然。现在我所讲的经典都可引申到抗战上面去，譬如抗战后，内地回教同胞组织服务团和各种为国家服务的事迹，我常常给此地（指迪化）人们讲，教育他们，鼓励他们。原先日本不是有过阴谋吗！他曾怂恿新疆回民成立回教国，脱离中国版图，结果被省方发觉给削平了。日本假惺惺地同情回教，其实葫芦里卖的什么药，我们早已知道。告诉日本鬼子听吧！在新疆别想再弄阴谋，中华民族合起来是整个的，谁也不能分！中央政府只有一个，有第二个就是傀儡！"

这位西北角上的教长的声音，永远响彻在云霄，回教大众们，努力吧！

（十八）三个小民族的代表

锡伯、索伦、满三族，在新疆是少数民族中的小民族。锡伯、索伦两族在新疆统称"锡索"人口合起来不过有两万，满族也不过有三四千。锡伯族自己还有文字，索伦族只有土话，没有文字，在早年是借用满文，现在都用汉文了。满洲的文字语言与汉族同化。

据锡伯族代表首善告记者，新疆的锡伯、索伦两族来源，是在前清时代（约在乾隆年间）两族人民在清朝兵营当兵。随军西来后，即在伊犁驻扎，彼时有所谓锡伯营，又称为外八旗，即现在伊犁河南设治局，就是当年锡索两族的发源地。两族原来人数只有一万多，后因杨金时代，每次逃兵必在两族抽派壮丁，以致很多青年为内战牺牲了，使现在文化不发达，人口也不繁衍。

这次锡索两族为发展两族教育，于大会期间共同成立一个文化促进会，由省府给以经费，有计划地发展他们的教育。过去五年间别的族已先后成立了文化促进会，而这两族因为种种原故，没有成立，所以这次居然能组织起来，一方面固然是省方当局的倡导，另一方面也是弱小民族的自觉。

现在伊犁有锡索高级小学一所，小学十一所，塔城数目不详，乌苏有一所。三处男生约有一千五百名。女生约有六十名。

满族代表成禄君告记者，满族亦是乾隆年间（约在一九四〇年）自东北移防来新，原在伊犁河附近驻扎（镶黄旗）当时驻军曾挖渠二百多里，以利农事，后又到迪化驻防，并到镇西、奇台，所以现在镇奇两地仍有满族，现在各地满族业农者为多，除伊犁有一满族小学外，其余各地族民已多入汉族学校。

我们听了这三位代表各把本族的情形述说以后，我们问他们现在新省府对待他们的情形。

他们说："过去我们这三族的确是受了相当压迫，刚才不是说过吗！挑兵派差就轮到我们，有利的事没有我们的份儿。自从四·一二革命后，政府对各族一律平等，权利义务都一样，譬如最近成立的文化会，就是一个证明。另外，我们三族也有人在省府担任官职了。"

我们问他们三族所种的地是否就是原先的旗田！他们答"是。"后来据说三族人民一般生活较为穷困，因在过去，旗人养尊处优，过惯了舒服日子，所以现在仍有多数旗人子弟不事生产。他们对这层也深引以为憾。和他们谈国家大事，他们都异常兴奋。

锡伯族的代表首善说："别看我们这一小族，我们一定为国家贡献力量！"

索伦代表锡趾祥说："我们的祖先是在东北，我们一定要打回老家去，去祭一祭索伦山下的坟墓！"

满族代表说："宣统简直是给努尔哈赤的子孙丢人！满族是中华民国的一

族，为什么当日本的傀儡呢？我盼望全中国的满族起来，铲除这民族的罪人，洗刷这污点！”

（十九）捐资筑路的维族青年

带着一顶维族特定型的瓜皮小帽，绣着几朵丝线红花，穿着笔挺的西装的一位青年据说能说法、苏、土耳其三种语言。并且伊宁（伊犁）城里一条长一公里半的柏油马路是他捐资修筑的。

这位青年就是塔里阿特，今年二十一岁，曾在土耳其君士坦丁堡商业大学毕业。他的父亲原是一位国际商人，在莫斯科，在柏林开设皮革羊毛公司，在这两大国都中间的交通线上，关于皮革羊毛贸易，几乎完全被他操纵着，获利很大，资产当然可观了。他的父亲死后，由他来承继这份事业，依然很获利。

据说他有两个母亲，同胞弟兄五人，两个妹妹和一个弟弟，在土耳其读书，有一个哥哥在莫斯科读书。

他去年捐省票三千万两（当时每二千两合法币一元）给抗日后援会，捐一万五千万两修筑伊犁马路，为全疆唯一的一条柏油马路，路的两旁遍植树木，游过伊宁的人都赞不绝口。

我们知道了他这样热心国事及地方公益的事实，我们向他表示钦慕。他很谦逊地表示，那是应该尽的责任，他预备回去后再向后援会捐款。

我们问他在土耳其的感想，他说：“土耳其当年所遭遇的困难比我们还大，结果由凯末耳（记者访问时，凯末耳还没死）领导全国人民励精图治，一跃而为强国，但是也因为苏联帮助他，否则也不能进步得这样快。我想日本强盗一定会被我们驱逐出境的！”他这样坚决的信仰着。

他希望我们到伊宁去一趟，他说他家里有很宽敞的房子，精美的花园，希望我们去住几天。我们因为时间不许可，只好感谢他的盛意了。

我们分别的时候，用力的握着手，告诉他：

“你虽然住在中国西北边的西北角，盼望你时常向东南眺望！祖国的同胞们将向你招手！”

“一定！”

几只沉重的眼睛消失在热情迸流中。

（二十）尔德尼盟长

尔德尼是焉耆区蒙古族的盟长，一个青年。

活佛掌宗教，马汗王掌行政，盟长也管行政，阶级在马汗王之下。马汗王是世袭的，盟长是选举的。马汗王去年参加阴谋暴动案被捕了，小马汗王还是一个未成年的孩子。

这位盟长懂汉文，会说俄语，是受过相当教育的。他说焉耆一区，有蒙文学校十五处，学生只有四百多，女校一处，学生有四五十个。

我们问他，现在蒙古族最成问题的是什么？

“是人口问题。”

据他告诉我们，新疆的蒙古族原是元朝征欧时遗留在俄罗斯的一部，最初人口到过四十万，后来迁移到新疆的至少也有三十万，可是到现在只有十万人口了！

我问他：“原因在哪里？”

他答道：“还不是受宗教的害吗？譬如一家有四个男人，三个须要去当喇嘛，当了喇嘛，自然不能再娶妻生子。人口越来越少了！”

“能不能改革呢？”我问。

“不改革也不行，眼看着人种要灭绝了，所以近来当喇嘛的规矩也渐渐可以随意了。”

我们问他对盛督办所提倡的六大政策是否完全理解？

他答：“很清楚。”

“亲苏，你不怕共产吗？”我们试问他。

他听了我们的话把嘴一抿，笑了。

“新疆亲苏已经五年了，我们的‘产’不但没有‘共’，反倒多了，（原因是政府借给人民农具，鼓励种田，生产因之增加）如果说亲苏就为共产，那真是极愚蠢的想像，至少在新疆是如此。”

“那么，据你看‘亲苏’的目的是什么呢？”

“我想第一是抵制帝国主义的侵略，第二是帮助建设。”

“你对国家有什么希望吗？”

“我希望国家在全民抗战的局势下，逐渐达到最后胜利的地步，使我们蒙古青年得机会在内地求学。”

（二一）帕米尔高原上的县长

在南疆的最南面，有一个地方叫蒲犁县，位在帕米尔高原之上。这个地方在前清时代每年纳贡若干，表示臣服。民国后，因为南疆时常有变乱的事情发生，一般治新的官吏，昧于边疆情势，不加注意，所以这个帕米尔高原上的县份，始终和迪化方面关系隔绝，俨然化外。

全疆前两次大会，就没有这个县里的代表参加，这次居然来了一位副县长，一位民众代表。这在全新第三次大会中也是被各方面注目的一椿事。

塔吉克族的来源已失传，据说分两种，一种是由维族和塔吉克混合的，另一种是纯粹的塔吉克族。全族人口大约有二万，几乎完全居住在蒲犁县。风俗习惯与维族相同，言语则有差别，所以这次大会上的维语翻译员对他们的语言工作很费了些气力，因为他们说的完全是本族土语，好多地方是很费解的。

我们所访问的副县长叫克里万夏，有四十多岁年纪，小脸，连腮的胡须，仔细看起来，的确与维族人多少有点不同。

克里万夏虽然是副县长，但是还是位文盲，据他说本族因无文字，文化又落后，一般只会说话，要动笔就只得求助于维族人了。正县长名字叫文经，是索伦族人。

因为地势高，气候寒冷，农作物很少，人民大部以畜牧为业，每年七八月间即下大雪，所以一年至少有六个月是冬天，一切生物都不很发育，譬如种一棵树，经过三十年也不过长成像人的腿那样粗。

谈起交通来，因为地阔人稀，自然的不能发达，坐汽车到喀什需要八天，到迪化需要二十天。据说英国人在蒲犁设有民信局，传递印度至喀什的邮件，中国只设有一邮政代办所，并且一般人几乎没有事可以利用邮局，所以这个地方的邮权仍然被人侵越着。（记者曾把这件事和新省邮政管理局长黄理双氏谈过，按一九四二年度蒲犁县已成立三等邮局）

克里万夏述说这次参加大会的感想：“我们这次简直等于‘上朝’，以前这种事不但没有遇见过，就连这些人物也都是第一次看见的，一切都感觉新鲜得很哪！”

“我们预备回去开一个全县大会，报告这次开会经过，把省府一切决议案解释给人民，把中日战事的消息传给人民知道。或许他们也捐一笔钱送给前方将士。”

（二二）维族女代表任沙丽

任沙丽是维族的一位女代表，一个新闻记者，一个热心妇女解放运动者。今年十八岁，长眼毛，大眼，温雅，大方，十足的西洋小姐的神气。

大会于讨论提案那一天，她上台演讲，她讲过去执政者对妇女运动的压迫，妇女界，尤其是维族的妇女是怎样生活在黑暗的牢狱里，使全族文化永是停滞在一个不进步的段落，使全族妇女不知国家民族对于本身有什么利害关系，如今要想打破这个枷锁，一方面全族妇女应该充分发挥他们的警觉性，一方面需要政府给以鼓励和扶持，使新新疆的新土上，活跃着新的妇女！她提议全族妇女，要一致加入“妇女协会”，在会里担任组织，宣传，慰劳，募捐，更要广泛地组织识字班及政训班，使全疆二百万妇女们完全得到解放，巩固西北后方重地，争取全民族最后的胜利。

这一席话曾引起全场的热烈的掌声。

的确，像她这样一位女子在新疆是少见的。

她是一位大毛剌的女儿，生长在一个十足顽固的家庭里。照规矩她是不能参加社会活动的，仍然应该戴着面罩不见男人，只准读读经典罢了，然而她从小度着那种牢狱式的宗教家庭生活，使她深感人生的苦闷，由于她的天赋敏感，使她渐渐变为叛逆的女性。在读完了中学以后，他就开始读俄文，在这个期间，他受各种社会科学书籍的启示，使她由一个家庭的小圈圈跳入了社会、国家、人类的大范畴。

虽然，但是依了传统的习惯和发育的早，她终于十七岁时嫁给一位同族的青年，现在迪文全省公安管理局内做事，据说仍是父母之命。

她入社会第一个职业便是新闻记者，据说先在新疆日报维文版内任校对，现兼任记者，这个职业对她发生很大兴趣，其初天天在改正那么蟹形而是由右而左爬的字迹，后来也可以跑到外边去看一看各族各色的人的生活，她体验了人生的复杂，社会的庞大，于是她开始在社会活动，她参加迪化的维族“妇女协会”担任秘书职务兼任宣传部长。

这是这位新女性的简史。

据说“妇女协会”是于今年六月间成立的，现时共有会员一百四十名，内分秘书、宣传、组织、训练四组。成立以来，她们先后成立了识字班，教育了不少文盲，经常做家庭访问，使各家庭了解时事，并有壁报队，歌咏队，在街头巷尾宣传，以后更将广泛地发动各种组织，将来的成绩一定更有可观了。

我们问她：“你们这种举动大阿洪不会责难吗？”

她答：“自然，他们是看不惯的，但是我们的目的是正确的，我们也管不了那么许多了。”

“将来他们不会干涉你们吗？”我问。

“我想不会的，只要他们承认自己是中国人！当然我们的举动还要检点，不能太操切了！”

“你感觉一个新闻记者对新疆地方有用处吗？”

“用处太大了，新疆是一块白纸，你把他画成什么就是什么，新疆又像一块荒地，你开垦了以后了乐意种什么就种什么。新闻记者难道不可以担任这个责任吗？”她的话很干脆。

我又问她：“你以为可不可以学汉文呢？”

“我正预备学，因为无论如何汉族是中国的一个大族，其文化教育都较他族为高，何况新疆境内汉族这么少呢！”

“你想怎样才能解除维族妇女在家庭所受的痛苦呢？”

“我想还是教她们受教育，多培植青年！”

末后，她说很希望和内地妇女们取得联系。

（二三）归化族伊万诺夫

伊万诺夫是归化族的代表，省立第二中学校长，同时也是一位有名的教授。据说他在帝俄时代曾当过军部的参谋长，在巴黎的协约国军事会议席上曾显过身手。人长的是矮矮的，胖胖的，白白的胡须，肥头大耳，手里常是握着一根手杖，嘴里叼着一只巴比洛司（苏联香烟），活画出一个未脱退那豪华富贵的生活的典型。

他每次见了我们总是用那不流畅的英语打招呼，然而最流畅的一句恐怕是这句“I am glad to see you”了！他谦恭得很，在临别时，常常是鞠着九十度的躬，陪着一副笑脸。

当我们拜访的车子经过了迪化闹市，进入了洋气的南关时，天山上的白雪，枯落了的黄叶，郊野的羊群，裹头的取乳妇人，点缀在一个学校的附近，是一幅天然美景。车子到了门口，老校长却早穿着黑色礼服在等候我们了。

借这个机会我们先把他所领导的学校参观了。校分两部，一部是中学，约有百人，另一部是小学，约有一百五十人。学生成分百分之九十是归化族，维族、华侨、塔塔尔占极少数。并有宿舍，以备无家庭的子女食住。原来以先来到新疆的白俄，多半是归化军，历年打仗的结果，死亡很多，留有子女的由省府负教养之责，衣食住均由省府供给。这些学生们因为生活较好，精神活泼，尤擅长歌舞，所以每次晚会上归化族的节目总是受人欢迎的。他们所编制的无论剧本歌曲都是反映现实的。

这个学校的学生既是归化族，所以读的课本除了普通科学课程是采用苏联的以外，其余如公民及第二种语言都是采用汉文，现在中学生已有内地小学一二年级的程度了。每个课堂内都挂着中山先生遗像，我们曾随意挑出一个学生指着那幅像问他："这位先生是谁？"他们都很快地把名字呼出来。他们唱的歌虽然用的是俄文，但都是歌颂中国抗战的。我们听了颇觉满意。这种"满意"倒不是说我们怀有什么私意，但这种人类的同情心是值得宝贵的，何况他们在法律上已取得"中国人"的资格了呢。

他们的标本室里有新疆十四种民族的模型，我们仔细看了好久，辨别他们的不同面孔。

老校长这天特别为我们制的糕点，买的水果，款待我们。

我们那天的谈话，从他个人生活说起以至归化族的过去现在和将来，并且大谈其对希特勒和墨索里尼的见解，他很兴奋地谈了很多。

他说："我以前也是一个贵族，在大学毕业后即入军界服务，欧战时曾奉派至巴黎参加协约国的军事会议，在那个会上，看见了叱咤风云的大将。后来又奉派至海参崴工作。一九一二年到过哈尔滨，后来并曾流浪到美国。到新疆是一九二五年的事。自然现在的生活不如从前，然而现在总算不错。"

"归化族现在在新疆的人数，无确实统计，大约有一两万，商人、教育界、政府公务员都有。大部分都过着很好的生活，原先也许有存着'寄食'的想象的，但现在有的已经设有家庭，有的因为在新疆住了多年置了产业，所以都安心作中国老百姓了。"

话说到这里，我们向他提出了一个问题，假如苏联有条件地允许归化族一部分人回到苏联去，他们是不是愿意回去呢？或者是有人愿意回到苏联去，可能不可能呢？

他答："我想这个问题是很复杂的，自然归化族要回到苏联去必须有相当条件，在某种条件下，我想苏联是不会拒绝的。至于愿意回去与否，要看生活情形而定，据我看，现在新疆的归化族还没有回到苏联的必要和企图。"

他的话虽然是相当圆滑，但是也不能不说是情形如此，因为新疆的归化族的确不同于内地的白俄，其不同处不是说可以确保他们的一切行动，而是他们生活情形与内地白俄不同。大概新疆的归化族现在没有职业和无产业的很少，他们又生活在组织较严密的社会组织下，同时又受着平等的待遇，所以在生活的发展上，应该没有什么动摇。

谈到希特勒和墨索里尼，他说："我对他们的历史都熟悉，希特勒在欧战时不过是一个小兵，墨索里尼天生是一个野孩子，现在都成了世界的"伟人"！真使我瞧不起！"末后，他说："破坏世界和平的国家，一定会被打倒的，世界爱好和平的国家一定能联合起来创造大同的世界。”

（二四）笑的种类

当我们参观第六小学校时，那里边有一班女孩子，据说都是塔塔尔族，她们每个人都有一副天然的笑脸，一个个白净净的，活泼泼的，使人感觉其天真可爱，后来我们每逢看见一个塔塔尔族人就仔细审视他们或她们的表情，不期而然的似乎都是在笑着。我们同行的几个人称它为“笑的种族”。同时也是一个较优秀的民族。

据说塔塔尔族就是以先历史上所称的鞑靼，是白种与黄种的混合种，皮肤是白的，眼珠是黑的，头发黄的黑的不等，所以颇有黄种人兼有西洋美的风度。全族信奉回教，与维族语言文字相同。在新疆一个维族青年娶一个塔塔尔族妭歌子（女子称呼）是最摩登的婚姻了。

我们在塔塔尔文化促进会改选会上遇见这个优秀民族的代表——柯里君，他述说塔塔尔族在新疆的情形。他说：“本族在全疆人口的百分比上是很少的，因为没有确实统计，大概也不过五六万人吧！在迪化的人数也不过几千人，历史也短。在苏联的本族，原先在帝俄尼格拉时代极受压迫，革命成功后，各族一律平等，学校已先后在各地成立，伊犁、塔城也有文化促进会分会了。本族虽信奉回教，但教规不似维、回之严，所以现在已与各族互通婚姻，但与汉族通婚的还少。”

塔塔尔族已对国家的贡献是捐给抗日会一万万两省银，他们说还要捐呢。

（二五）柯尔克思族

柯尔克思族也是十四个民族中的一个小民族，与哈萨克族并称。据说柯尔克思是（女人）的意思，原先哈萨克族的女人，哈族称为柯尔克思，后来一部分哈萨克族自南疆移向北疆，留下的哈族改为柯尔克思。

现在柯族所占的地方，只是南疆喀什一区，全族人口约有五六千，人民生活大部以游牧为业，语言文字与哈族相同。

这次参加大会的代表是一位王公。他说：“本族人民生活简单，受教育的太少，过去不知道参预政治，这次看了大会上的情形感觉非常兴奋，我预备回去多开学校，改善人民的生活，尤其是要把和日本打仗的情形告诉给人民，使大家知道知道。”

（二六）两位汉族代表

以上我已介绍了二十五位代表，包含十三个民族。最后我来介绍两位汉族代表，一位是妇女代表朱旦华，另一位是民众代表张鸿荃。

妇女代表朱旦华

朱旦华是女中的教务主任，妇女协会的常务委员。她把妇女求学和妇女运动的情形告诉给我们。

新疆的女子受教育在杨增新时代是没有的事，金树仁执政时由盛世才氏的夫人邱毓芳女士创办女中，第一期女生只有六十名。这种不发达的情形和内地初兴女校时是一样，后来一面劝导，一面奖励，慢慢的上学的人才多了。现在（二十七年）只这一个学校女生已有一千二百多人（学生以东北籍子女占二分之一），全疆受教育的人数当然要多几倍。关于女子教育，她说，新疆是很有前途的，第一是官费，因师资人才非常缺乏，毕业之后不愁找不着职业。学生一般智力都好，理解力也高。现在所感觉困难的，第一是课本问题，因为所用的课本从内地运来最快也要三四个月，有的内容不一定适合新疆环境，仍需删改重印。第二是学生课外读物太少，缺乏精神食粮，但是她们的要求是迫切的，所以我希望内地热心人士，如果注意边疆问题的话，供给精神食粮是最好没有的。第三是守旧的家庭还占多数，影响学生的思想，以致涉及她们的行动。

关于妇运情形和维族差不多，不过汉族比较起来还算活泼，因为人数多，所有女生都是妇协的会员，每周有演讲会、小组会等，并时常举行话剧公演。过去曾募集抗战捐款，成绩很好。现在主要工作，仍多偏重宣传，有壁报队，家庭访问队等等。总之，新疆的汉族妇女除了家庭妇女与内地相同外，其余无论在学或职业的都好像刚出土的嫩芽，有生气，富发展力，这也是得天独厚了。

呼尔加张鸿荃

当我们和预约的代表谈完之后，另外有一位代表挨到我们的身边发着颤抖的声音要求和我们说几句话，问他的姓氏，他说他是昌吉县的呼尔加，名字叫张鸿荃。看形象有四十几岁年纪，诚朴的农人装束，他称我们为“中央代表”，他说他身份低微，够不上和代表们谈话，但是有几句心腹话抑止不住，一定要向我们诉说诉说。我们被他这种诚恳乞求的表情，竟感到局促不安。于是先解释给他听，我们所以不能一一约会谈话的原因，次盼他无论有什么话无妨说出来。当时我们确疑惑他有什么控诉一类的事实告诉我们了。

等我们坐定之后，他开始述说呼尔加近几年来所受到政府的恩惠，第一过去政府是瞧不起呼尔加的，呼尔加只受压迫，只尽义务，没有一点权利。第二过去政府也从来没有替呼尔加打算过。还说得上什么帮助农民生产吗？这次呼尔加也有代表参加，我们也可以提案，真是梦想不到的事。政府近年来实行农村机械化，供给人民农具，便利种植，使生产增加，这也是以先人民梦想不到的。另外保护农民种植，减轻人民负担，真是说不尽！

他这样赞扬省府，我们自然也感觉愉快。我们问他，在中日战争时期，新疆的呼尔加将怎样帮助中央抗战呢？

这个问题，他答的简单扼要："我们的粮食也可充军粮啊！我们把荒地多开垦出来，将来可以容纳内地的难民啊！"

这种声音出自呼尔加之口是难得的。

后来知道他是由甘肃移去的农民，是汉人，前几年因被马仲英部骚扰，不能种田，自马被逐后，省府多方扶助农民，得安居乐业，今年秋收又好，无怪他这样兴奋了。

第二辑

季鸾先生和我

一

一代报人张季鸾先生留给人们的印象太深了，他的言行，无事不可为我们从事新闻事业的楷模。

季鸾先生四十几岁以前的生活我知道的很少，我认识他是一九三三年秋天，在天津法租界三十号路一八八号大公报编辑部楼上。那时是我从上海回籍，遄返天津，那天我同时见到的有胡政之先生。季鸾先生一进门来，就满面微笑，两只眼睛露着愉快而富有感情的光芒，令人一看，便会觉得他是多么和蔼可亲，一位学者派头的长者。他身材瘦而不高，表情严肃中可亲，有政治家的高度智慧，却是学者外表。

我初次和他见面，就被他几句话感动。那时我已担任《大公报》通讯记者两年，零零碎碎，在《大公报》上发表过不少通信稿。我从东北逃到上海后，趁我邮局休假之便，他们邀我去一次东北，深入敌区调查伪满成立一年来的状况。这是一件冒险工作。我的朋友赵惜梦兄正在《大公报》服务，他确保我能胜任愉快，我相信也有把握。政之先生为争取新闻资料，自然很盼望我肯冒险成行，然而季鸾先生却叮嘱："千万要小心，采不到新闻不要紧，可别出什么危险。"接着他又说："你写的通讯稿很好，文字很生动！"我那时仅二十几岁，完全是青年人的心情，听了他的话，一面奋勉，一面内心有说不出的感激。

经过一个月的时间，我从伪满采访平安归来。那年"九一八"，大公报加出一整张特刊，四分之三的篇幅登载我的《东北踏勘记》和照片，轰动全国，并引起日本向我政府提出抗议。我回馆之日，因为季鸾先生早已接到我的资料，并已看过，他执着我的手说："你这次采访很成功，我真为你担心！"

此后便留我在馆代替何心冷先生编《小公园》与发布市新闻。有半年之久，我住在编辑部宿舍，朝夕和馆内同事一起工作，一起谈天。

后来我仍返上海，公余之暇，替国闻通讯社采访兼写通讯。季鸾先生每逢到上海必邀请大家吃一顿，对于个人生活无不显得异常关切。以后国内每有大问题发生，季鸾先生常是亲自出马，到南京，到上海，到庐山访问。回馆以后，写成文章，而他的文章几乎无一次不是有重大内容，证明与政府步骤合拍。

这个时期，中央社电报没有后来这么兴盛。《大公报》又在全国各大城市设有办事处，京、沪、平、汉、四大处都派有专人负责。其余粤、渝、陕、甘、青岛、济南、太原、郑州、开封、南昌、长沙、徐州等四十余处，设有通讯兼拍电报记者。其余各重要城镇也有兼任通讯员。每天国外新闻除了采用少数外电外，所有国内重要新闻都采用自己记者的电报。译电工作，极为繁忙苛细。天天有别家报社没有的新闻，至少有几十条之多。

一九三六年上海版发刊。我那时在汉口帮忙惜梦兄办《大光报》。徐铸成也在内。有一天，季鸾先生到汉口，那天《大光报》上登着我的一篇未署名的《陶行知访问记》，我去陶陶旅馆看季鸾先生，他劈头就说："今天这篇访问记，一定是你写的！"我笑了笑。

这时我任汉口汉景街邮政局局长，忙碌不堪，久已不能为《大公报》写稿，他见了我就问："为什么不给报馆写稿？"我总是答："事忙，又写不好！"然后他笑着说："纪滢！邮局别干了，咱们一块来，好不好？"这是他第二次向我说这类话。第一次是在访问东北之后，他问我的家庭生活状况和邮局待遇等等，他知道邮局待遇较好，而且是终身职业，所以他问了我以后，便自言自语地道："报馆是苦事，是苦事！"这一次，他又提起，使我心里不免怦然一动。因为《大公报》的待遇按当时新闻界的情形，可以说是相当高的，更比公务人员为优。一般年青人因慕《大公报》的名声无不以争得进大公报馆为荣。只是我那时在邮局方面已有服务十年的年资，而且是铁饭碗，年年加薪，步步高升。最重要的是不靠任何人情。我是凭考试进局，凭能力可以干到老死。报馆纵然好，无论如何，没有邮局这么牢靠。因此这个问题早经我熟虑，非至万不得已时，我绝不轻易放弃邮局这一工作。

然而，当年《大公报》这三个字是多么响亮，多么诱惑人啊！

当时，我婉谢了季鸾先生，我说：

"张先生的好意，我十分感激。不过我邮局的职务，是鸡肋式的，食之无味，弃之可惜。我很乐意一辈子专心致力于新闻事业，但等时局平静了再说吧！”

张先生听了我的话，也深表同情，他说：

“也好，古今中外，成功的人，不一定是他的本行，你就做个票友记者吧！”

二

一九三七年七七事变起了，天津局势危殆，《大公报》决计忍痛离开这发祥地，在汉口另辟一馆，以与上海版同时发刊。季鸾先生为亲自布置汉口版，在“八一三”炮火中，带领谷冰、昭恺、清芳三位，乘汽车到南京，绕津浦平汉四两路到武汉。那时《大光报》因经济困难无法维持下去，乃藉机将全部生财，连同工人（大半都是天津《大公报》的旧人与学徒）一齐转让。在出版前，季鸾先生对我说：“这回你可跑不了了！赶快帮谷冰筹划。”这时于公于私，我实在无法再推诿。后来编副刊、撰特写及一切重要采访都落在我身上。我在邮局下班后，即将所有时间交付给报馆，每天都是午夜一时后回家。《大公报》原有两个传统性的副刊《小公园》和《文艺》，但这时已与日本正式作战，季鸾先生主张另起一名，以新耳目。我清楚地记得，他拿起笔来，在构思时问我：“你说用战斗两字好不好？”我正在迟疑，他已然在纸上写下一个“战”字，然后又写了一个“线”字，他问我：“你看战线比战斗好不好？”接着他解释：“让全民加入战线一齐向敌人进攻。”我答：“好！就用张先生写的这两个字吧？”他阻止我说：“我这字拿不出去，你还是让清芳写两个字来。”其实他的字很老练有贴式，但他往往自谦若是。

《大公报》在汉口发刊是一九三七年九一八，编辑部只有谷冰、昭恺和我三人。季鸾先生一人担任写社评。有时候他太累了，或身体不舒服，他随便叫我们任何一个人：“来，今天社评你写，你听我说意思。”然后他便说明社评的内容，如何叙述，如何表示自己的观点，如何作结论，引证什么，批驳什么。无论谁写了以后，送他修润，他拿起笔来，不一会儿，将一篇也许是词不达意的文章，修整得有声有色。但报馆人对于季鸾先生的文章读熟了，大家都会模仿他的调子，甚至于用词用字，几乎成了定型，所以写来也蛮合他的辙，只有他那磅礴大气，有时候是模仿不来的。他见大家模仿他，他有时候故意向大家开玩笑，说：“别学我，明天我给你们换个笔调写篇东西。”我说：“张先生，您无论怎么写，我也知道那篇是你写的！”但后来他署名“老兵”给桂林《大公报》写的通信竟瞒过我们。原来他用极通俗的文字写政治消息，我们谁也看不出是他写的。他那一支笔可以说是神化了，随便写什么，无不令人读了亲切感动。

三

一九三八年十月，新疆边防督办盛世才电邀季鸾先生出席该省第三次全疆代表大会。当时国内外政治形势是这样：中共宣布放弃边区苏维埃化，拥护“中央”抗日，改编红军为国军，遵奉三民主义。苏俄则售予“中央”政府定量武器与军火，并派顾问人员襄助抗日。新疆因多年不安，呈半割据状态。但随抗战形势亦随之一变。“中央”急思安定西北，以便苏俄顺利援助。新疆自一九三三年四月十二日，盛世才氏继金树仁执政后，因苏俄从中挑拨，故与中央渐行疏远。杀斫之事，时有所闻。闭关自守，形成一谜，为国人多年来之隐忧。今随抗日战争，启露转机，凡知内情的人莫不喜形于色。而盛氏独邀季鸾先生前往，愈见其重要。但这时季鸾先生独撑汉版大局，炮火已迫临鄂东，他实在无法分身，但如此重要机会，也决不能轻言放弃。他当即召集馆内同事谈话，他说明这次去新疆的重要性以后，便向高元礼说：“元礼去一趟吧！”

去新疆旅行采访是报馆每人都希望得到的机会，但既已派定了高元礼，别人都无话可说。不料晚饭后，我刚踏进编辑部门槛，季鸾先生就喊住我：“纪滢！你去新疆好吧？”我一愣，反问他：“不是叫元礼去吗？”他说：“你到里屋来，我跟你说。”我随他进入他那间斗大的办公室。

他坐定以后，说：“我又考虑了一下，你去比元礼好，你能不能离开邮局？我希望你能离开去完成这一次重要采访。你一定行！”

老实说，那时候去新疆比今天去美国难得多，国内新闻界在以前仅有冯有真、李天炽二人去过。以后想去的不知有若干人，但都问津无门。而一般对边境入迷的人拼一生事业换得赴新的机会的，也大有人在。这真是千载难逢的机会，牺牲了什么，也有一去的必要。

我踌躇了半晌，才说：“既是张先生要我去，我一定不辜负您的好意，我试试看，看我能否离开？”

第二天上午，我去管理局请假一个月，并且说明如果不准假，我也要离职了。我以牺牲多年资历与铁饭碗的决心向我的上司提出要求。他们经一再考虑，尤其是知道这次采访关系异常重大之后，居然应允我的请求。但说明局务应由我负责，局长的工作，任我交一襄办担任。一切手续办妥，我去回覆季鸾先生，他高兴得马上同我去访当时航委会主任钱大钧先生于日清公司楼上，等把飞机交涉好，回到报馆，他才详详细细跟我说为什么非要派我去不可的原因。他说：

“你知道，咱们报馆一九三三年派过李天炽去新疆，天炽很失败，要不是观着我的面子，天炽是回不来的。盛晋庸总算很客气，把他送回来。这一次比那次还重要，弄得好，可以帮政府把盛晋庸拉向“中央”。否则，国家前途，难以设想。所以只许成功，不许失败！”随后他又说：“新闻记者平常尽管批评政府，攻击政府，但到了国家危难的时候，应想尽方法帮助政府。一切采访既不是为个人，也不单为报馆，而是为了国家前途。虽然政府并没有示意我们。盛晋庸个性很强，我看只有你应付得好，而且会不失立场，使采访成功。”

我不听则已，听了，反使我惶恐起来。我不怕被扣留，但怕不能达成任务。可是既已决定，我只有向他讨教。

他除了为我分析慕尼黑会议，德国吞并捷克后的欧洲大势，更说明德苏终必冲突，中国必须安定后方，阻止日本前进等看法。要我转达盛氏，并探询他的意见。另外他告诉我：“你谨记着：不可说中央政府一句坏话。你更可引证我的话告诉盛晋庸，蒋委员长对他很好，很倚重他。至于其他一切采访应对，我相信你很有办法。”

我谢了他的嘱托之后，我颇为他忠于谋国而感动。然后他一面拟电稿致盛氏，说他不能亲自赴邀派我为代表出席，一面又替我写好一封亲笔信致盛氏。

时间仅有半天，他让我再去和杜重远联系一下。十月四日清晨，我与杜重远、萨空了三个人乘了一架包机经兰州去迪化。

我愿意在这里加一注解，即盛世才氏为什么一向称季鸾先生为老师？原来盛世才氏曾于民国二、三年间在上海中国公学读书，那时季鸾先生正在上海《中华新报》当总编辑，并在中国公学兼课，讲授的课程是西洋史。盛世才当时是学生，所以他对季鸾先生自称为受业。盛氏对他极为恭敬，并不因为他办了《大公报》之故。盛有一次对我说：“张先生西洋史熟极了，从来不用看书本。”而对其人格的高尚，尤为折服。所以他那时显得与《大公报》异常接近。以先外人不明了为什么盛氏邀请记者去新疆，只邀《大公报》，不邀别人？说穿了，重要原因却在此。

四

我这次采访，幸不辱命。报馆处理我拍回的电报，也非常得体，大号字标题，登于显栏，为国内独家新闻。我去新疆后二十天，武汉便撤守，我遂由迪化迳返重庆。后来我将通信稿陆续登在渝版《大公报》，并完成了我的一部关于新疆的专著——《新疆鸟瞰》，由商务出版。

我在新时，季鸾先生一再电告我尽可能去全新旅行，但我终于辜负了他的嘱托。一方面因为时值冬季，气候异常严寒，行动不便。一方面武汉失守后，我的家眷在重庆无人照应。我于十二月初返渝。季鸾先生对我的归来，不但没表示不乐意，反显出特别愉快。

不久我又在重庆东川邮局报到了。

以后，我一直是《大公报》馆唯一准许兼职的正式社员。除了我，从无二例。我也因此从不问薪津，只努力服务！但报馆待我不薄，我有资格参加任何高级会议，我的建议和计划时时被重视采纳。因此，鼓励我把一天另外八小时的工夫贡献给报馆。也因此，许多新闻界朋友和读者很少知道我同时还是一个交通界人员。我也不能不感谢交通当局给我的业余自由！

现在想来，季鸾先生的鼓励后进，提携后进，真是无微不至。但我非常惭愧，我这个票友记者始终没有成功！更惭愧的是，为了生活，我没能勇敢地将全身投入新闻事业。可是正因为这些，我对新闻事业始终还能保持几分客观态度，更喜的是迄今还能够保留极浓厚兴趣。我的一切，可以说受惠于季鸾先生的太多。他于一九四一年九月六日逝世，整整十年了，我失掉了鼓励我的导师，衷心哀痛，实非寻常！但我唯一安慰的是：截止现在，能够自由写文章纪念他的，也只有我一人而已！

一九五二年国风月刊顶溪小住

追思胡政之先生

一

一九四九年一月初，我携眷自北平到上海。把家眷安置在旅社之后，我便去南京路《大公报》馆看谷冰兄等。从他处知道政之先生病情严重，最近新换了一个医院，希望能有转机。当时我听了，十分难过。因为我虽已辞卸报馆职务已有三年之久，但与报馆上上下下的友谊并未中断。无论在北平、天津、南京、上海，只要我的公务完了，我所接触的朋友，仍以《大公报》同人为多。

这天，谷冰，芸生、子宽、光中等邀我去国际饭店内丰泽楼吃饭，谈了些华北情况，饭后匆匆而别。第二天，清晨我邀老友赵惜梦兄同去沪西虹桥医院去看政之先生。到达时，护士小姐正在为他注射，我们就在门外扶廊等候。大约十分钟后，胡夫人自室内迎我们进去。及走到床前，政之先生一见我俩，特别有感触似的，问："你俩怎么来的？"又惊又喜的一副神情。随后又说："一辈子没生过病，一病就不起！唉，完了！"

我们劝他倒下休息。他还问我们住在哪儿，今后行止如何，我们一一具答。并且拿话来安慰他。

胡先生是个胖子，不和他见面还不到一年，这次看见他居然比平常消瘦了太多，尤其是摘去眼镜后，两只眼窝塌陷着，上额越发显得短狭，毫无昔日那份严肃神情。只觉得他好似一位半生戎马咤叱在疆场上的英雄，一旦遇挫，就显得特别落魄。胡先生素日以健康自恃，没想到他这次竟为病魔困扰，并且他已预感不起；所以从内心反映出来的神情是失败的，也是令人不胜惋惜的。

我是最不适宜到医院看亲友得重病的一个人，因为无法掩饰我真实的感情，虽然尽量克制自己，仍不免形诸于色。这次我竭力控制感情，故意做出笑容，但等我与他握别并且请他安心静养的时候，我眼角里竟已充满泪水。我竭力躲避他的视线，匆匆走出病房。到了门外，我禁不住泪如涌泉。可是为了不使胡夫人多心，又赶快擦干，强睁笑眼，与她道别。

一九四九年三月间，我正在桂林筹设邮政储金汇业局，忽然从报上读到政之先生在沪逝世的噩耗，立刻打电报安慰胡夫人。他害的是肝癌，是不治之症。虽然我那时为局务正在弄得头昏脑胀，可是我仍在长时间内对于胡先生之死，心头上埋伏着无限哀痛之情。跟季鸾先生逝世时候心情一样。

好像曾给谷冰兄写过一封长信，说明我对胡氏撒手西去后的哀情。屈指算来，一晃儿也已八年了！

但我始终还没用文字哀悼过胡先生。今乘给季鸾先生编印小册子之便，重新检查旧作，深感有补写这篇文字的必要。

二

我首次和胡先生有接触是一九三二年春天。那时日军侵占哈尔滨未久，《大公报》原驻哈埠的特派员李玉侃被敌宪监视，无法活动。朋友因我服务邮局有种种便利，就介绍我为该报以通讯方式报道吉黑两省新闻。当我第一篇通讯寄达天津后，就有一位署名“胡霖”用《大公报》信笺的人给我写了一封信。信中大意是鼓励我多写此类稿件，并告诉我该馆对外通信所用“李大为”的代号。我那时并不知“胡霖”即胡政之先生的本名。只是字迹写得龙飞凤舞，十分有气魄，不似普通职员的手笔。后来我打听清楚，我就时常藉寄通信稿之便，给胡先生写信。直到民国一九三三年八月，季鸾先生与他要我由上海赴天津，我才与胡氏见面。

当时我的印象是：季鸾先生儒雅风流，有学者并有政治家的风度。胡先生则胖胖的活像一个大老板，也是一个有事业雄心的人物。等我潜赴东北调查伪满情况月余，再回到天津时，胡先生对我采访结果表示出来的一团高兴，使我受宠若惊，事前绝未料到。杜协民兄那时正任会计主任，他告诉我：“你的稿子一寄到，胡先生就叫我锁在保险柜里，谁也不许动！”当我把“九一八”的特刊稿子在九一六写完之后，他特意在他那黎家花园的公馆设宴为我洗尘，并介绍全馆同事相识。好像我以后再没有机会看见过如像那天他大张其口，咯咯笑出声来。

他的不轻易有笑声，与季鸾先生永远是一副笑眯眯的脸，都是给我印象最深，和同受鼓励最多的地方。

以后我便被留下来代何心冷先生编《小公园》，同时发本市新闻副刊稿。心冷死后纪念特刊，是政之先生交派我编的。他还写了一篇极尽哀悼的文章。一九三三年十月到十二月间，季鸾先生突然卧病，他主持经理业务之后，还需要撰写社评。对外交际及处理社内一切事务。我常听见他接日本朋友和英美朋友的电话。他和季鸾先生一样，英日语说得都好。外国报界对于胡霖先生的大名是以报界巨子看待，其地位之隆，足与外国某某系媲美。《大公报》那时社址在天津法租界卅号路一八八号。楼下是经理部，楼上是编辑部。楼下后边是排字房与机器间。《国闻周报》附在编辑部的一个内间里编辑。当时经理部有王佩芝、杜协民、李清芳、袁光中等，编辑部有曹谷冰、许萱伯、杨历樵、马季廉、王芸生、艾大炎、费彝民、赵恩源、张逊之、高元礼、曹世瑛及女记者于立群等。驻外记者南京有金诚夫，上海有李子宽、程玉西，北平有张琴南、孔昭恺，汉口有徐铸成等。谷冰与萱伯轮流编要闻版兼看特别栏及大样。历樵、恩源编国际版。彝民翻译外国通信社电讯。芸生、季廉、大炎等曾先后编《国闻周报》。张逊之是天津地头蛇，有大亨之称。曹世瑛采访本市及体育新闻。

以人才而论，迄后十五年，一直是这批人为大公开创局面。中间只有马季廉继何心冷于战前死在天津，许萱伯于廿九年死在香港。大公一直是开馆闭馆，闭了再开。抗战时期先后增加大批新进人才。

季鸾先生态度温和，待人宽厚，馆中同人敬而爱之。政之先生治事谨严，不苟言笑，馆中同人敬而畏之。他俩给人印象不同处如此。他俩处事接物的方法也如此。大公就靠这两个宽猛相济亦刚亦柔的报人奠立了基础，并维持了二十几年的兴盛局面，为中国报业取得国际光荣。如果说季鸾先生是大公的灵魂，则政之先生是血肉。血肉与灵魂，相辅相成，缺一不可。

三

记得一九三三年冬底，我在报馆以票友记者身份编了几近半年的副刊与本市新闻之后，我要回籍去过旧历年，他跟我畅谈他民初当记者的经过。

“我们当年做记者可以说得万事通。我为了跟同业争新闻，每天黎明时，常常跑到崇文门去抄告示。因为那时候有许多重要法令都贴在崇文门内，天亮之前就贴好。等我抄好把电报拍出之后，别的同业们还未起床。所以我的新闻常常抢在大家前头。记者条件是勤快，不怕辛苦。”

“《大公报》的特点就是文人论政，不偏不倚。有心的错误不让他有，无心的错误难免。”

“《大公报》的人大都老实而少才华，但规规矩矩以报为家，为终身事业。”

他并且嘱咐我回到乡下，仔细视察农民生活，随时把农民疾苦写给报馆。

那次我曾问他：“胡先生整天介这样忙，身体这样好，请问您摄生的方法怎样？”那时候，他四十几岁，健康情形极佳。他听后，笑了笑，说：“做报馆的人还有什么摄生之道？唯一的办法，就是打补丁式的睡觉，随时睡，睡的要多。”

后来我由原籍再回上海。他与季鸾先生时常轮流去京沪旅行。除非他太忙，否则一定邀我去谈。政之先生每次归馆后，常以“静观”笔名撰写通信稿，文章观察深刻，眼光犀利，行文简劲，不愧为名报人的手笔！

四

多年以来，我曾怀着浓厚兴趣试辨季鸾先生与政之先生所写文章有什么不同？这几乎是件难事！因为他俩是同一个时代人物，同到日本留学，又同在上海从事新闻事业，同在中国公学授课。他俩与吴达诠先生三人共同接办《大公报》后，无论所持立场，与对事物的见解，更趋一致。所以他俩发表出来的文字，非常混淆，很难令人截然划分哪篇是谁的手笔。后来我更进一步地从他俩行文时所用术语和名词等方面加以区别。慢慢才找出他俩文章之不同处。

大概是这样：他二位的文章在结构、文意、气势等方面没什么差异。但季鸾先生的文章重感情，政之先生的文章重理智。季鸾先生爱用新名词和术语，政之先生稍微保守一点。季鸾先生文字已够洗练，政之先生则更求遒劲。还有一个最大特点，政之先生爱好对仗句子，尤其在社评里用的较多。季鸾先生有时也用对仗句子，但较少。

季鸾先生除是政论家外，还是文学家。政之先生则是一个政论家兼名报人。

因此，季鸾先生逝世后，为编印《季鸾文存》，着实费了一番考订工夫。一九四四年十二月《季鸾文存》出版时，政之先生亲撰序文，节录如下：

“季鸾兄逝世三载余，国内外读者及各方友好多以张先生文集何时出版相询。我个人与季鸾有三十年交情，同舟风雨，久共休戚。也极愿其文集及早观成，以留永念。但为季鸾编文集有一困难，他虽终身从事文字事业，却并不自珍，以为时事文章朝刊夕烂，他属文向不留底稿，也不自蒐存，所以早年文章都已散失无存。自民国十五年九月，《大公报》续刊，以迄三十年彼之不起，这一期间，它的主要文章皆在《大公报》，最为完整。然于编选之际，也有两点困难：一、抗战期间，《大公报》连失津、沪、汉、港四馆，辗转播迁，文物荡然。现所得之《大公报》始民国二十一年，以前者俱阙，所以选自《大公报》的文章也非全豹。二、《大公报》社评向采不署名制，执笔非一人。若干重要文章且多是大家商讨后而由一人执笔，久之则难辨认究属谁之手笔。我编选此文，重读旧报，一面怅触往情，同时也难以辨别何者为季鸾所写，何者为我自己所写，且有已经选入而经其他同事辨明系我所写而复抽出者。资料不全，辨认困难，也有若干文章虽事过境迁而仍觉未便收入，且有虽已收入而遭检落者。有此数难，所以此集只能称为'文存'以见其非全。

"季鸾是一位新闻记者，中国的新闻事业尚在文人论政的阶段，季鸾就是一个文人论政的典型。他始终是一个热情横溢的新闻记者，他一生的文章议论，就是这一时代的活历史。读者今日重读其文，将处处接触到他的人格与热情，也必将时时体认到这一段时代的历史。季鸾既逝，其文尚存；国族永生，亟待进步。我编《季鸾文存》既竟，既伤老友之逝，尤感国事之待我侪努力者尚多。国人读季鸾之文，倘能识其一贯的忧时谋国之深情，进而体会其爱人济世的用心，则其文不传而传，季鸾虽死不死！

中华民国三十三年十一月十日胡霖序于重庆大公报社"

从胡氏序文，可证实两点：一点是他俩所写文章难以辨认；另一点是季鸾先生"热情横溢"。可惜季鸾先生早逝，否则他若死在政之先生之后，也同样编印一部《政之文存》，由季鸾先生作序文，其情形又将怎样？

五

抗战以后，《大公报》连续关闭津沪两馆，由季鸾与政之二位先生，分两路另行建馆。一路是跟随政府西迁，一路向海外发展。政之先生就担任了香港建馆的任务。一九四○年日本夺取香港，他又在桂林建馆。香港与桂林都不是办报的理想地点，尤其是对《大公报》更较困难。政之先生独负艰巨，在这两个文化水准比较低落，地方色彩浓厚的城市创办新闻事业，真有点吃力不讨好。但靠他的宏大气魄，卒能够战胜困难，在"东方之珠"与"八桂"播下文化种子。在抗战时期，对海外与西南诸省颇尽宣传之效。

季鸾先生长于文章，政之先生则兼长处理业务。截止一九四九年以前的《大公报》，有几个特点，不完全被外人知道，也不受人注意。但是我认为却是《大公报》成功条件诸多种之一部分。这些特点则多半出于政之先生的安排。

一、以编辑部领导经理部 这种制度也许在美英等以新闻为企业的国家已视为落伍，但在文人论政阶段的中国，新闻事业仍是不可避免的一种倚重。迄至现在，大多数报馆，仍然维持这项传统。不过，论有绩效，《大公报》堪称首屈一指；论做得彻底，《大公报》也唯一无二。如众所周知，《大公报》第二辈同人中，所有负责经理业务的人，如曹谷冰、许萱伯、李子宽、金诚夫、王文彬等无一不是经过在编辑部熬夜编要闻版的阶段而改任。程序是这样的：一个新进人员除担任职员外，多半因从事文字工作而进馆。在编辑部由担任采访、编辑起，然后编要闻版，或派在外埠当特派员。大约服务十年之后，不但文字工作已站得住，对内对外也有了相当人望与信用。再派到经理部门主持业务。

这种制度在别馆并不严格，尤其对日抗战时期，后方几家大报，只要在商界兜得转，有办法招揽广告，就是头等经理人才。但《大公报》则不然，管业务的人一定是从事编辑业务的老手，才能充任。从没派过一个无编辑经验的经理人员。

这种安排究竟有什么好处？我以为：第一、在人事制度上，不失为鼓励与提拔资深从业员的一种办法。第二、最大的好处，莫若使编辑、经理两部同人联结一起，促进互相了解。使编辑部同仁得到重视。因之提高服务精神，保持版面时时革新。无论在言论上，新闻上，随时争取进步，增高报纸的地位。第三、编经两部藉人事交流，可得到业务上的诸多配合。

《大公报》于抗战前后，因在各地建馆，很自然地形成这个制度。也得此机会试验这种制度。别的同业则没有。

二、通信课的成功 从在天津起，《大公报》编辑部特别重视通信课。这一课专门负责与全国各地通信员联系。《大公报》在“九一八”前后，全国有一千多个城市，设有通信员，构成广大通信网。通信工作至繁，尤其每位通信员都希望在精神上与报馆保持密切联系。假若既不刊用他的来稿，也不覆他的信，当然他不满意。只刊用来稿，但不能在工作上保持必要联系，仍难免不抱怨。

通信课专门负责回信，并且经常指示通信员采访何种新闻，注意些什么事项。

试想，远处边陲一个小小通信员，当他收到报馆一封充满友谊与工作指示的信件时，心理所生影响，是可想象得到的！

别的报馆都有类似设置，但我以为抗战前《大公报》在天津时节的通信课最为成功。抗战时期就差了，但因基础已固，不受影响。

三、健全的人事制度 大家都知道自张、胡、吴三位先生协力接办《大公报》之日起，就奠立下以道义为重的文人合作基础。到“九一八”事变前，因业务发达很快，不能不大量引用新人。于是一项雏形的人事制度开始厘定。直到抗战发生，才渐臻完善。无论人员录用、派职、叙级、定薪俸，和升迁、黜降等等才有了明文规定。至于后来高级职员可赠股金等等，都是人事制度中的一部分。

胡氏因我服务邮界，曾向我探询邮政人事制度种种细节，我曾把邮政整套章程和种种卡片检送全份，以资参考，所以《大公报》的人事制度比较完备。

然而它的好处，绝不止于表面上保障职工生活与谋求社员福利。最重要的一点，还在成文规章外，另有不成文的精神鼓励。试想，一个从事文字生活的人，怎能够呆板地以办公时间和表面工作，为考绩的根据呢？因此，一个新闻事业机构，既不能完全没人事规章，也不能完全依靠制度。全凭运用灵活，才能使人员得制度的善果，不受制度的损害！

我认为《大公报》之所以有轰轰烈烈的一段历史，重要原因之一，就是人事安定，而且还不断地增加新血液！

除以上三个特点之外，《大公报》关于发行、广告、机器房、工人管理，都有比较别家高明的一套办法。任何家都有过工潮，唯独《大公报》没有。别家常在广告与发行商出毛病，《大公报》则未闻。

这一切，固然也有季鸾先生的意见，然而政之先生的主张独多。他把多年主持新闻业务经验，用于《大公报》。使《大公报》得由天津根据地，由华北发展华南上海、香港、汉口、桂林、重庆等馆，在抗战前后，真正能够深入大江南北，各省普遍发行，到全国各个角落的报纸，除大公外，恐怕还不易找到第二家。

六

以我浅陋的见识，直到今天，我还没有看见过办报气魄之大，手腕之高明，能胜过胡氏的人！

在第二辈大公人物中，曹谷冰兄兼备张、胡二氏之长，人望亦佳。在张、胡二氏相继物故之后，本来可领导大公走上中兴大路。可惜（……）

季鸾先生去世后，胡氏自桂林赴渝主持社务。嗣桂林陷敌，所有职工都集中重庆。在李子坝报馆楼上辟“季鸾堂”。每年季鸾先生忌日率领职工祭奠，从未中断。政府也聘任胡氏为国民参政会第三、四两届参政员，并于抗战结束前后聘派胡参加访英团及出席旧金山联合国制宪大会。政府重视他可见一斑！

一九四五年底，《大公报》在天津老家复刊。新馆址设罗斯福路（即旧日界旭街）我与老友季廼时兄从北平专程去津，参与复刊典礼。当晚报社在旧英界某大饭店宴请全体同人，以示庆祝。在这个会上，胡氏且谈且笑，气势豪迈，不减当年。然而距我初次在津于会，匆匆已十二年了。

胡氏祖籍四川，自幼随家人游宦北方。光绪末年去日本留学，习法律。一九一二年服务于上海民立图书公司。一九一三年，主办大共和报。季鸾先生在该报任译员，他俩同时在中国公学授课。一九一六年，政之先生服务于英敛之先生所主持的《大公报》。一九一九年，政之先生赴欧洲采访巴黎和会新闻。归国后，在上海创办国闻通信社，附刊国闻周报。一九二六年与季鸾、达诠两先生协力接办《大公报》。从此之后，张、胡二氏一生尽瘁《大公报》，以迄于死，未兼任其他任何官吏职位。

季鸾先生去世时仅五十七岁。政之先生死时也不过六十二岁。以现代眼光来说，他俩都在壮龄，竟致志未酬身先死！

胡氏原配夫人于抗战前死于天津，留有子女众多。抗战时儿女皆已婚嫁。两位小姐都擅长平剧，在《大公报》晚会上，时有表演。抗战初，续娶江苏顾氏，名门闺秀，贤而有德，据云现在卜居香港，不知确否？

一九五七年七月十八日追记

记王芸生（节选）

全文提要：王芸生死于本年五月三十日，在北平，享年七十九岁。他的功过是非，留待后人去评论；但对《大公报》而言，他确曾有贡献；（……）编撰七本《六十年来中国与日本》，奠定了他的学术地位。谨记其一生，为后世鉴。

——著者谨识

一、乍闻噩耗心情起伏，但未久即平静下来

我听说王芸生的死讯，是今年六月初，由李浮生先生传来的。浮生先生于五月底去港公干，六月上旬返台。有一天早晨，他打电话给我，说："王芸生死了，香港《大公报》刊登的。说他是死于本年五月三十一日，是病死的，得年八十一岁。"因为他知道我曾在《大公报》与他同事多年，本乎关爱之情，首先把噩耗传达于我，于是我谢了他就把电话筒放下。乍闻此信，甭说是一个有关系的新闻人物，就是每年阅读报纸上的丧葬消息，以及广告栏中的讣文，其中除毫不知情者外，凡曾耳闻与虽不相识却令人久仰的元老、军政领袖或社会名流的不幸消息，都会令人从内心里发起一种叹息之声，心波兴起一种涟漪的。西洋人管这叫做同情心（Sympathy）。西洋人有许多地方不如我们，但以丧礼来说，比我们庄严而隆重。我曾有过多次亲身经验，如行葬礼时，灵车与丧家所经过之处，两侧人群无不垂手站立，而道路上的行车也无不停下，让丧家的车先走，比我们出殡吹吹打打，满街热烘烘的形象，显得肃穆得多。这当然是闲话。

我听了浮生先生的电话，其初怦然一动，觉得这么一位与我相识多年的乡

长、政论家与我崇敬的新闻界前辈竟死了，不管他现在与我们是敌对地位，世人对他评论如何，站在纯私人立场，我禁不住内心起了惋惜之意。脑海中浮起了他的仪容，甚至于他的夫人、儿女的形象。

从我认识他起，一直到最后与他握别的情形，一幕一幕，从一个地方到一个地方（天津、武汉、重庆、上海）见面与工作情形，都映在眼前。但又想想第一代《大公报》人物如季鸾先生死于一九四一年，享寿仅五十六岁；政之先生死于一九四九年，享寿也仅六十一岁；达诠（鼎昌）先生死于一九五〇年（香港），也不过六十三岁。与芸生同代人物，如何心冷死于一九三三年，仅得年三十六岁；许萱伯死于一九三八年（香港），死时也不过四十岁左右。与他一同工作最长久的曹谷冰，可能比他大两三岁，一九四九年后，一直没没无闻，听说早已去世，究竟是哪年？享寿几何？迄今不知。再有与他同辈份的金诚夫与李子宽，若尚在人世，也超过八十岁了。与他不能算同辈的有许君远也于一九六七、六八年去世。我是第二辈《大公报》的“客卿”，论地位，我是邀宠逾份，因为自上至下始终没拿我当职员看待，以“客卿”相视；论年龄，我比第二代《大公报》诸君子都小个六、七岁与七、八岁不等。大概我与孔昭恺和赵恩源岁数差不多。

乍闻噩耗后，我的确有半小时之久，内心起伏不已，想到这批人，也想到《大公报》的辉煌的历史，甚至于也想到目前在香港的“大公报”。

当时，我对芸生死时年龄稍有怀疑，因为我记得他比我只大个六、七岁，大不了那么多。我最后看见他的容貌，还是一九七七年，他随同廖承志的一个访问团到日本，《读卖新闻》上有他们到东京下飞机时的镜头，在多数人中，我辨别出两个人的形象：一个是谢冰心，一个是王芸生，都显得老多了。这是自然现象，不足为怪，他们若是看见我们今天的相片，也一定有同样感觉。

芸生身体素健，平素甚会保养。他能活到这么大的岁数，自然不算短命。但是不想往事则已，想起往事，总不免令人伤感，虽然他是站在敌对一方，人总是死了嘛！

大约在乍闻噩耗之后半小时内，我曾兴起以上的情绪。

本年六月二十日的一个下午，我忽然接到前中央通讯社副社长兼总编辑、刻改为顾问老友彭清兄的一个电话，他告知我，王芸生死于本年（一九八〇）五月三十日，年七十九岁，中共曾于六月十九日开追悼会等等。可知香港《大公报》所载死期既不对，年龄又不符。（……）

二、中共给他的悼词

中共新华社于本年（一九八〇）六月十九日，对外发出一项电讯，大意说：“我国卓越的老一辈新闻工作者、无党派爱国人士王芸生同志，因病于一九八〇年五月三十日在北京逝世，终年七十九岁。王芸生同志的追悼会，今天下午在政协礼堂举行。王芸生同志是政协第五届全国委员会常务委员、第五届全国人民代表大会代表、第五届全国人大常委会法制委员会委员、中日友好协会副会长。为悼念王芸生同志，叶剑英、邓小平、彭真、邓颖超、乌兰夫、彭冲、宋任穷、廖承志、周建人、许德珩、胡厥文、朱蕴山、史良、沈雁冰、康克清、李方、王首道、杨静仁、张冲、庄希泉、胡子昂、荣毅仁、刘澜涛、桂定一、李维汉、胡愈之、王昆仑、班禅额尔德尼·却吉坚赞等送了花圈。人大常委会法制委员会以及各民主党派中央、全国工商联合会和一些无党派人士也送了花圈。参加追悼会的有乌兰夫、彭冲、朱蕴山、史良、王首道、庄希泉、李维汉、胡愈之、王昆仑、班禅额尔德尼·却吉坚赞等，以及部分在京政协常委、委员、有关方面负责人、王芸生同志的生前友好和群众四百多人。”

内容又说：“王芸生同志是天津市静海县人。一九二五年五卅运动时，他参加了反帝斗争，担任宣传工作，因而受到北洋军阀的迫害。一九二六年他在上海继续参加反帝宣传运动。随后王芸生同志长期从事新闻工作，曾任《天津商报》总编辑、上海《大公报》总编辑。一九四八年底，他响应中国共产党的号召，从上海经台湾、香港进入华东解放区参加革命。一九四九年三月，他到达解放了的北平，发表了《我来到了解放区》一文，畅谈了自己的认识过程，随即和全国人民一道，参加建设新中国的行列。一九四九年五月，他随军进入上海，发表了《大公报新生宣言》，随后作为全国新闻工作者的代表之一，光荣地出席了中国人民政治协商会议第一次全体会议。”悼词又说：“中共政权成立后，王芸生同志历任华东军政委员会委员、上海市人民政府委员、中华全国新闻工作者协会副主席、政协第一届全国委员会委员、第二、三、四届政协全国委员会常务委员、第一、二、三、四届全国人民代表大会代表等职。解放以后，他在主持《大公报》期间，在党的领导下为社会主义革命和社会主义建设的宣传工作，作出了积极的贡献。王芸生同志对中日友好事业倾注了满腔的热情，是一位受人尊敬的日本问题研究家，为发展中日两国友好关系和两国人民的友谊，做了大量工作，贡献了自己的力量。”悼词最后又说：“王芸生同志坚决拥护中国共产党的领导，努力学习马列主义、毛泽东思想，注意改造世界观，他热爱社会主义祖国，十分关心台湾回归祖国，完成统一的大业。”

三、秘访伪满

一九三三年八月，我应天津《大公报》张季鸾与胡政之二位先生之命，自上海区邮政管理局请例假半年，令我去东北秘密采访伪“满洲国”建国周年。（……）

一个月期满，我于那年九月十四日，别了家叔要返回天津覆命。在此期间，日伪已查觉出有内地报馆记者在伪满地区活动，于是侦骑四出，要捉拿这个人。幸亏北宁路在前一周通车，于是我舍来时的乘船，改搭自沈阳开往天津的铁路。在沈阳车站，日本宪兵不但搜遍我的衣箱，连箱底那张硬纸也揭开了。浑身上下，包括钱袋及片纸只字都查看清楚，并且用日式中国话盘问了个仔细，我因有准备，自然应付裕如。等我搭上了北宁路的火车，就如同过了难关，到了自由天地了！那种快乐，至今还依稀记得。在敌人手中求自由是冒险，逃过了敌人的检查而获得自由是天大的快乐！我这次深深有此感觉。

到了天津，正是九一六。那时候季鸾先生已在病中，首先接见我的是政之先生，他见我平安归来，他那份喜悦是动人的。其次见我的就是王芸生。因为一个待出的“九一八两周年特刊”，由芸生主编。可是一张报四大版，才有四分之一的稿件（是赵惜梦兄采访热河的记载），其余四分之三单等我写。如果我不能及时回来，只刊惜梦兄的稿件，再配上点别的，仅能出四开的半张，两版。政之先生与芸生不等我把话报告完，就命令我吃了午饭，开始动笔写一路观察所见及各地情形。希望我在一天半之内，写出三万六千字的稿件。胡先生又叫管会计的杜协民先生（后来重庆时代《国民公报》社长及贵州省参议会的秘书长）把我预先寄出的资料一一交给我使用。协民先生说：

“你寄出来的资料，胡先生叫我锁在保险柜里，谁也不许动！”又说：“亏了你，想出这种办法，真是了不得！”

原来我所有资料均用洋式信封，用英文打的《大公报》地址，但收件人却是《大公报》代号“新记公司李大为先生”。这是我自“九一八”后写秘密通信已经用过多次的。这样逃避了日伪驻邮局人员的检查。

我自九月十六日下午开始写，写完了三万六千字，舒了一大口气，才算完成这次秘密采访记。次日，“九一八两周年特刊”附在《大公报》正张（三大张）出版了（一共四大张）。我的文章刊第一、二、三版，配有七、八张图片，其中包括伪国务院与长春市景，总标题是“九一八”二周年，伪满洲国踏勘记。本报特派记者生人。

这一来，不但惊动了全国报界，并且还引起日本政府透过驻南京大使馆的抗议，说什么“在中日一面交涉，一面睦邻政策下，天津《大公报》竟派记者深入满洲国，探访虚实，构成中日现阶段的大不幸事件，支那应负全责！”

在九月廿日胡政之先生邀全馆同仁在黎家花园胡公馆为我与赵惜梦兄洗尘时，胡先生特报告此一消息给大家。我当时对此消息深表歉意！

我说：“胡先生，我给报馆惹出麻烦，非常抱歉！”

他说；“这与你无关，报馆负全责。我已跟南京通过两次长途电话了！”因为在吃饭的当口，他还不断地接电话。

席间，除胡先生是主人外，赵惜梦兄与我是客人，陪客有曹谷冰、许萱伯、王芸生、孔昭恺、赵恩源、马季廉、杨历樵、杜协民与李清芳等人。胡先生也简单致词，谬赞惜梦兄与我的大胆、细心，完成此次冒险任务，甚是难得等语。芸生兄也接着说，在十五小时内能完成三万六千字的稿件，虽非倚马万言，却也是运笔如飞，十分神速的！

我则答词：“这次采访完全是胡先生、张先生的鼓励，若没有两位的鼓励，也决不敢贸然从事。至于已发表的等于游记文字，粗糙得很，忙中无好货，多亏芸生先生的多方修润，否则，漏字、错字，不成文句的描写特多，难以见人；只有求诸以后专文报导了。”这也是实情。边写边排，只有新闻记者有此经验。

第四天（九月二十一日）胡先生特别告诉我：“问题过去了，最高当局告诉外交部以相应不理处之！”那时行政院院长是汪精卫，他兼任外长。他的主张是：“一面交涉，一面抵抗。”日本人则改为“一面交涉，一面睦邻。”

后来，我的专文，写伪满经济、军事、政治、铁路、邮政、文化宣传及移民等方面，一共写了十数篇，每篇约四、五千字，由《大公报》刊于特别栏后，再由《国闻周报》转载，一直刊到二十三年三四月才刊完。用的仍是“生人”署名。这个名字，是芸生加的。因为那时若用真姓名有种种不便，他见我文中，有自认为是伪满洲国的一个“生人”——陌生的人，故他采用了这个名字。（……）

四、王芸生的地位与《大公报》编辑部情形

《大公报》创办人英敛之（满人，英千里教授之尊人）发刊于庚子之后，到了一九二一年左右，营业不支，售与王祝三氏。一九二五年，停刊。《大公报》于一九二六年九月一日是由王祝三手中接办过来的。由吴鼎昌（达诠）、张

炽章（季鸾）及胡霖（政之）三氏，分任领导工作。那时候，不似今日须先订有名义，然后办事。先由一个人出名向北洋政府的内务部登记即可，也没有社长、总编辑之分。当初接办报纸据说是由“胡霖”的名义去完成手续的，达诠、季鸾两先生均不在官署文书之内。连带着一切职员也都没有名义，谁被分派到什么职务，就是什么职务，并无名义。我记得当时曹谷冰、许萱伯及王芸生三人的名片上仅印着“大公报”三字，有几位跑外勤的，才加添“记者”二字。推演下来，直到抗战胜利，我服务《大公报》前后十五年之久，从来也没有接到过一张任命状，也没有任何名义，后来因去新疆，才奉命加印“大公报记者”数字。（一九三八年盛世才称呼我为“陈记者”，大有毛骨悚然之感！因为在此以前，从来没听人把“记者”二字当成“官衔”过，今天则似乎见怪不怪了）

我自写完了《踏勘记》后，即留馆打杂。从这时候起，直到那年旧历年前，我食宿均在报馆（天津法租界三十号路一八一号），朝夕与同仁相处。上午写我的专著，下午看第二天的“小公园”最后一校与看大样。晚八时起，先发本市副刊稿。（等于今天的社会调查版，仅发行天津市。五行八作及特种民风、民俗的调查均刊此版，有充分的故事性与考证意义。有时也包括北平方面的资料，有插图与少量照片——那时照片不但是黑白的，还是奢侈的。但得不用便不用，不似今天这么大量多彩多姿，而形成浪费。更不会如今天争事刊载浴装及过分暴露明星歌星的镜头，照昔日尺度，今天各报的娱乐版均须遭查扣。）发完了附刊版，我即开始发“小公园”的稿件。“小公园”每天占九栏地位，每栏一千二百字，差不多每天须发一万多字的稿件，分为四篇或五篇编排，好在那时《大公报》的稿源充足，除平津外，京、沪、穗、汉，以及济南、青岛、开封等地均有作品寄来。著名作家如朱光潜、朱自清、沈从文、老舍、张天翼、李同愈及巴金、靳以等都是“小公园”的投稿人。我发完了“小公园”，再回复若干信件后，这时候就快到夜里十一点了。我看完了“附刊”大样，这一天的工作，就算完毕。

一般编辑部同仁，于每日下午四至五时必到报馆来看看有无要紧的电报处理。那时重要新闻，皆由驻外记者以拍电报供应，其余如外国通讯社：路透（英国）、哈瓦斯（法国）、德通（德国）、电通（日本）及联合社（美国）皆须自己翻成中文，故那时通信翻译工作，极为重要。（现在在香港《大公报》的费彝民就是当时翻译哈瓦斯电报的主角。）

芸生这个时期，除撰写《六十年来中国与日本》外，并主编《国闻周报》。《国闻周报》是周刊，差不多每期一百二十页，也相当吃重的。我记得他只有一名助手，在编辑部右首一个隔间里，暗无天日，白天也须有照明设备。

据我所知，他原是《天津商报》的总编辑，因“五卅惨案”，言论激烈，被天津当局误会逮捕，季鸾先生因平素注意他的言论与人品，故趁机保他出看守所而拉进《大公报》。他进入《大公报》的时间，约在一九二六年年底，比开办只晚了两三个月。那时编辑部除张、胡二公外，最重要的干部是曹谷冰、许萱伯、杨历樵、马季廉等，另外天津地头蛇与帮会大亨张逊之主持采访工作。孔昭恺与赵恩源等是十六、七年间招考进来的，也在编辑部担任助理要闻版编辑，另有一位鼎鼎大名的女记者于立忱，即郭沫若后来这位太太于立群的姐姐。那时女记者刚时兴，于立忱人既长得漂亮，文字又好，锋头可大了！她的专论吸引着千万读者。其余工作同仁，尚有艾大炎（日文专家）、高元礼、何毓昌、曹世瑛（体育记者）等等，可以说人才济济，盛极一时。

我差不多每天四至五时也到编辑部（宿舍仅数步之遥，在同一楼上。）溜达溜达，以便向这些新闻界前辈领教。

经过多次攀谈，我才知道编辑部与经理部一部分同事原在上海帮胡先生办“国闻通讯社”，如许萱伯、何心冷、袁光中等。谷冰是季鸾先生办《中华新报（北京）》时同事曹成甫先生的少君，曹因宋教仁案被袁世凯杀害，故季鸾先生一意培养他成为一位完美无缺的报人，以报答知己。

《大公报》有一个不成文的传统，除张、胡、吴三氏外，编辑部谁是要闻版（当时的二、三版，一版仅刊“社评”）的编辑，谁就统领全编辑部。要闻版有两名编辑，芸生于入馆后曾任其一。我到报馆时，这两名编辑是曹谷冰与许萱伯。他俩除编辑外，还负分稿与处理电报及看特别栏（即专论）及写“短评”之责，最后还得为季鸾先生或政之先生，有时也有达诠先生的“社评”文章做末校及看全部报的“大样”，所以责任极其繁重。可能与今天各大报的总编辑、副总编辑及编辑主任三个差事的总和相反。那时候，除编辑技术而外，最重要的是处理自己的“专电”。往往清晨二时截了稿，接到京沪重要的电讯，须及时处理。

这个传统，一直延长到抗战胜利。抗战时期这两个缺，一直是孔昭恺与赵恩源。

芸生曾编过要闻版多年（一九二七至一九三〇年）。一九三一年“九一八”事变起，他因开始写《六十年来中国与日本》，才开始由编要闻版改编《国闻周报》（原由马季廉任编辑），这样他可以匀出较多时间来经营这些文章。

说起这部文稿的动机，还是季鸾先生起议的。因为“九一八事变”突起，国人一方面激于义愤，奋起做种种抗日行动；另方面又昧于历史，不作详细的研讨，而彻底明了其来龙去脉，于是季鸾先生于一九三一年底，令芸生倾注全力，经营此一史略。

芸生为搜罗此项资料，除经常到国立北平图书馆外，并有时去南京寻访与日本直接办过交涉的外交界人士、名流，及对日问题素有研究的专家学者。他的文章先逐日刊登于《大公报》第三版特别栏，然后由《国闻周报》转载，截至一九三三年我到报馆时，已出版四卷（即四册）。

在我与他多次攀谈之后，对他对本书的功力与勤快、细心，与其搜集资料的着眼点，表示无限钦敬之意。

实在说，自一九三一年“九一八”起，《大公报》的读者，每天除首先看新闻、读“社评”外就是阅读王芸生所编撰的“六十年来中国与日本”专栏了。

因此，王芸生的大名鹊起，不但是国内外因这个专栏另眼看待王芸生，就是敌国日本新闻界也多方介绍他的专文，可见影响之大。

（……）

九、这套书对王芸生的影响

《六十年来中国与日本》撰写与发表达三年之久，由于日本于侵占东三省之后，野心不戢，既进窥关内，复进军察绥，国人对于日人侵略我之历史、渊源，更加注意，因此提高了这些文章的重要性，据我所知前四册每册均售出万余册，在当时是一个了不起的数字。编辑者王芸生更几次藉此既提高了在社内地位，特别提高了他的社会地位。

当然，其中为寻求资料他也着实辛苦了多年。他常常趁周末之便到北平国立北平图书馆、北大图书馆、清华及燕大各重要图书馆，搜求资料，也常常用三五天时间往南京跑，在外交部查档案，以及拜访对日外交界前辈，甚至请教对日问题专家。从私人笔记及若干闲著中也有不少所得，然后拿回来分析、研究后，再整理成系统的文字，一个问题、一件记载须印证不少文件，才算定稿。有时，也需要参考日文著作。当时，芸生并不懂日文日语（据我所知，他学习日文，还是在编完了这套书之后才开始的。他能够说、读日文还是一九三六、三七年的事），须借助社内艾大炎等。

对于若干照片的搜求，尤属不易。盖清末民初，摄影术虽已倡行，但一般人都懒于拍照，更没有如现在之普遍而滥用。所以有若干清室照片都从旧书中复制而成。

第五、六、七册虽编在抗战前，但六、七两册发行于抗战后，我得到五、六两册，是在汉口，第七册还在重庆，那已是一九三八年了！

十、上海时代的王芸生

一九三六年，华北情势日亟，《大公报》为未雨绸缪，开辟上海版，于四月一日出版，季鸾先生与芸生同去主持编辑部，胡政之、李子宽主持经理部。天津由孔昭恺、赵恩源主持编辑部，李清芳及王佩之主持经理部，徐盈入馆未久，主持采访。

上海是长江系统报业的地盘，尤其申（报）、新（新闻报）根深蒂固，历史悠久，表面上虽不排拒，骨子里对《大公报》的迁来，绝对不欢迎，则是事实。好在上海与沿长江一带早是《大公报》发行的地区。京沪两地据估计已有六、七万份大公报销售多年。同时沪市市民震于《大公报》的声望与多年来的踏实作风，毋宁比当地报业更欢迎这份北方报纸的到来。

季鸾先生在发刊词中，有谓：

……吾人所首愿诉诸全国各界并信为各界所同感者，在国难现阶段之中国，一切私人事业，原不能期待永久之计划，即规划矣，亦不能保障其实行。倘成覆巢，安求完卵。借口避地经营，实际又何所择。是以首愿爱我读者诸君谅解者，此次本报津、沪两版同刊之计划，既非扩张营业，亦非避北就南，徒迫于时势急切之需要，欲更沟通南北新闻，便利全国读者，而姑为此非常之一试是也。……

这些辞句，完全系真情流露，毫无矫饰之意，迫于时势，不得不作预筹之计。

然而这一年，我并未参加。芸生在编务上，担任了主角。他也借机会与上海同业，发生了联系。对于他后来应付同业，有了甚大帮助。因为他久在北方，对于上海滩的人事，殊多生疏，有了这段生活，增加阅历不少。

十一、汉口时代的王芸生

次年（一九三七年），卢沟桥事变爆发，首先天津总馆（老家底）于那年八月停刊。接着“八一三”沪变发生，上海版也不得不停刊。八月底，季鸾先生率谷冰、芸生二兄从京杭国道到南京，再乘船到武汉，当时狼狈情形，不堪言状。他们立刻找到我，跟他们商谈《大公报》发刊事。

在此我稍作补充：我自一九三三年自秋徂冬在天津《大公报》“打杂”几近

半年之久，当中季鸾、政之二位先生曾正式向我提出要求，要我辞掉邮局职务，全副精神为报馆工作，谷冰与芸生二兄在旁也怂恿，我始终不肯，婉拒而止。其中道理何在？我是于一九二六年在哈尔滨吉黑邮政管理局正式考进的邮务员，按阶级是次高的。我在邮局的薪水，每月已可拿到一百二十元大洋，再加津贴每月有一百三十元收入之谱。而且以后永远靠资历升迁，无故既不忧虑被开除，也不用借助丝毫人事关系，就可以永保我这个“铁饭碗”的终身职业。而且我已有六年资历，我在吉黑、上海都已有两任组长的经历，我的前途，可以说在稳定中无量。我又何必为了文名去专门从事新闻记者呢？况且，那时曹谷冰、王芸生、许萱伯三人的月薪也是一百二十元，我一进去，绝不能与他们看齐；而且在报馆多多少少还需要点人事关系，我虽承张、胡二公，甚至于曹、王、许诸兄的偏爱，倘中途一有感情变化，我若被炒鱿鱼（当时还无此名词），岂不冤哉枉也？！还有一个理由，即是我的父亲虽已业律师多年，但对于新闻记者这一行，始终没有好印象，他老人家极不乐意我接近记者，其初我偷偷摸摸向报馆投稿，他佯作不知，后来我请假到《大公报》来“打杂”，他极不赞成；但由于他认为《大公报》还是一份正规报，才勉强默许我去东北秘密采访。这时我若全副精神投身报业，必伤害他老人家的心，有此种种原因，我向张、胡二公说：“谢谢二公的好意，暂时我不能遵命，也许将来可能；但我可作一名长期通信员与投稿者。”那时候，因《大公报》声誉正隆，如日中天，想设法进《大公报》者何止千百？我独“不识抬举”，被人目为“愚蠢之至”！所以我在《大公报》前后十五年服务，始终是“票友记者”，不是“职业报人”！幸亏如此，否则，我绝没有机会写这类文章，可见天下事有幸与不幸也。这当然是闲话。

因此自一九三四年起至抗战爆发，天津、上海两馆新闻版内经常有我的“通讯专栏”，文艺版也有我的“创作”。我虽无任何名义，但报馆人一直拿我当成报馆的一员。除稿费外，尚有一份象征性的职员待遇。当三位先生找到我时，我即报告了自一九三五年起，赵惜梦兄与我们几个朋友在汉口所创办的《大光报》情形。我据实相告，说《大光报》正处于困境，不过“七七”以后，已有“复苏”模样，但欠债不少；如果《大公报》想盘进，必须先把惜梦兄的债务解除，然后才有希望；季鸾先生稍微探听了一下债务数目，我说大约六七千元，季鸾先生立刻答应，命我去和惜梦兄商议；惜梦兄虽知抗战爆发以来，业务转好，但战事若逼近武汉，则前途实难预料，我又转达了季鸾先生旨意，后来遂由惜梦兄直接与谷冰兄达成协议，将《大光报》从机器（三部平面机）、排字房、铜模、铸字炉及所有全部工人，都一齐盘过来。

究竟《大公报》付了《大光报》多少钱，不便打听，反正解除了惜梦兄多年的困扰是事实。他不久，就率眷由湖南到昆明去《益世报》任总编辑了。《大公报》又把《大光报》的一切生财由模范区迁到初办时的汉润里，于那年"九一八"发行汉口版。

这时候，编辑部仅有芸生、恩源二人，经理部仅有谷冰与袁光中二人，都是从上海来的。季鸾先生早嘱谷冰兄和我商议，请我回报馆服务，担任两项职务：一、编副刊"战线"；二、重要新闻采访。因我已在汉口三年，地方人事熟习也。

我那时是湖北邮区汉景街第一支局局长，属下十余人，因川军驻在附近日租界，距离支局甚近，邮务与汇兑储金业务忙碌不堪；论情势，我只能答应编副刊，采访是无能为力的。因为邮局一天八小时办公，一分钟也不能离开，而且还常常加班。因为报馆实在找不出人来，我只好夜间编副刊，中午休息的当儿或下午公毕之后，从事采访工作，其紧张情形可想而知。好在那时候正值年轻，一切繁剧，尚能应付裕如，有时候发完了副刊稿还要帮恩源处理国际新闻与本市新闻的编辑，往往到夜半一、二时才能回家睡觉，次日八时前即须再在邮局当值。

这个期间的《大公报》，"社评"由季鸾先生撰写。要闻版的电报、特别栏的专论、短评等事，均由芸生负责处理。恩源照顾两版新闻，所以有时我也须帮忙。胡政之先生自二十五年沪战起，带着一批人员去香港开馆，其中包括许萱伯、徐铸成、蒋荫恩、许君远、李侠文与王文彬等。（……）后来香港沦陷，又迁桂林，胜利后桂版停刊。

芸生在汉馆忙碌情形，我是天天目睹的；除了忙于编务外，他还要替季鸾接见川流不息的访客，其中包括军政首长、前线指挥官、与从北方来的、上海南京来的同业与各界领袖，真是日无暇晷，分身乏术。他也经常跟随季鸾先生跑武昌，聆听最高当局的指示及打听作战消息。

（……）

十二、重庆时代的王芸生

武汉会战时一九三八年八九月间的事。日军自从攻下南京大事屠杀后，即分三路包围武汉，中路顺江而上，经安徽而抵鄂东，南路由江西、湖南而进迫鄂南，北路则沿平汉路而抵鄂北。政府自南京沦陷前即宣告迁都重庆——后成为陪都，在武汉支持将近一年之久，也无非是以时间换空间，使敌军师老兵疲而已。十月底，武汉撤守，《大公报》汉口版也随之停刊。《大公报》同人眷属早于那年七月七日包船离汉赴渝，我的小眷也包括在内。我个人则于那年十月四日代表季鸾先生飞往新疆首府迪化采访全疆第三次代表大会新闻。我之能够获得独家采访良机，完全由于我前次秘密采访伪满建国之成绩而来。本来季鸾先生已派了别人，临时走马换将，出我意外。也因此导致我在抗战期间三渡天山，并一度去苏俄。

重庆时代的《大公报》是一九三八年十二月一日发刊的，初在下半城的新丰街，一幢二楼中，还算宽敞。同人眷属则住太平门普安堂巷及绣壁街等地。一九三九年“五三”“五四”大轰炸及后来的疲劳轰炸，谷冰、芸生和我们约有六、七人均移住公园下的单人宿舍。季鸾先生这时长住香港，除以电报缮发“社评”稿外，又常以长途电话指示大计。此时的重庆报业已陷于瘫痪状态，成立“重庆各报联合版”，在陕西街的《时事新报》编印，《大公报》由芸生参加编辑工作（黄天鹏兄主持业务）。联合版发行约有三月有余始解散。这个空当给予各报一个迁建机会。《大公报》迁李子坝，其余如《中央日报》、《时事新报》、《扫荡报》等报均迁化龙桥、小龙坎一带。

好在重庆那时候的建筑非常简陋，有捆绑式、土砌式两种。所有报馆都采土砌式，即以泥巴筑起墙来，再涂以泥、围以木板，居然还可以盖成二楼、三楼，比台湾的鱼鳞板式还简陋十分。《大公报》在三个月之中，居然建筑了两座楼房及一座工厂，还有若干眷舍，芸生的眷属即占其一。另外在附近山上凿了一个山洞，盛机器，以便印刷。一九三九年年底由市内迁入李子坝，一直到胜利后，《大公报》就是在这种环境中度过的。

因为报纸短绌，由洋纸改为土纸（四川铜梁等地以手工法制的土纸，五颜六色，拿到手里，一不小心即可破碎。）篇幅缩短，每日仅出对开一张半，所以我所编的副刊成了不定期刊，往往我发下一批稿子去，一、二周用不完，后来报馆实在过意不去，偶尔广告多时，就临时加出一大张或半张，以资疏导稿源。种种艰苦情形，不忍卒忆。但《大公报》仍能维持其言论之权威性，与新闻之完整，故此时之发行量，比抗战初起之十二万份，尚多出数万份，到过十五万份，因西北、西南两大地区及前线军民均争睹《大公报》也。

一九四一年年底香港沦陷。政之先生于一九四〇年冬则率港馆同仁赴桂林开创新版。那时季鸾先生身体尚佳，除撰社评外，并以“老兵”署名为桂版写通信，其敬业精神令人感动。这个时期，编辑部内有孔昭、赵恩源、贺善徽、谢贻徵、丁维栋、李纯青等；外勤方面则有徐盈、子冈夫妇，后来才加入了朱启平等，副刊方面虽仍无固定地盘与较大篇幅，但来稿则如雪片飞来，源源不绝，特别来自西南联大及西北大学、武汉大学、东北大学，至于当地大学，如中央、重庆各大学教职员与学生的稿件更是成捆成叠地寄来，报馆为我请了两位帮手处理这些稿件，一是谢布德（小说家），一是庄涌（诗人，胡风手下大将之一），每天以半天时间为我看稿，捡最好的留下，大部分则附函致歉退回，沈从文那时执教西南联大，学生托他寄稿，每次寄一大包，一个月也用不完。后来没办法，我与芸生研究在新闻版内刊文艺，曾刊载过老舍、冰心的作品。也是《大公报》以新闻版容纳文艺的创举。

当中季鸾先生于一九四一年九月六日因病逝世，是《大公报》的新的里程开始。中间，桂馆关闭，全部馆员来渝，是《大公报》最纷乱、也是最艰苦的时期。

季鸾先生死后，文字方面，芸生独撑大局，异常艰巨。虽然政之、谷冰两位先生也不时替他撰写社评，究因他与各方已有长久接触，得失轻重之分际，他已比较熟习。

我记得至少有两次他叫我当他的翻译去晤外国人，一位是英国人，一位是美国人——拉提摩尔，其实拉提摩尔会说中国话，不过有时弄不通了，须以英文代替。好在都是普通新闻方面的问题，我也应付裕如。嗣后凡有英文方面的事，他往往找我帮忙看，不找其他比我英文程度高的同事。

（……）

十三、出借书的教训

芸生赠我他所编著的《六十年来中国与日本》一套七册，前四册，我曾由天津带回安国老家，又由老家带至上海，由上海而至武汉，而重庆，补足了后三册，每册均有亲笔签名，我也自恃为有唯一一套完整的收藏，轻易不示人。有一次，一位东北籍的前辈偶尔见我书架子摆有此书，当时问询了一下，也就过去。事隔数年后，他被派参加一九四五年六月联合国在旧金山的制宪会议顾问，他忽然想起我这套书，他非要带到美国去借用一下不可，我碍于他是前辈，而且平常交情不错，虽心不乐意借出，但说不出口来，他见我迟疑，于是先说道：

“陈兄，你别担心，我一定到期归还你！”

“不是我不乐意外借，你想想我从民国一九三三年起，自天津绕道河北乡下，经沪、汉、渝迁来重庆南山，历尽十余年，走遍大江南北数省，足有二万里，我之书既有编者的亲笔签名，又加着运输保藏的辛苦，一旦遗失，多么可惜！”

“不会的，不会的！我一定如期归还！”

我那七大本书就这样被强迫借去了！

一九四六年四月我从东北接收回渝，那位先生已公毕返国。我去看他索书，他沉着脸说：

“对不起，我遗失了一只皮箱，你的书在里边，真是对不起！”

我听后默无一言，只好认自己倒霉罢了！

所以我奉劝藏书者，千万莫向外借书，“归还”是绝对不可靠的“允诺”！同时，我也奉劝借书者除非是不能复印，如今复印已甚发达，可复印了后归还原主，千万莫像我的经验，令人痛心之至！因此君的后人在此，所以姑隐其名。

十四、先“总统”蒋公关怀《大公报》

自一九四九年起至一九五六年间，我记得至少因事被先“总统”蒋公在“总统府”单独召见三次，团体召见无数外，每次单独召见，他老人家首先必问：“《大公报》怎么样？有什么人在这里？”其次必问我：“看见盛世才来没有？”每次无论目的何在，必先问这两个问题。盖他老人家知道我曾是《大公报》的记者，我写的通讯，他有记忆；其次，我一九三八年初次访问新疆归来，由当时国防部最高委员会秘书长王宠惠（亮畴）先生带我在重庆军委会去谒见，我报告新疆情形甚详，因此有了印象。也因此盛世才弟弟盛世麒被苏俄杀害，他在兰州告诉正在访问西北的胡政之先生命我第三度去新疆安慰盛世才，并劝他离新到“中央”服务。第二次是交通部借用我去出席中苏航空会议。

我那时如果顺着先“总统”的口气，请他考虑可否在台湾恢复《大公报》出版，非不可能；但是三次召见，我都没有说出！何以呢？自惭我当年只是《大公报》的“客卿”，是“伙计”；不是“老板”，不是“重要人物”，如谷冰，如芸生。我没资格代《大公报》作此要求。但是如果换了别人，可能不同。后来我与吴达诠的令郎吴元黎博士曾说及此事，可惜已十年以后了。跟胡政之夫人有了接触更晚了。如果在五十年代，我遇见此二人，可能我带他们去谒见先“总统”，《大公报》之能在台复刊，也未尝没希望。一念之差，误了大事；人太狂妄了固要不得，人过于自卑了也不足取！

十五、王芸生这个人

芸生原籍河北静海县（如今被划归大天津市内）人，生长在天津。他的学历不详，好像他在天津省立师范上过学，《天津商报》是他首入新闻界，在此以前，他已在各报发表过许多文章，被季鸾先生赏识。一九二五年他因言论被北洋军阀拘捕，季鸾先生保释出狱，就拉他于一九二六年底加入《大公报》（时间不确），一直受重视付予文字上的重大责任。

人身材不高，面目方正，态度和蔼，语言富有风趣，喜交友，有时也甚诙谐，不吸烟、不饮酒，有时爱打打小牌，以资消遣，并非狂赌。夫人天津人，身材高大而富泰；有一子一女。他入馆后，除因编撰《六十年来中国与日本》充实了他的日本知识外，其他史书涉猎也极广泛。季鸾先生是经学家、史学家，对于世界知识，尤为丰富。第二代《大公报》人都跟他走，如王船山（夫之）之论史与明清两代的大学问家的著作，都是他求学的对象。他的行文简赅、扼要有气势、有条理，尤其善于模仿季鸾先生的笔调，文字具有充分感情；有时也夹杂着政之先生的笔致，如行文喜用对仗句子，都是《大公报》同人一致所竞骛的文体。又因为《大公报》首创“社评”不署名制度，所以《季鸾文存》选稿时，颇费了一番功夫，因不辨究何人所写也。

芸生还有最大长处——忍耐。关于范长江被解雇一节，我曾在本刊屡次记载，此事经过，表现了芸生的忍耐功夫与涵养精神。（……）

十六、最后感言

一九四八年七至九月，我任沈阳邮政储金汇业局经理。那时候我已脱离《大公报》二年有余，但偶然还写写稿，与报馆同仁也维持着相当友谊关系。当时在沈阳，京沪报纸很难看得见，仅有天津《大公报》还常见。那时，芸生主持上海馆，津、沪、渝三馆用同一“社评”。由于胡政之先生患病，不能亲理馆务，社务多半由曹谷冰、金诚夫及王芸生等三人分别处理。依传统而言，谷冰资历最老，得季鸾先生衣钵，留学德国，文章写得也好（曾著有苏俄游记），为代表《大公报》传统之第一人；他足有左右芸生的资格与能力。（……）

（……）我相信，如果那时当局肯争取曹谷冰，他必能“制服” 王芸生，《大公报》可能移台出版；当局不但不争取他们，反而以“三查”相逼，岂不逼上梁山几希？事已过去，说也无益，不过藉此得以教训，可能为处理今后政务之准绳，其然乎？其不然乎？愿邦人君子有以教之！

一九八〇年八月十五日完稿于内湖大湖街

记徐盈、子冈(节选)

全文提要：徐盈、子冈是抗战时期《大公报》夫妻档记者。也是他们的黄金时代。徐盈的勤奋与钻研精神，当时固傲视群伦，今天仍罕有其匹。他既是通才，又是专才。子冈的特写，曾名噪一时，突破了新闻写作的旧模式。归根结柢，他俩都是以文学为基础，始有这样辉煌的成就。

——著者

夫妻档记者徐盈与子冈

在对日抗战八年期间，新闻界许多记者所写报道都普遍受到重视，其原因不完全由于记者的生花妙笔，而在于抗战期间的事物，桩桩件件都与战事有关。在仔细阅读之下，一个够格的新闻从业员的记事、议论，往往比平常受到格外的重视，他（她）的文名也因此格外显彰。尤其像重庆时代的《大公报》为然。

抗战八年，一对夫妻档的记者——徐盈、子冈，毫无疑问，出尽了锋头，凡《大公报》的读者，几乎每天读到他俩的专栏（特写）、报道，所涉及的领域，极为广泛。因抗战期间，物资艰难，人员紧凑，不似今日各新闻机构分工之精神与有庞大的人力。那时候，一个报馆有三五位“外勤”人员，已算充实，好多财力较弱的报馆，一个记者连踢带打，任何新闻总揽一身的，也所在多有。想想那个年月，干新闻记者这一行的，是多么辛苦！多么危险！因之，我们千万莫忽略了那个时代的“记者精神”！举一个小例子，如今各报馆及电视台都有采访车，甚至许多记者都有自备汽车，以车代步，省事多了；那个年月，据我孤陋记忆，好像只有“中央通讯社”有一部老爷车子，《大公报》那部类似今天的小货车暂充轿车外，其余我还想不起谁家有轮转的交通工具。“中央通讯社”的老爷车恐怕也轮不到记者乘坐，至于《大公报》，则只有张季鸾先生及曹谷冰、王芸生等少数高级人士乘坐，从来没见过徐盈等利用过。那时因为没有“计程车”一类出租汽车，记者出动，除了雇佣人力车外，只好搭公共汽车。因公共汽车不普遍，所以最多的时间是“走路”——所谓11号汽车，下步足辇也。我常见徐盈、子冈、高集、朱启平等，从李子坝踏着泥巴的川渝公路走到上清寺，一至中一路。因为国民政府、各部会、中央党部及多数党政机关都在那一带。因山城雨多，尤其到了冬天，石头子儿路“无风三尺浪，有雨满街泥”，那种情况，不忍卒忆。而今天，记者先生、小姐们，遇到一件新闻发生，可以稳坐在编辑室内，拿起电话来，可通全岛，甚至于越洋专访，也畅通无阻，根本不须出编辑部一步，就可以采访到任何重大新闻；而且社内总机、分机无数，随时可以利用。试回忆一下，那时电讯的功能是怎样个情形呢？据我所忆及，那时偌大的一个《大公报》馆全馆仅有两具电话，一具在编辑部，一具在经理部。说起话来非到喊破了喉咙的程度，对方听不见；办一桩简单事体都相当吃力，如何利用电话采访新闻呢？

我记得那时我住在南岸黄角桠，要想给城内打一次电话，非到邮政总局去借不可，对话的声音，不但全局皆闻，而且远及马路。我常常想起陶渊明《桃花源记》中有云：“阡陌交通，鸡犬相闻”之句，是形容桃花源中之交通便利与一片宁静之气氛。抗战时期之交通如何？单以电话功能而论，真是“说话声震屋瓦，对白如同吵架”，与桃花源的情形，恰恰相反。这虽是闲话，但也是实情，一个时代的真实背景。

到武汉前后

徐盈于一九三六年入天津《大公报》馆。在抗战以前，他一直在采访单位上工作，虽无特殊贡献，但因他为人谦虚、诚恳，所以深得馆方同事喜爱；只因那时报馆方人才南移，集中上海（上海馆于一九三六年四月一日开辟），季鸾、政之两位先生及谷冰、芸生等都离津赴沪推动业务。天津馆只剩下金诚夫、李清芳和孔昭恺等数位，在采访方面也仅有何毓昌、曹世瑛等少数几位，因此徐盈虽入馆未久，然工作机会却不少。所以自一九三六年起至一九三七年“七七”抗战爆发，这一段时间算是徐盈入馆后，对于新闻采访的磨练阶段。他优异的表现，已令人看出他将是记者岗位内的一块瑰宝。

大约是一九三七年九、十月间，正当上海会战结束、南京沦陷以前，他偕子冈绕道津浦、陇海与平津等路到了武汉。《大公报》上海馆已关闭。一部分同人由季鸾先生率领到武汉设馆，于九月一日出版。一部分同人则由政之先生率领去香港设馆。徐盈之来到武汉，正好弥补了汉口设馆人手之不足。因最初一、两个月，编辑部只有季鸾先生、王芸生、赵恩源及笔者等四人，经理部也仅有曹谷冰、李清芳与朱晋康等三五人，幸工厂因系盘自《大光报》，人手尚充裕，整个说来，一九三七年下半年《大公报》的汉口版，可以说陷于员额不足、人手残缺状态。徐盈之到来，对我而言，实在欢迎之至！因为那时人手不足，我除编副刊外，每天还得采访消息，有时候还要帮忙赵恩源兄处理国际新闻。这种临时性的"打杂"本无所谓，可是我还身兼湖北邮政管理局汉景街第一支局局长职务，一天八小时，寸步不能离开。那时附近日租界驻扎着大批川军，汇票与储金都是由局长自理，我每天要开一百余张汇票、六七十笔储金存提，忙得抬不起头来；还要管其他窗口人员为了挂号、包裹、售票等业务，"大兵"与业务人员往往因细故争吵不休，我须随时排难解纷，可以说忙上加忙。我为了答应馆方采访，只有利用中午休息及下午下了班的时刻去工作。到了晚上八点钟要写采访记事及发排、校阅副刊的文章。真是连踢带打、内外交迫、忙碌不堪。

徐盈之来，解除了我采访的困难。所有采访工作，都由他肩负起来。我立刻轻松了一大半。

这个时期，子冈趁机会也进馆工作。

徐盈采访的能耐

在抗战八年中，我还没遇到像徐盈这样肯钻研、肯下功夫、以及有广泛智识的记者，能与他并行当时。第一，徐盈是金陵大学农林系毕业，对农林事业，他有专门知识。这且不谈，由于他有专门学识，于是导致他对专门范围内的重视。如水利工程、纺织、化学，甚至兵工学等等课目，他都有常识以上的学问。

他个性谦逊，既能容人，又能容物。对于长辈绝对恭顺，而时常怀有诚意地请教；对于平辈绝对和气，从无骄矜之状；对比他年轻的，更是爱护有加，扶持有力，这是专指新闻界而言，对于其他界，他人缘好，甚受人欢迎。他也绝不因为自己是《大公报》记者，露出丝毫特殊之相。由于他作人的基本态度好，所以无往不利。

他吃苦耐劳。在汉口时代，正当作战初期日本空军嚣张的时刻。记者们为了采访空战或轰炸新闻，须经常跑王家墩机场及徐家棚车站、江岸以及武昌等地。那时武汉只有马车及人力车代步，往往一闹警报，车子就避而不见。记者们采访须靠步行。汉口又是个幅员广大的都会，如无相当交通工具，实在不易实施采访工作，但我有多次看见他以“速步”及“快跑”的姿态去采访新闻。

没新闻找新闻。凡从事新闻工作多年的记者，社会发生了新闻去采访新闻，当然是顺理成章；但没有新闻去发掘新闻，除了机缘外，还得靠学识与社会关系；尤其在若干年前，一般机关团体，既无公共关系组织，也没有发言人；相反地，大家都争着以守密为原则，有若干本可公开的事，却守口如瓶，不对外公布。甚至于，各机关尤其首长以能“躲避”记者为能事，任何事以“不见报”为治事要旨。

本来有若干新闻倘公布后，不但与它发生的机关有利，也与社会有利。但由于观念保守，遂致一桩均有利益的新闻掩而不彰。这种情形与目前喜欢搞大众传播的习气，恰恰相反。现在各项事业特别是娱乐界以宣传为投资重点，往往以制造“噱头”等广告行为欺骗观众，其结果自己与读者两蒙其害，并且导致社会不良风气。可见“新闻”不都是与大众有益的。

徐盈的本事，就是能够选择与国家、与公众有利的消息去发掘。譬如那时候，京沪一带有许多工厂向大后方迁移，其间迁厂计划都由在武汉的办事处控制着。有的还在中途，有的已达目的地。在中途的为了安全关系，自然不应泄漏；已到达目的地开始建厂，以及未来展望，都是鼓舞民心士气的新闻。徐盈在这个期间，独自访问了数十家之多。有的厂在云、贵以及四川西部，有的厂则设在西北陕、甘等地，但它们的管理机构则在武汉。

此外，北方天津一带的工业设备，如李烛尘所领导的许多化学工业，还有如启新洋灰公司的消息，在北方沦陷后的情况，也只有在徐盈的笔下，才能找到脉络。至于国防工业的迁移与计划，徐盈也能够在不泄漏机密的原则下，予以妥善的描绘。

到了四川，卢作孚事业系统下的各种公司，特别是民生公司；刘航琛的许多事业，康心之、心如昆仲在金融界的成就，与胡子昂、胡光麃等氏对抗战的贡献，也为徐盈采访的对象。

凡此种种，都不是一般记者所能注意到、所能采访的有关国计民生重要新闻。

子冈的特写

回头再说说子冈。子冈在武汉加入《大公报》工作，算是初出茅庐，资历甚浅，工作能力亦差；但她是位向上的活跃人物，她年轻貌美，有受欢迎的仪表。

而且当时在武汉，除了《大公报》有女记者外，只《新华日报》有一个女记者名范元贞（即范瑾，当时署名范婷。她当时还是汉口懿训女中的学生。当学生时代就是活跃分子，演讲、演话剧、游行时领队、呼口号都有她的份儿。（……）一九四九年后，她任《北京日报》社长，“三家村夜话”就是在《北京日报》发表的。现职不详）。范比子冈年轻二、三岁，能言善辩，外貌亦佳，而且是“地头蛇”，采访能力也强。子冈当时也颇受威胁，有一次请教于我。

我说：“甭怕，她说话的能力可能比您强，但写作能力不如您。当记者不是靠说话的，是靠触角与描绘本事的！（……）

然后，我就指示她采访的对象。（如今叫“线路”）

我说：“您可以访问周苍柏夫人，她所领导的孤儿院与难民救济院的情形。您还可以访问访问游击英雄赵老太太——（义勇军领袖赵侗之母）呀！还有，您可逐一访问来自各地的女作家如谢冰莹、胡兰畦、白薇、萧红、白朗、张周、曾克，还有穆木天的太太彭慧女士，田汉的太太安娥呀！还有自京沪来的电影明星、名演员哪！”

我一面说，她一面记。我说了这么多可采访的对象，完全出乎她意料之外，她高兴极了，如获至宝。

于是她谢谢我，就安排她访问的次序与内容。

周苍柏是当时汉口上海银行（？）的经理，为当地金融重镇之一。他太太叫什么名字？一时记忆不起，报纸上统称周苍柏夫人，也是武汉三镇妇女界领袖之一。她先领导一所孤儿院在硚口地方。抗战发生后，大批难民自四面八方涌来，于是地方上就要求她成立难民救济所，由各界支援。这位太太也就慷慨地把责任肩负起来，收容了数百难民，男女老幼都有。这一来，工作就不胜其烦，募捐、安排食住，还要求人捐赠衣物等等，其间不少令人可歌可泣的故事，尤其是从各战场上讨来的孤儿，与父母家人失散。也有全家被敌机扫射而死，只剩下孤零零一个人的。

子冈与周苍柏夫人见过第一次面报导了详情之后，引起社会无限同情，纷纷解囊相助，使周苍柏夫人如获救星，就自动地供给她消息。

赵侗在“七七事变”后，在河北与日本军阀作战，以致殉难，于是铸成他母亲“赵老太太”的英雄形象。据说，当赵侗领导游击队与日本兵作战的时候，她母亲曾为他输送子弹，所以赵老太太另一名为“游击队之母”。当时她正来到武汉。

子冈得着这么两个好的采访对象，自然不会放过。再由于她是写文章出身，描绘力甚强。她抛却一般老的机械式记事，刻意地加以渲染，使一桩很平常的事体，显得既生动又新鲜。以今天术语来说，她的文章立刻成为“可读性”甚高的作品了。

那时候，像徐盈、子冈式的特写（Feature）还不大流行，可是在外国已倡行多年。一般记者只是把一件事用通俗文字记叙清楚明白，即算尽责，而很少用描绘笔法或加强语调，以引读者之重视。但由于两个人是先从文学写作练习起，短篇小说与散文早有基础，故运用到新闻写作上来很自如。所以他们在新闻之外，还能透露出文学的味道，这就非仅是新闻毕业生都能企及。所以我从来就主张：“如学新闻先从事文学”；换言之，“如学文学也无妨有新闻经验。”因两者有密切关系，尤其在近代。如不信，展望目前报坛，稍露头角的记者，大多数都有文学背景。

子冈又依照我的建议，分别访问了众多女作家与影星演员。除生活外，当然也包括她们对抗战前途的看法。若干东北女作家，千里迢迢，间关渡海，有的绕道刚来未久，有的已寄寓沪滨数年，这时候，群集武汉，日夜在日军空袭恐怖之下生活，当然十分痛苦；但没有一个人意志动摇，表示失掉信心的！

从一九三七年底迄一九三八年十月武汉撤退，这一段长时间内，《大公报》上，除一般简短新闻外，时常出现子冈的特写，其引人注意，并且广受人爱护，毋宁是自然的。子冈的特写，在武汉就这样奠定了基础。

一段插曲

容我再补充一段插曲，即我在本刊（指台湾《传记文学》）屡次所写关于范长江之被《大公报》当局辞退的经过。范长江比徐盈进《大公报》仅早几个月（一九三五年秋），到一九三八年，他已是一跃而为全国最有名的记者之一。因为纯系他的文章刊于居于领导地位的《大公报》之故。他享名后，更受到全国各界的重视。因此使他骄矜之余，以为报馆绝不敢轻易动他一根汗毛。自从他于一九三八年，台儿庄会战回到武汉以后，先是嫌编辑部同人擅改他的通讯稿，以后又要求编新闻，以便“夺权”。没料到没编两夜，说出“我不能出卖健康”一句话，激怒了季鸾先生。再加上敲诈刘汝明将军的前因，季鸾先生遂决定把他辞退。

那时候，因人手缺绌，徐盈、子冈夫妇与笔者，的确因工作繁重，一时成为社内要角。范长江觑透了这段情势，在他被辞退的顷刻，便鼓动我们三人，一齐跟他“撤退”，以资抵制馆方的举措，并借机使馆方收回成命。

他拉着徐盈夫妇到我那汉景街第一支邮局办公室作“四巨头会议”。

我听了长江的报告，又盱衡了当时内外情势，我便问徐盈、子冈：

“您二位能跟希天兄一齐撤退吗？”

“唔，唔，听听陈公的高见？”徐盈道。

我说：“你们三位都是重要人物，小区区我不是！而且我还是‘客卿’，不关重要；你们能撤退，我不能，除非报馆也辞退我！”

然后，我又说：

“你以为我们都是名记者吗？试试看，我们的文章如发表在别家报纸上，有没有人看？我们是沾了报纸的光，不是报纸沾了我们的光！”又说：“《大公报》可用三篇文章培养一个名记者，你信不信？第一篇文章发表时，可能还未引起人们的注意力，第二篇就有人注意了，第三篇，他的名字已不胫而走！因为现在全国人都在阅读《大公报》。”

“君子报仇，三年不迟！你范某人前途无量，何必做这个达不到目的的事呢？”一场风波，便由此息止。

后来他在大陆任新闻总署副署长，到上海区视察。那时候上海《大公报》尚存在，王芸生不得不去北站欢迎他，可算长江最光彩的一刻！但后于一九七一年投井自尽！一代“名记者”，终此一生！

这是有关徐盈、子冈当年几乎介入的一桩事体。后来在重庆与他俩谈起这桩事来，尚唏嘘不止，还道谢我当年的坦率直言，譬喻恰当，否则他俩被他“胁迫”十分尴尬，很难处理。

到了重庆以后

《大公报》于民国一九三八年十二月一日开辟重庆版。馆址是下半城新丰街，一幢二楼房屋，相当宽大，比起在汉口来显得敞亮多了。汉口版于同年十月廿四日关闭。《大公报》虽于七月间派员至陪都先期筹备，但因交通运输等等问题，大部分人员于那年十一月中旬才全部到达渝市。主要角色仍是季鸾先生、曹谷冰、王芸生、孔昭恺、赵恩源等。徐盈、子冈是怎样去重庆的，我已不记得。我却是由新疆迪化直接飞抵山城。那年十月四日我奉季鸾先生之命去迪化采访“全疆第三次代表大会”新闻，把邮局小局长的职务丢开。这个期间武汉陷落，虽然小眷已先期离汉赴渝，但我个人所用什物及一些心爱的书籍，全部丢失。此后，在北平、在东北、在河北、在广西，走一处丢一处，虽云并无细软及贵重物品，但桩桩件件，当初都是花钱买来的；尤其在北平，成套的线装书，有七百套之多，其中还有善本书不少。如今若估计估计价值，何止数百万元？这虽是衍文，但愿与我同样情形的人，同声一叹！

徐氏夫妇到了重庆，最初住哪里，我已不复记忆。一九三八年底、三九年初，我们同时迁到报馆对面新丰街的新丰里去。他们住二楼，我和小春住楼下，虽然有厕所与厨房，但仅有一个大房间，供我们全家食宿，其狭隘可知。楼上亦复如此，不过徐氏夫妇的婴儿才一个多月，自然比我们六口之家，显得宽敞些。这所房子建成未久，价钱虽贵，但坚固崭新，所以当时也满意。他们在汉口也是住一间房子，我们自离开上海后，在汉口住公家宿舍房子多，这时候不得不恢复上海时代住“前楼”与“亭子间”的生活了。

重庆《大公报》于发刊前试版三天。出版之日，季鸾先生所写的社评，生动感人自不待言，另有徐盈、子冈的特写及在下的访新疆的记事。徐盈写的是京沪若干工厂自长江下游经武汉、越三峡入川的经过。他描写若干笨重机器载在木船上，被伕子拉着纤顺着栈道（自宜昌以西），攀登高坡的艰苦情形，以及沿途逆水而行，如何险恶的种种描写。这实在是一幕幕伟大景观。

不知读者在三十年前台北三军球场时代，看过那儿曾演过赛珍珠女士所写《大地》之外的一部书叫《龙种》所拍成的黑白电影否？那里边就有这些镜头。我认为有眼光、有魄力的电影公司，应寻拾类似资料，拍成电影，予以历史性的存录。迄今没有一部电影，足够代表“抗战八年”、“反映抗战”，虽然已有片断（如《英烈千秋》、《八百壮士》等），真令人浩叹，也是艺术之耻、民族之羞！

子冈则写难童自各战区，尤其第三战区，收容及运转后方，由蒋夫人成立歌乐山保育院的经过。

小区区所写的新疆纪事，为独家采访，也颇令人注意。因那时候，我们抗战所用武器——飞机、大炮，以及坦克等等，都由苏俄供应。而军事顾问，也由苏俄人担任。新疆为运输唯一孔道，也是唯一捷径；乘此机会，把盛氏拉过来，为抗战效命。所以记者的采访，论时机，可谓空前的好；论交情，盛世才独独允许《大公报》一家派记者进入，可谓偏爱。揆其原故，固然因《大公报》当时居于全国报业领导地位，但若非季鸾先生乃盛世才在中国公学时代的老师（西洋史），也不会邀此宠爱。小区区若非有秘密采访伪满建国的纪录，也摊不到这项“光荣”使命。因这项决定是季鸾先生中途改变的。

自然，这件事曾引起新闻界对盛氏之不满，与对《大公报》的嫉妒。

《大公报》在西南诸省，特别是四川，早有基础。民国一九三二、三三年间，四川军阀混战，《大公报》就在成都与重庆驻有特派记者专事采访新闻。所以那几年，关于四川情形，全国新闻纸上，只有《大公报》报导详尽。京沪报常常转载《大公报》的通讯。那个时期，全国性的大报，一般的，都在附近都市或铁路沿线销售，绝难到偏远地区发行；独有《大公报》北自漠北关东，南至岭南珠江，西由康川，东达沿海诸省，其销行普遍与其受重视，当属空前，应非夸张。

一九三八年农历除夕

一九三八年的旧历年，好像是一九三九年的二月上旬，除夕之夜，我在舍间备了一桌简单菜蔬，邀请徐氏夫妇及报馆单身汉谢贻徵及李纯青等人，吃年夜饭，共度良宵。因我是报馆的“客卿”，自汉口以来，我就常请客以示联欢；我虽无孟尝君的财富，却羡慕其遗风。所以《大公报》同仁没有被我邀请过的不多。谢贻徵自欧洲回来未久，他是蒋百里先生推荐给报馆的。李纯青，台湾苗栗人，留学日本，是国际问题研究所长王芃生介绍给芸生的。他俩都未婚。

我记得由内人备了几样北方菜，就在窗前一张八仙桌上吃。酒是大麦酒。谢、李都擅饮，大家一高兴，喝了不少。尤其纯青喝得浑脸通红，近及脖颈。徐盈一滴不入，子冈倒是浅尝辄止，她绝不推辞一点不喝。

我们当时都年轻，对新闻工作有一份狂热，所以谈得很投契。

纯青一九一〇年生人，比我仅小两岁，现在他已七十有一了。

这顿饭虽简陋，但吃得很痛快。

当时就察觉到谢贻徵有特性，非池中物，他不会久干报馆的。果然，不久，他去了美国，先为报馆写通讯，后来忽中断；据胡政之先生曾告诉我，贻徵到美国后，并不得意，以致落得在华盛顿以开计程车为业。当然见仁见智，开计程车没什么不好，中国计程车司机中藏龙卧虎不少知名之士，外国又何尝不是？我一九六一年初访美国，曾设法打听他的下落，始终未得结果。当年跟随百里先生访欧任秘书之人，也曾为《大公报》写过不少生色欧洲通讯的记者，从此便被时代淹没无闻了，可惜之至！

对于李纯青的印象，我开始认为他沉默寡言，不爱与人交往，后来觉得此人尚可爱，尤其喝起酒来，本性全露。大体而言，他是位有城府，相当拘谨的人。当时日文工作都由他承当，他也间或写些有关日本问题的社评。芸生是日本问题专家，自然愿意多一位能讲日语的人相助，所以纯青很受器重。（芸生是编撰了《六十年来中国与日本》一套七本之后才进修日文日语的）（……）

（……）后来我因房屋局促迁太平门白象街，徐盈、子冈迁枣子岚垭。“五三”“五四”后，新丰里被炸得精光，院内炸成了一个乌龟窝。我们均表示庆幸，幸免于难。

夫妻档新闻工作又迈前一步

自一九三八年《大公报》开始在陪都发刊，直到一九四五年日本无条件投降，徐盈、子冈夫妇在《大公报》采访方面所展现的才能，尤其徐盈，是值得称赞，而有历史性的。一方面，徐盈有多项才能，性格温厚谦和，另方面他绝不自满，随时向人领教。自满是进步的敌人。那时候，虽已进入长期抗战，前方战讯固然重要，然而后方生产事业，也不能说不重要。盖军糈民食，都由后方供应。一般报纸都倾注于军事新闻，忽略大后方的农业、工业以及影响人民生活的许多细节。

在这方面，徐盈本于一个学农的立场，特别分析、报导了西南诸省的农业生产、收获，以及储备情形。我记得他多次访问农业专家沈宗瀚先生。沈先生那时是资源委员会抑粮食部的农业主管，或是其他机构，我已不十分记忆。沈氏可能还是徐盈的老师，因沈氏在金大多年。他不但把川康两省的农业情形有过详细报导；对于自江西起，湖南、云贵及陕甘、豫鄂诸省的农业生产状况，也透过专家的分析与估计，使读者有一全盘了解，增助对抗战前途的信赖。

工业方面亦复如此。他多次报导在陕西的福新纺织厂、面粉厂等与由卢广绵属下的生产合作事业的内容。李烛尘在后方的化学事业，已由天津迁到后方，植有基础，只有在徐盈笔下才知其详。至于卢作孚属下民生公司造船、自流井的制盐、铜梁的造纸，以及许许多多民生必需品的小型工业，均可自徐盈采访范围内窥知梗概。至于军需工业、银行、金融、运输、交通等类，都是徐盈注意的新闻对象。总之，他既是通家采访，又是专家报导。这不是每一个新闻记者能力所及的。

子冈呢，挟其在汉口奠定的优势，采访范围愈广，而描写益精彩。这期间，她拜识了蒋夫人，于是夫人属下在曾家岩的妇联会（？）、歌乐山保育院，以及所有夫人领导下的救济机构，子冈都有优先报导的机会。

这期间，《新民报》的浦熙修女士成了她的采访搭档。《新民报》由川人陈铭德所创办，原在南京出版，与赵超构所发行的《朝报》齐名。都是八开的小型报，媲美管翼贤在北平所办的《小实报》，皆以副刊的趣味性小品文取胜。南京沦陷后，《新民报》未在汉口落脚，直接入川，《朝报》则去昆明。川人办川报，如鱼得水，占尽地方人之优势。再加陈铭德海派作风，气魄大，手腕高，网罗人才为其所用。如章回体小说家张恨水、名记者张友鸾及方奈何等均为他效力。他又聘请了一位女记者浦熙修专事采访。浦是否在南京时已入《新民报》不知道。一般新闻界到了重庆，才知其名。子冈因浦熙修是江苏嘉定人，她也是江苏人，二人年纪相若，且因《新民报》是个晚报，与《大公报》出版时间不同，换言之，采访无冲突。这时候，《新华日报》的范元贞已去了延安，其余报社均无女记者任职。（徐钟珮女士之任《中央日报》特派员是抗战后，由于朱抚松兄任职新闻局派驻伦敦的代表而被任命）所以长时期以来，她与浦熙修双出入对，活跃在新闻界内，为人所瞩目。

偶然，她们的新闻来源枯竭，就跑到太平门邮局找我。我时常供给她们一两条说不重要也满有关系的交通与金融界消息。因为那时候，我担任东川邮政管理局"要密邮件组"组长，每天处理有军委会发寄各战区团长以上军官的密电码本，接触面较广。我又每天核阅若干交通及金融方面的公事。军事机密自然不敢泄漏，交通与金融方面无关安全的新闻，几乎天天有。所以我常告诉子冈与其他新闻界朋友，只要到我这里来，我不会让你空手而去。人家说，新闻记者吃八方，我吃九方。因为她们常常请我小吃，以酬谢我供应她们新闻也。

后来我知道浦熙修的姐姐叫浦洁修是老共产党员。她妹妹浦安修，又是彭德怀的老婆。现在她们究竟如何？不清楚。好像浦洁修还很活跃于大陆政坛。

子冈的字与特写

子冈长得很漂亮，声音又美（苏州人讲北平话），身材中常，她的一颦一笑，经常令人有一股"撒娇"之感。也许这正是女人吸引男人的一种"武器"表情。然而，子冈写的字则使人不敢恭维。只因她写惯了新闻稿，一切从快，她的字潦草到使人不能辨认。大家要知道，在报馆干过多年的编辑先生们，因每天接触到四面八方的稿件，可以说任何体式的字都会有，任何怪字也会遇到。龙飞凤舞、张牙舞爪、变体字、简笔字，以及许许多多不知名堂的字，无不应有尽有。中国人常说，"草字离了格，神仙认不得。"何况我们的记者先生们，真正能写草书的，还不多见。记者先生们的字，既非楷书，也非草书，包括区区在内，仅能说它歪七咧八，并非一笔一划的满纸涂鸦，仅能做到辨出形象而已。子冈的字则不然，需要费很大力气和很多时间，一一辨认，才能找出它的形似。

起初看她稿子的人，不好意思当面指摘，渐渐大家熟了，也就不客气了。有一次赵恩源兄叫住了子冈，说道："子冈，你这一行字写的是什么？总得教我相面嘛！"核稿变成相面先生，当属天下奇闻。

子冈听了，马上脸变得通红，立刻把稿子抽回，再用钢笔一笔一划地重描。

抗战期间，钢笔虽有，然仍不普遍，且被视为奢侈品。原子笔到抗战末期才有发明。那时一般人，特别是机关行号，写中文还是用毛笔。洋式一点的，则用蘸着墨水用的钢笔尖（也叫钢笔头）。报馆编辑先生们也是用毛笔校稿。记者们则毛笔与钢笔尖两用。子冈则用的是蘸墨水的钢笔尖，所以她写起来下笔如飞，"嘟""嘟""嘟"如同敲小鼓。结果写出来往往令人莫辨横竖。她也没有练过中国简笔字的写法，自创一格，所以写出来，既非传统的中国简笔字，而且写得也不一律，前边的字是一个样子，后边的字又改了笔划，使阅稿的人一面校稿，一面头痛。

子冈经过恩源数次警告之后，短期内有所改善，长期后又恢复原状。任何人拿她没办法。

但这并不影响她特写的吸引人，因编辑先生每次最后必把她的稿件修润得无疵无讹、天衣无缝，使排字房工人认得出来也。

子冈的特写，在抗战期间驰名遐迩，是一特色。因为那种写法新鲜，不平铺直叙，要加重描写，并且还强调内容；写景写意，当事人心理状态、事情发生的背景等等，都用文学笔法、文学用语，加以刻划。所以写出来格外生动，有可读性。但是，不是每一件新闻资料都可以用同一笔法写的，尤其刻意地刻划，弄不好，则画蛇添足，弄巧反拙。

我记得当时任国际宣传处长、新闻界前辈——曾虚白先生曾在某报讨论"子冈的特写"，大意是说，无论怎样，特写不能渲染过甚，失掉或超越新闻的特质。（时间、地点、人物）曾氏此言，在当时也引起许多人注意，觉得子冈的特写，有时太过分。

自第二次大战以后，欧美无论报纸或杂志记者，报导新闻都以"特写"是尚，其夸张程度比当年子冈为尤甚。请读者试读一读《纽约时报》、伦敦《泰晤士报》、巴黎出版的《先锋论坛报》或者香港出版《华尔街日报》，甚至于东京出版的《日本时报》，以及《新闻周刊》《时代杂志》与《美国新闻与世界报导》等等。这些报刊里边，每天每期都有大量的"特写"，以报导新闻，占了大量篇幅。若以旧式写法，则不知省掉多少字，多少纸张；然而旧式写法，恐怕已引不起如今日读者的兴趣与重视了。因时代不同，过去报馆拍发新闻电，以“诗韵”用字代日，以文言文报告记事，还须透过电讯机构，以期省钱达到通讯目的；今天则不然，用语体文，直接写明月日，这已经落伍。目前多数报馆都自备接收通讯系统，除世界各特约通讯社外，自己驻外记者也可以用自备通讯系统把过去类似特写的报道，以电传方式发到社内来。这是多么大的巨变！不但此也，卫星通讯，已成为时代的宠儿，半小时内，世界上任何角落发生的事端，均可立刻传播于全宇宙。人类文明，虽未到极限，然已近尖端，殆无能否认。我们总盼望中文电脑发展成功到与西文一模一样。于最近的未来，国人无论在世界任何一地，都可以中文通讯，则是我大汉民族之光。由于子冈的特写，扯得这么远，并非故意，乃说明时代与观念之不同、之重要。

抗战胜利后在北平

一九四五年对日抗战胜利。《大公报》于次年九月复员，天津与上海相继开馆，渝馆仍保留。徐盈调任驻北平办事处主任。恰好我也因去东北接收未成，不得已在北平邮汇局报到任副理。那时《大公报》驻北平办事处设在灯市口，他们住家则在绒线胡同。我到过他们的家，一个大四合院，有走廊、假山、花木扶疏，备极幽雅。徐盈每天仍骑脚踏车来往于办事处与家之间。子冈则在家写稿子，交由徐盈代发。

《大公报》一向有三个办事处，负责国内重要新闻。一个就是北平办事处，一个是上海办事处，另一个是南京办事处。这三处都由社内高级职员主持。徐盈、子冈因自幼在北平上学，人地相宜，所以这个好“缺”就落在他二人身上。那时候，普通新闻都由二人在北平写好，交平津火车人员随车带往天津，紧要新闻则利用长途电话报告消息。因那时第十一战区司令长官孙连仲将军与市长熊斌，都是《大公报》的多年好友，所以他俩在采访工作上，得着许多便利。

（……）

二人的家世与恋爱经过

徐盈，原名徐绪桓，河北沧县人。他父亲是平汉路局高级职员，故从幼年就住在北平。中小学都在北平读的，大学则在南京金陵大学。子冈，原名彭雪珍，苏州人，也因为老人在北平作事（什么事，不详），所以，中小学也都在北平上的。子冈好像仅有高中程度，没读过大学。

他俩于“九一八”后都是上海开明书店出版的《中学生》月刊的投稿者。那时，子冈即用真名彭雪珍写文章——一个很够女人味儿的名字。徐盈写文章就署徐盈。开明书店是出版界后起之秀，开设在望平街。因为创办人章锡琛等有新头脑、新经营方式，故请了许多知名之士帮忙，如林语堂先生所编的英文开明读本，就比商务、中华，甚至世界书局的同类书受人欢迎。夏丏尊所译《爱的教育》与叶绍钧所写《倪焕之》等小说，都畅销一时，捎带着对开明书店所发行的一切期刊都有了好的影响。《中学生》便是其中之一。当时投稿《中学生》的作者并不限于中学生，大学生及中学教员都有，甚至于有名作家，也投稿其中。内容无非是刊载些抒情的散文、记事与一些杂感，或戏剧演出与旅行报告之类。以今日水准而言，平平无奇；但那时一方面全国性刊物少，另方面写文章的青年还不多，所以这份刊物在青年心目中，甚为突出，争相订阅。徐盈与彭雪珍便由于同文开始通讯。不久，两人就恋爱起来。《中学生》是他们爱苗的媒介。他俩因都在北平，于是约会在北海公园见面。据子冈后来表示，当时徐盈有点傻里傻气，不像文章那么俏皮。但性格忠厚，是看得出来的。后来子冈回到南方，有一个时期住在上海。她为了试探徐盈的诚心，请他把北平的糖葫芦儿买各色的（不同材料）几十枝为她带到上海。徐盈因赶着春季入南京金陵大学，于是在有一年年底，便把子冈所要求的完全达到。子冈试验成功，就决心嫁给他。后来他俩还是回到北平去结的婚。

众所周知，冰糖蘸葫芦为北平冬季平民化名点之一。价钱不高，人人吃得起。除了东安市场水果摊上有卖的外，一般的都是由一男性扛着一只草垛子沿街叫卖。糖葫芦儿的种类甚多，通常有山梨红、海棠果、麻山芋、虎拉车及各种北方冬季出产的水果以及竹签穿插果心而制成。它的妙处全在蘸冰糖。那糖蘸得要不薄不厚，不多不少，吃起来酥脆、不黏牙、不糊嘴，才算蘸得合格。外省也有糖葫芦儿，如上海、南京、杭州等处，独有北平的好吃。我想，主要与天气寒冷有关，另外师傅的手艺也不无影响。

子冈对我说（一九三八年除夕之日）：“徐盈为了保持糖葫芦上的糖不受热气的浸化，他把那几十枝糖葫芦包起来，再用绳子绑成把，用手隔窗托了一天一夜以防热化。使我在上海吃起来，跟在北平吃一样酥脆。”她说的时候，眉飞色舞十分得意。我不免调侃她说道：

“你听他胡扯！他不会用一根绳子把那一包糖葫芦吊在窗外，绑在座位上，岂不照样不化？”又说：“你想想看，徐盈的手臂若舒在窗外，不用说冻僵了手，就是窗户露一条大缝子，风吹入车厢，岂不受同行旅客的干涉？”

徐盈坐在一旁默默不语，仅洋溢着一脉傻笑。

这虽是一个插曲，足证当年子冈是如何信任徐盈。徐盈得她的欢心，虽不仅此一着，然此一着实为重要一环。他俩由《中学生》为媒介，又因糖葫芦而结合，可谓“中学生的糖葫芦姻缘”。徐盈生在北方，长大在北平。父亲又是交通界人，自幼朴实无华，待人敦厚，谨言慎行，言行必果。上一代知识分子的美德他都有，却无旧文人的那些不良习性。我简直不记得他有什么嗜好。不吸烟，不饮酒，更不打牌，当时在我心目中简直是个好青年、好老弟。（也大约比我小个七八岁，今年也六十开外了）而他孜孜不息与肯钻研的精神，真令我钦佩不止！

子冈声音如铜铃，尤其因苏州人吴侬软语的舌音，加上北平话清脆流利的调调儿，确实是好听得无以复加！（赖汤的夫人孙德芳女士，也是苏州人，在北平长大上过小学的，有同样美的发音。）

子冈虽然有许多优点，但她似乎没她丈夫那么憨厚。有时也爱损人，一句话可以把人堵个半死。她的锋棱触角与徐盈的大智若愚，成强烈的对比。

子冈有个姐姐叫彭翠英（另名君实），细高挑儿，颇富古典美。丈夫是东北辽宁人李充国（克家）。抗战时期任沙坪坝重庆大学教授（教什么课已不记得，后来任职工矿调整处）。有一年子冈带我去拜访她姐夫，正谈着谈着，忽然警报响了，于是躲在重大靠嘉陵江边的防空洞内。胜利后，李充国被派在辽北省担任建设厅厅长，我们曾在长春满炭大楼相遇。

对新闻事业与采访的一些感想

徐盈、子冈是抗战期间最活跃的记者，他们的贡献虽各不相同，然以当时而论，徐盈的勤奋与钻研精神，无有其匹；即以今日而言，像他那样既是通才，又是专才的尚不多见。当年新闻事业没有今日之发达，分工不精，一个记者需要通才时多，需要专才时少，今天则是需要专才时多，需要通才时少。徐盈的长处还不在他的专才，而是他那股孜孜不息，往深里钻研与往广里探索的精神，足为后代青年记者所效法。今天已是专才时代，但千万莫误会，专才即是不管其他领域的事，非也！对于社会一切事务仍需具备常识以上的知识，才配为现代新闻从业员，徐盈就是一面好的镜子，从他身上可借鉴的地方很多。

子冈的“特写”若挪到今天来衡量，已不足为奇；但当时却甚新鲜。以今日术语来说，是新闻写作上的“突破”。因此可知新闻要随时随地向前迈进，更需要文学与文字基础。他们夫妻二人，与其说新闻成全了他们，倒不如说文学促成他们在新闻上的成功。由于此，新闻从业员从文学迈步，不是必经之路，然是健康有益之路。

可惜，这一对夫妻档，早早就被迫离开新闻岗位，不但无复当年的锋头，令誉已不被众人所知道；这不仅是他们个人的损失，也是新闻界的损失！谨以此文，纪念他们的黄金时代与纪录中国新闻事业的里程碑……

一九八〇年十月八日“国庆日”前夕于大湖街

记范长江（节选）

（……）

一、有感于长江之死

我在本刊有关《大公报》纪事中，已一再写过范长江，可能是我写的不够生动，也可能读者匆匆一阅，无暇深入了解，故迄今还有许多新闻界中人（当时的），对于范长江被《大公报》解聘一幕，不明就里，甚至于有许多误解，使我怀疑若干读者读文章的认真态度与记忆力之薄弱。容我再浪费一些篇幅，借哀长江，缕述事实，并为他盖棺定论，以为后世法，也以为后世戒！

二、从“中国的西北角”起受知遇

一九三五、六、七年间及一九三八年五月以前，《大公报》上“长江”笔名所写的通信稿，可以说真是脍炙人口，红半了天，受到全国人士的注意。一方面那时全国性的报纸较少，《大公报》的声誉最高，全国知识分子都抢先阅读这份报纸；另方面那时是抗战前夕及抗战爆发后，国人都密切注意每天的新闻报导。长江文笔流利，描写生动，因此他所写有系统的无论是战讯、地方新闻，以及有关时局的发展，都吸引着绝大多数人士的阅读。但迄他离开报社，他用的笔名是“长江”，并非“范长江”。当时，还有一位“秋江”的报导，也相当吸引人，因此“二江”的大名，时常在同一报纸上。“秋江”姓孟，“孟秋江”曾于胜利后投效上海的《文汇报》。

长江本名范希天，四川内江人，一九一〇年生，他家境清寒，只读过中学，就加入川军王陵基部当上士文书。王陵基部有一个时期驻防陕南及甘肃等地。范后来曾先后考入北大及政校，均读了一个短时期即辍学。他却于一九三四、五年之间，以“中国的西北角”长篇报导，受知于天津《大公报》当局及全国读者。一九三五年春，他便受聘为《大公报》记者。他所写通信，不但描写生动，并且也透露着“敢言”，以致于声誉鹊起，长江的大名不胫而走。但在这时，也埋伏下他被解聘的原因。（见后）以前他又跟随胡宗南部队经西康至陕北，深入松潘等地。这些报导都构成了他享名的大作。那时跟他几乎同时进报馆的有徐盈。徐盈的太太子冈于抗战后才“随夫”入馆。

抗战爆发后，长江不但介绍秋江，也介绍了在上海《新闻报》工作已久的陆诒入社，都纳入他的“麾”下，受他指挥在东战场及第三战区写通信。在台儿庄会战前，这三个人的名字与文章经常出现在《大公报》上，比任何其他报导都受着读者的偏爱，以长江的大名与文章更占首位。

三、不能再出卖健康

一九三八年四月，台儿庄大战已暂告一段落。长江绕道陇海路回到武汉。他接受了英雄式的欢迎宴会。我记得在当时的法租界味腴，报馆同仁给他洗尘，张季鸾先生亲自主持，谷冰、芸生、昭恺、恩源及笔者等均参加，席间少不了称赞他与道辛苦。这也本是一种礼貌与常情，他却表现得骄盈万状，喜形于色。

当时全国军政大员及各界领袖都集中武汉。长江自前方回到武汉以后，又继续发表他的见闻与感想，尤其赢得当局的重视。长江的声名大噪，几有掩盖一切之势。

《大公报》对于培养一个工作人员，已有多年经验，自然乐见他的声誉步步高升，相得益彰。但是对于一个素养较差“居心叵测”的人，也不能不有所慎防。有时候，长江所写太夸大不相干的议论，当编辑的也不能任其乱写，贸然刊出，于是就偶有删节及更易字句之时，甚至于全篇割爱，不给他发表。大概他回来后，有一两篇文稿曾加删节；又有一两篇没刊登出来。这在一般报社中本是寻常事。有时，当编辑的说明原委通知撰稿人一声，有时连通知也免去。撰稿人遇到这种情形，多数不加过问。写完了稿子交出去已了责任，刊登与否在乎编辑人，谁也不计较。因为刊登之权属于负责的编辑。编辑衡量轻重之余，他还有上司可斟酌损益。那时，初步审阅长江文稿的是孔昭恺与赵恩源，如果有问题，再请示王芸生。甚至于芸生解决不了的问题，还有季鸾先生可请教。大概如删节及扣压他的稿件绝不会是昭恺、恩源二位独断独行的，一定是商量了芸生与季鸾先生。报馆当局之所以慎重刊登文稿与勇于发言，是着眼于全局、衡量内情与有特别原因的，绝非意气从事，更非为打击一个同仁的一种措施。

不久，编辑部就有传言，说长江对芸生提出抗议来了：“不应该删改他的稿件，更不应该扣留他的通信。”关于这些，芸生对他有所解释，而且说明他文内某种指摘经查明非事实。又说明某种消息，是干禁例，不可刊载。但是长江并不满意，尤其是他经外界捧晕了头，自认为是大牌名记者，他有发表意见的绝对自由，对于芸生的解释绝不服气，说了许多越礼的话。

这桩事，闹了几天，也就罢了。不料，又传出长江发出上夜班的要求。

虽然汉口时代的《大公报》仅有一张半，在工作量来说不算多，可是以编辑部人员数目而论，仅有四五人，连上采访、校对、电讯同仁，也不过七八人，可以说精简无可再精简。如有人自告奋勇来核稿、编报，再受欢迎不过。以区区作比，每天除编副刊外，还要采访及核阅一部分国际新闻稿，负荷甚重，其他人比我更忙。长江上赶着要编报，大家无不高兴。

我记得商量的结果，让他核国际新闻稿，并加标题。当时，大家以为他外勤跑腻了，要换换口味，也深为他的志趣高兴。哪晓得，他并非真心要从事编务，乃是蓄意“夺权”。（当时还没有这种名词，但显然他以为当编辑的权大，故而出此。）但是他眼高手低，因为他既非科班出身，不懂得编辑技巧，一些符号术语他都不懂，就是新闻在当日所占分量尤其茫然。这一来，颠三倒四，轻重不分，不但工作迟缓，一段新闻经他打整出来竟不能用，因他不懂标题技术也。

这且不谈，他熬了两夜下来（每天自下午九时起到次晨二时半止）大呼“吃不消”，呵欠连着打，鼻涕也流下来了！

第三天，他就向芸生告饶，说道：“我不能再出卖健康了！”

芸生没搭碴，仅是把分派给他的稿子收回。他算过了两夜编辑的瘾。

四、“一句话儿”贾祸

消息立刻传到季鸾先生的耳中。季鸾先生是一个大学问家，素有深厚修养，从来对人对事，不形诸于色。这次，我则见他盛怒不息，一进入那间小编辑部，就自言自语地说：

“出卖健康？我们出卖了一辈子健康，从来没有怨言，他只作了两天就受不了，叫他走！”季鸾先生一有事，爱两手插在背后，倒背着手儿在室内来回踱步。我一听，是针对长江前夜的那句话而来。我们都埋首看稿子、编报，谁也不敢啧一声，仿佛只有低沉的空气在荡漾。

不一会儿，曹谷冰兄来了，季鸾先生便对谷冰说：“你给长江结算一下他的帐目，让他立刻离开报馆！”季鸾先生的余怒未息，话说得斩钉截铁，绝无回旋余地。

当天晚上，我把工作结束后，怀着极不平安的情绪回到我汉景街邮局宿舍，竟致久久不能成寐。我慨叹长江与报馆双方的损失已铸成了。

第二天早上八时，我照常到我小局长办公桌前去执行日常职务，没料将近九时许，从门外走进来了三位客人，为首的是长江，紧跟着是徐盈、子冈夫妇。他们先从窗口铜栏杆前跟我打了招呼，于是我便引他们上到二楼进入我的一间当时还算不错的会客室。我又下楼向我的襄办交代了公事。因为那时起的支局长，不但每天要开七八十张汇票，还司理储金业务，至于票款、文书、记帐都通通由一人管理，不像现在支局长轻闲也。

奉茶毕，我见长江与徐盈夫妇面色凝重，眉头紧蹙，知道长江的事发了，便沉下心来，听他们的说话。长江首先发言：

“陈公，（区区那时也不过三十刚出头，却因‘老成持重’兼有超年龄的老态，被小弟弟们尊敬，确系实情。）您听说了吧？报馆要我离开！”

“唔，昨晚我就听说。”我坦然告知。

“这都是芸生搞的鬼！他嫉妒我！”又说：“陈公，你评判评判谁是谁非？我给《大公报》卖了这么大、这么多年的力气，说走，就叫我走，没有那么容易！”他满怀激怒、愤愤不平的样子。

这时，徐盈与子冈坐在一旁，闷声不语。

我先用安定的表情，希望他先把情绪平静下来。继之，又以缓和的声口问道：“希天兄（报馆同人从来不喊他‘长江’。只呼‘希天’），您先甭着急，您把您的想法说出来，我们大家研商一个办法。”于是他便说道：

“陈公，现在你、我和徐盈夫妇是《大公报》的要角，它缺了咱们四个会立刻垮台！今天他们赶我走，明天也可能赶你们走，与其让他们赶，不如咱们先撤退，给它一个措手不及！”我一听，暗暗好笑，原来他是拉我以“罢工”来支援他。我不等他再说，于是转脸向徐盈、子冈发问：

“徐盈、子冈二位，您俩什么高见呢？”

徐盈见我问，于是“唔”、“唔”了两声（徐盈有口吃病），就答道：

“陈公，看看有没有缓和的办法？”然后子冈接下话碴：

“我们同情他，但我们觉得几个人一齐表示‘撤退’，也不是办法。”

长江听后，他仍旧以煽惑的口吻说道：

“《大公报》，岂有此理！一翻脸就不认识人，太可恨了！”

我见他存心强拉我们与他同进退，倘若我模棱两可，固然不能餍足他的希望，也非我素日持身之道；倘若我断然拒绝，在此时此刻，一定惹他不高兴。我左思右想，遂用分析性的语气说道：

“希天兄，您先不必着急，以您今天在新闻界的声望与地位，可以说无往而不利，您若真的离开《大公报》了，争着聘请您的，必大有人在。所以，在原则上，您不必担忧《大公报》把您解雇。至少，我还不行。”

他听我一奉承，即刻又改变了一种姿态，露出得意之状。我随后又说：

“希天兄，虽然如此，您千万不要误解，以为咱们四个人一‘撤退’，《大公报》就立刻垮台。不会的！《大公报》可以三篇文章捧出一个记者来。您应该知道，文章是您写的，但登出来的则是编辑先生润色过的。第一篇文章，可能没引起读者的注意力，等刊出第二篇时，则引起读者的注意了。当第三篇文章刊出时，读者印象加深，于是写文章的人便在读者心目中有了地位。”

又说：“您别以为你我的文章怎么了不起，完全是沾报纸的光；试试看您的大作若登在别家报纸上，有没有人看？我们是沾了报纸的光，不是报纸靠我们出名的。当然，您我若是痴才，不堪造就，就是勉强把文章登在报纸上，也是白搭。这就叫相辅相成，相得益彰。不过你们三位，都比区区为高，确是实情。我是佩服得五体投地。”

这时候，徐盈插言了，说道：

“陈公说的对。我看这样吧，请陈公找找曹谷老，问问有无转圜余地，甚至于咱们三个人可做保证希天兄安心工作。”

我说：“可以，我愿意一试。今晚，我就找谷老。”

长江虽然不再以怂恿口气，要挟我们同进退了，但耿耿于怀，不服气的神情，并未消融。我不免再道出我的心情：

“希天兄，你们三人是目前报社中要角，我绝对不是。我也没有资格跟你们向报馆要价钱，因为我还是一个兼职的客卿。在工作意义上，我仍然是友情关系，在职位上，我应恪守一个属员关系。万一闹不好，我还是守旧的办法：合则留，不合则去。千万莫误解，我们有动摇社本的力量。今天想进《大公报》的青年无虑百千；专家学者想与《大公报》扯上关系的，不可胜数，怎么会因二三人之离职，会使《大公报》垮台呢？而且，今天人家尊敬我们，完全因为我们尚在报馆工作，一旦离开，就不同了。如不相信，慢慢看。”

当天谈话，至此告一段落。我允见曹谷冰兄后再向他们报告。

五、“君子报仇，三年不迟。”

第二天，约十时，长江一个人又来到我局所。我仍请他上了楼。

我并没把曹谷冰兄对我所说一切话，全盘说与他，只说：

“谷冰兄说他是遵季鸾先生之命来处理此事。他也很难过，他承认此事彼此都有损失。他钦佩您的长才，离开报馆后不患无出路。他已把您帐目结算清楚，另有馈赠，多少我不清楚，请您下午就去见他。他还请您放心，您离开后，一不发布新闻，二不刊登启事。”

他听我说完，也微微叹了口气：“谢谢陈公了。”

我怕他过度失望，遂又问道：“早就听说桂林夏衍不是拉您到国际新闻社吗？”他答道：“有此话。”我又说道：“我劝您先到他们那里待个时期，慢慢再求发展。您比我有办法多。”

“我恨！我恨王芸生！我恨《大公报》！”

我见他忽然说出他的内心的话，遂婉转劝道：

“希天兄，我不乐意您心存仇恨，假如有，今天也只能对日本人，其余都非对象。而且，中国俗语曾说：‘君子报仇，三年不迟。’您又何必斤斤于一时呢？”

我这番话，当时是无意之谈，谁知以后竟不幸而言中了。

六、一切不幸言中

长江随后去了桂林，在国际新闻社服务，什么名义、多少待遇均不详。根据资料，彼机构当时主持人是乔冠华，由周恩来实际领导。大约两三个月后，有一天在汉口街上偶然遇见长江。我见他形容枯槁，面目黧黑，绝不像以前那么神气。我问道：

“怎么样，希天兄？还好吧？”

“托您福。不过，真应了您所说，桂林人因我离开了《大公报》完全改变了以前的态度，社会上充满了势利小人！走着瞧！”他似有无限感触。

“对了，‘走着瞧’人生观是无可厚非的。”我说。随即握别。

我心想：这还是由于《大公报》待人厚道，照一般惯例，《大公报》既可以发一段新闻，也可以刊登一则广告，说明“范长江已因故离职，此后言行举动，由其个人负责”等等。《大公报》不肯，毋宁还给他保存若干颜面。

因此，那年十月，我奉季鸾先生之命去新疆访问，到大智门旅社访问因“新生事件”而名噪全国盛世才督办的好友杜重远氏时，杜说：“我们希望贵报范长江去。怎么？……”我嗫嚅地说：“我是奉季鸾先生之命来向重远先生接头，其他一概不知。”

那时，长江已离社五个月，外界尚多不知道。就在那个时刻，我还能保持中国传统，不点破“长江已离开社”的消息。迄后，年底从迪化归来，有一次杜重远问我：“纪滢兄，长江离开《大公报》很久了，为什么您不告诉我？”我仅莞尔一笑，未答一言。

七、长江这个人

我因为始终是兼职人员，为了兴趣服务《大公报》。所以我在报馆地位是特殊的。因此，我对同仁也有不同关系。譬如那时在武汉，凡是从战场上回到报社的职员，我除了参加公宴外，多半我单独再招待一次，长江也不例外。除吃饭外，我还招待过他看过两次话剧。那时法租界有一个叫“明星戏院”的，经常上演话剧，尤其是唐槐秋所领导的“中旅剧团”吸引不少观众。初次我请长江去欣赏（那时叫“看”）话剧。不知是《雷雨》还是什么。他那少见多怪的笑声与咳嗽声，甚至于浑身乱动，令我吃惊不说，还很尴尬。因为台上动作与对话，不值得笑的地方他大笑，一个滑稽动作又引起他浑身发痒似地乱颤引得全场观众眼睛转向我们。起初，我还以为他在前方待久了，对于城市生活陌生，也就不以为意。等他被人发出嘘声时，好像又憋不住了，再大笑，再颤动。我不知道他以后是否曾矫正过这些毛病。

论长江这个人的写作天才，不能谓不高。他过去读过一些什么书，我不知道。我想，他甚少读线装书，因此他缺少中国文人一般素养。他大概所欣赏过的都是当时“生活书店”的出版物。一些社会科学书刊。他也很有胆量、吃苦耐劳，都是他的长处。笔头子快，文字简洁生动，都是他的长处。足为青年一辈初出茅庐的记者学习，至于深远见解，则迄他离开《大公报》，以及以前所出版的几本书，都未发现。因为那个年代出版物太少，只要出一本书，就会立刻畅销，不像现在有选择了。

八、他的品德

《大公报》之所以解雇他，虽然近因是“不能出卖健康”一句话，但肇因却是他的品德有亏。一九三七年抗战爆发后，他曾写过一篇通讯，大骂刘汝明将军。那时，刘氏是察哈尔省主席兼将军符。这篇文章所发生的影响很大，尤其是社会对刘氏不谅解，认为他就是长江笔下那么庸懦无能、贪污不法的一个行伍军人。刘氏当时也没加辩白，任凭社会公断。大约十五年以前，我为了这桩事，亲去刘将军处查证经过。因为刘氏是我河北乡长，而且同住永和（以前叫中和乡）。我先问：

“范长江是否敲您竹杠未遂？”

他答：“没有，他向省政府借过钱，但后来还了。”

“那他为什么跟您过不去呢？”

他答：“他在我省里招兵买马，想成立游击队，被我阻止。后来闹到被我驱逐出境。”

原来，一九三七年“七七抗战”后，他奉命到察绥一带采访。有时，报馆不能按时接济他的费用，他遂向当地机关暂借一些零钱维持生活，这本是常事，还了也就罢了；这不能算敲竹杠。至于招兵买马一事经过，据刘将军说是这样的：

“有一天，范长江在我所属各县贴出公告来，说是要组织民团，以备抗日。我叫人去问他，奉何人的命令去这么做？他说是奉汤恩伯将军的命令。我再电讯汤将军，汤复电说没有。我叫他看电报，他出口不逊，于是我叫人告诉他，赶快离开察哈尔！因此他记仇在心，在报纸上攻击我。”

可能刘将军心存厚道，还有一些保留。

但这件事闹到报馆知道了，季鸾先生大为光火。一者，《大公报》派出去的人，焉得能有“敲人竹杠”的嫌疑？二者，“招兵买马”岂是一个记者分内之事？且事前报社当局毫不知情。

还有一种传言，一九三五、三六年，他跟随胡宗南军队的那个时代，曾接受胡将军的赠与，多少钱不知道，这也是《大公报》传统的违规行为。可惜的是在胡将军在世之日，我虽与胡将军往还多次，但都因场合不对，没曾查证这桩事。

总之，长江不愧是三十年代的名记者之一，才华与贡献不能说没有，但他的品德与修养待保留之处仍多。

（……）

一九七九年四月十二日于大湖街

记沈从文(节选)

全文提要：沈从文、老舍与曹禺三人是三十年代最杰出的作家，足有资格获得诺贝尔文学奖金。只因为英文译本未能普遍流传，以致于没受到国际文坛应有的重视，深滋遗憾。从文的散文与小说都有特殊风格。在诸多作家中，他的享誉时间可能还要长。本文不是根据资料所写，所以要记前人之所未记、道前人之所未道。

——作者谨识

一、一封信的激发

有人问我："你为什么不记沈从文？"我答："记的人那么多，我何必赶热闹？"又有人问我："你现在为什么要写？"我答："因为一封信激起。"

本年一月下旬，《传记文学》社刘绍唐兄转给我一封信。那封信是这样写的：

《传记文学》社编辑先生台鉴：

鄙人于两星期前收到贵刊第三十七卷第五期（第二二二期），内有陈纪滢先生大文《记徐盈、子冈》。文内十分推崇和怀念此一对三十年代名噪一时的夫妻档记者，可惜一九四九年后，他俩在大陆的情形不详，近来更不知其生活状况。

鄙人近阅从香港发行的《中报月刊》第十一期（一九八〇年十二月号）内有瑾希君《沈从文赴美讲学》一文，言及沈氏夫妇在大陆于十月底（一九八〇年）临登机前，曾写信给徐盈，问候他夫人彭子冈的病等语。由此文得知徐盈及子冈均尚在人世也。

请先生把此函及有关沈文副本转交纪滢先生，相信他乐于知道此一消息也。

敬颂

文祺

丘威武敬启　一九八一年一月十九日于纽约

《中报月刊》所载《沈从文赴美讲学》一文，大意是这样说的：

"沈从文夫妇二老最近双双飞往美国讲学去了。十月底沈老登机前，写给好友名记者徐盈一封信，问候徐盈夫人彭子冈的病，密密麻麻的毛笔字，写了两页，向徐、彭两位话别。信中透露此行的初步计划，是先在纽约及康涅狄克停留二月，在耶鲁等校名曰讲学，也可以说是座谈。谈谈二、三十年代自己那一段文学经历和社会情况，谈谈近几十年来所从事的文物工作，更希望多听听前来参加座谈的美籍华人，以及研究中国文学、工艺的美国朋友的高见，然后转道旧金山、檀香山等地逗留半月，再返回北京。"

（下略）

"沈从文性情温厚，笃于友情。他与徐盈、子冈是几十年的文字交，沈从文当年主编报纸副刊时，曾发表过子冈的作品《惆怅》。当这对记者夫妇被划成右派后，沈从文仍然常去看他们，同他们通信，还教他们的儿子读书和习字，是个很难得的风雨无阻的故人。这次赴美前，还专门致信祝子冈早日痊愈，并祝"在用笔时恢复四十年前的青春。"

这封信与《中报月刊》所载，激起了我很多"惆怅"，一方面我也怀念子冈的健康，另方面我得知从文念旧的心肠，依然故我，令我感动。现在说说我为什么不老早写《记沈从文》的文章?

二、话说从头

《三十年代作家记》（成文出版社已于一九八〇年五月二十日发行）一稿，原应日本东京《问题与研究》（由桑原寿二任发行人）月刊所邀，于一九七三年至一九七五年逐期发表在该刊上。我供给中文稿，由该社倩请深通中文的藤井彰治译为日文。我写这些文稿，并非出于自动，多少有点被逼而成。并且绝对不是有计划的写作。想起谁来写谁，无次序、无先后。往往看见报纸有谁的消息就写谁。其中只有一人——何容，是故意写的。因为他与老舍、老向，以幽默作家齐名，所以写完了老舍、老向之后，紧跟着写《记何容》。其余都是随兴之所至及新闻之后发展而成。

所以这一本书内，共写十个人，依次序是：《记老舍》、《记老向》、《记何容》、《记胡风》、《记萧军》、《记惜梦》、《记浣非》、《记罗荪》、《记光未然》及《记高兰》。

（……）

后来这类文稿移《传记文学》发表时，恰当前书付印前夕。又因找不到一部分中文原稿，乃迫不得已，又请人从日文翻成中文，以致有三篇——《记老舍》、《记老向》与《记光未然》与前书重复。

在《传记文学》发表时，我特别强调“直接印象”，以别于前书。文艺史家根据资料所写的名人传记，自古以来，已如汗牛充栋，当然有其价值；我这第一手资料，不见得就比根据资料所写者更完整，却是直接印象；可能有资料中所未有，或前人之所未言。

因我从事文艺工作，长达五十年之久，尤其抗战八年中主编一个大报的副刊，自然而然地与全国大多数作家，有所接触，有所往还。这不是我有什么本事，是我赶的机会好；不是我记忆力特佳，乃是这些人给我的印象深。但是也有若干作家，虽通信、采用他（她）的稿件，可是始终未见一面的人，也大有人在。因抗战时期，大后方仍是地区辽阔，且因交通不便，一个编者，不是与每个作家都有见面机会也。这犹如今天在宝岛，副刊编者未必与每位撰稿人都相识的情形相同。因此之故，如写对某人的概括印象易，如细写则甚难。这也好比我们常见面的朋友，甚至同事，写粗浅印象可能不难，如写比较深入一点的记事，则不容易。

本于这种原则，我笔下的人物，如非印象深刻，或有较多往还，我绝不敢贸然下笔，纵然有资料，如若写出来，不过是重复前人所记而已。

我估计尚有一、二十人可写。不过，由于年事日增，记忆力衰退，能否如愿以偿，还在未定之天。但我希望两点请求读者谅解：一、我写这些人的动机，不在夸张彼此的关系，而是记一个人在三十年代文坛的贡献；有的是全国性的，有的是一隅的。但其成就无分轩轾。我在行文中，力求绝不夸大，也不故意贬抑，记到适切的程度，以唤得当时人士的共鸣与后代的追慕。二、因为我不是根据资料所写，可能不如根据资料者完整，但我以第一手的资料，补充前人之不足，或者我所提出的一鳞半爪，有供后世参考的价值。如果没有，也请曲予原谅。

三、与沈从文初次接触

一九三三年九月至一九三四年一月，我于秘密采访“伪满建国第一周年”后留在天津《大公报》馆“打杂”，因除编“小公园”外，还编“本市附刊”（都是各阶层、各行各业的特写文章，林墨农兄就是其中主要作者之一）十月间，

《大公报》筹备已久的“文艺”周刊出版了。当时，我还不详细这个周刊的底细，后来同事们告诉我，这是季鸾先生和政之先生于夏天去北平商议好的。那时“小公园”正由何心冷主编，其中文章包括了全国名作家，如老舍、沈从文、张天翼、巴金、靳以及茅盾等。但“小公园”仅有九栏，（全版十二栏）容纳不下多少稿子，并且又是个综合性的。“小公园”之名，又不似是一个“文学”刊物。而且当三十年代的开始，中国文学正在蓬勃发展时期，大批知识分子，包括教授、公务员、学生及不属于这三种阶层的读书人，都以写作排遣胸中块垒。何况当时又是个内忧外患时代，一般人民特别多感。因此文学刊物如雨后春笋，占出版物的主峰。上海方面有《小说月报》、《现代》、《文学丛刊》、《萌芽》、《拓荒者》等几十种月刊。北方也有《新月》、《雨丝》、《现代周刊》十几种文学性刊物。（一九三三年以后抗战以前的刊物并未计入。）另外，如开明书店的《中学生》、商务印书馆及中华书局的各种综合性的刊物，如《东方杂志》及《中华月刊》等，以及如鸳鸯蝴蝶派的月刊《红玫瑰》等刊物，都吸引着大批青年投稿及读者。

这个阶段，可以说是三十年代文艺的萌芽时期，也是灿烂的开始。

《大公报》自张（季鸾）胡（政之）及吴（鼎昌）三公于一九二六年九月一日接办以来，截至“九一八”事变，已为全国最受读者欢迎爱读大报之一，销行遍全国，远及边疆，而其声誉之隆，迥非一般大报可比。也可以说全国各著名文学作者无不以在《大公报》上发表稿件为荣。除一部分文稿刊登于馆方兼办的《国闻周报》外，“小公园”实无法容纳更多的作品。因此，遂决定再创办一个周刊，一方面为了容纳日积月累的稿件，一方面也为了扩大文艺的效果，争取全国文艺作家的合作。

那时《国闻周报》已刊完了沈从文所著《边城》等文，驰名上海文坛。北方几个报刊上，更时常有他的大作，所以声誉鹊起，几与老舍齐名。更由于他的文章风格清丽，特别受青年男女的偏爱。

季鸾、政之二位先生透过王芸生的先期介绍，当张、胡二氏提出请求时，沈氏慨然答应。这是一九三三年夏天的事。筹备了两、三个月，于是于一九三三年十月间发行创刊号。报楣是沈从文自己写的，甚有体式。下边并没标明何人主编及何处发行等字样。

其后，沈氏寄来的稿件，由赵恩源代为编排。因沈在北平汇集了稿件，除了大体上标明哪篇排什么位置外，还需要报馆内部有人替他做详细的作业，才能发排；尤其标明题目字的大小及加花边、水线等等编辑上的技巧，甚至于看大样等等琐事，均需有人在内部替他负责，才能完成一个版面的最后样式。这是干报馆内部工作，人人皆知的事。

我忘记什么原因，由我接办这种编务一个时期。

因此我开始与沈氏通信，请问他一些待决的问题。有的是关于文章内容的，有的是关于编排在什么位置的。因为“文艺”周刊每期十二栏（台湾称“批”，即通版），每栏新五号字一千二百字，有时候一篇文章字数，不会算得绝对准确，如果去几行或加几行，就刚刚告一段落。通版可辟两个“特别栏”（台湾称“边栏”），一左一右。但文章有轻重，哪篇应排在左边，哪篇应排在右边，分次与不分次，都有重大关系，这都需要主编决定。

所以为了这些杂务，往往与沈氏通信。那时，平津长途电话已盛行，但报馆为了节省经费，除了报新闻及特殊事项，都避免使用长途电话，仍以写信为主。

当时，只觉得沈氏细腻如丝，态度非常客气，一如其文的委婉清丽而已。

我与陈源（西滢）教授、孙伏园、老舍、李同愈、张天翼等通信，大半都在这个时期，即一九三三年秋冬时刻也。后来“文艺”周刊，由沈从文交与他的得意“弟子”萧乾照管。萧乾，原名萧秉乾，为燕大学生。当一九三一年左右，萧乾已有文名，尤其由巴金创办的“文化生活出版社”（这个社当在一九三三年左右）后，萧的出版物，大半都由该社出版，一般人都把萧乾视为沈的“同路人”或“继承人”，因文章风格太相像也。沈在北大教书，并不在燕大兼课，只因萧乾仰慕他，奉为“老师”，从文也以有了这么一个“学生”为荣，所以他竭力推荐萧乾代替他的职务，但拉稿及撰稿，从文仍是主要人。

这便是萧乾与《大公报》建立关系之始。后来，在抗战时期，他任职驻伦敦新闻局的办事处，主任是叶公超氏，一面给《大公报》写海外通讯，一面在海外读书，都是由于从文推荐他与《大公报》的关系。

据我孤陋所知，萧乾始终没在馆内办过一天公，因为一直在海外工作也。后来他又把主编“文艺”的责任，交于杨刚女士。（抗战以前）杨刚倒是在馆内工作的。在香港，在重庆，以至奉派到美国，均是以《大公报》特派员名义出国。（……）

四、抗战时期

中间有四年之久，我因再去上海转武汉，从事报业，与从文失却联系。但他的文章，无论在沪渎杂志刊出，或仍刊在《大公报》或《国闻周报》上，我必抽暇一读。他在文学写作上，仍偏重于散文。

“七七事变”爆发，北大、清华、南开等著名大学，纷纷南迁。经过在湖南长沙暂停一段时期，后移云南昆明，终于成立了“西南联合大学”。

《大公报》于一九三七年九月在汉口续刊，又于一九三八年十二月移重庆出版。约在一九三九年春，我接从文自昆明来信，叙述自离北平后半年期间在路途中流离之苦，现在总算安定下来。他要写文章给《大公报》，并介绍师友们的稿件给我，特先奉达等语。

我把第一封信拿给芸生兄等看，季鸾先生也看过。

我立刻回信给他，除了安慰他外，并且欢迎他及他的同事及学生们赐稿。

自一九三九年起，至一九四四年底止，在我编《大公报》副刊时期，我的最大稿源是他——沈从文。

他每次寄来的稿件都成束，一卷一卷的。至少有十篇、八篇，长稿也有，短稿也有，小说、散文、诗歌、杂文等文体无不具备，包括几十个作家。我不完全记得这些人的名字，至今记得的有方龄贵、刘北汜、庄瑞源、刘以鬯及流金等人。其实，这些人中如方龄贵，早在他上东北中山中学时代，就与我有联系。流金更早，流金本名程应镠，江西人，给我投稿时，还在燕大，不知怎么又转到西南联大去了。后来他俩都直接与我通信了。

那时节，因后方物资艰难，报纸每天仅刊行一张半，一共六版。副刊“战线”只有六栏地位，如何容得下这么多的稿件呢？

同时，我的稿源，除从文这方面外，昆明尚有云南大学、贵阳的大夏大学、桂林的广西大学等；另西北大学（后来分开改为工学院、师范学院等）有尹雪曼、夏照滨等，也常有同学们托他二位寄稿来。四川三台东北大学的依风露及中央大学的徐中玉、常任侠都有大批稿件寄来。北碚复旦大学陈子展、伍蠡甫、方令孺等都经常写文章。嘉定的武大也有师生惠稿，真是珠玑满目，美不胜收。不用说一个报纸的副刊容纳不下，就是办十个、八个杂志，也不愁没稿子。可惜不仅《大公报》的篇幅有限，所有报纸都受篇幅的拘束。

万般无奈，我只得商请报馆当局，尤其管业务的曹谷冰兄，请他相机加张，以便把好文章刊在加张内。可是报纸加张，必须有充足的广告，才能照办。抗战时期，一切艰困，商家除非不得已，不刊登广告；机关公告与私人启事，少之又少。我记得那个时期，一个月至多能加两次篇幅，有时对开之一半，有时仅有四分之一，可知获得广告之难也。《大公报》如此，别家更不行。

后来我又跟芸生交涉，在新闻版内刊布文艺稿，他勉强答应。因为战时新闻特写多，海外通信多，都要占新闻版的“特别栏”，但由于芸生从来就支持副刊，所以他慨然答应牺牲若干不必要的“特写”给我刊文艺稿。老舍的短篇小说《不成问题的问题》及谢冰心的《再寄小读者》都刊在新闻版内，创下文艺作品“侵占”新闻地位的先例。

五、从文的毛笔字非常讲究

从文寄信寄稿有时从昆明来，有时从呈贡来。原来西南联大有一部分学院设在昆明南方的呈贡。呈贡是一个小乡镇，但因为有了偌多的莘莘学子，使一个偏僻小镇忽然热闹起来。又昆明与重庆一样，茶馆林立，一条街往往有多少家茶馆，多半是竹制躺椅，一排排的，少者十几只，多者有几十只。市民们于躲过了警报，或挨过了轰炸之余，来到茶馆，松松心神消除紧张；或三五好友，希望谈谈心商量商量事情，都借茶馆以达到目的。

我清楚地记得，时在西南联大读书的本刊（《传记文学》）创办人刘绍唐兄，以“陈青”笔名曾写过一篇名《茶街》的散文，就是描写战时昆明的形形色色，非常生动而逼真，至今我还依稀记得其内容。

这个期间，我忽然注意到从文的毛笔字，十分讲究。他写的是“章草”，而且已经超越初模阶段。回想他最初与我通信所写的字，也是这么好，深悔当年没把它收藏。于是我开始收藏他的墨宝。有一次在通信时，我竭力称赞他的书法，他也曾回报我以一条横幅，内文写的什么来着，已记忆不起。战时物资短绌，尤其纸张，更是艰难。他为我写的那条字幅，好像仍是毛边纸。盖自到云南后，他每次与我通讯，用的都是淡黄色的毛边纸，并且也不裁开成八行书的格式，其长度有三张八行书那么大小。

他使用的文字，大部分是旧日书信体，偶而也有语体文的。墨色有时浓、有时淡。迄抗战胜利，除了他特别为我写的一幅外，大约毛边纸的信件有七、八封之多。重庆虽有裱褙店，但我一直也没顾得去装池，抗战后复员带回北平，可惜没带出来。

大家回想一下，当年《大公报》“文艺”周刊报楣中的“文艺”二字写得是多么美观挺秀！那就是他的笔迹。我想这些年来，他必不肯丢掉他的书法。如果我的猜想不错，从文的墨宝是作家中的瑰宝，与当代书法家相比也称得是奇葩，若开一个书法展，一定与他的作品一样可以轰动。

六、两访中老胡同

虽然我与他有多年交往，并且也看见过他的相片，但一直到民国一九四六年冬，我才在北平会见了沈从文先生。

地点是沙滩中老胡同一号（？）北京大学教职员宿舍，在北大三院之西，东面临松公府夹道与汉花园，西面临景山东大街，北面临景山东街，南面是景山前街、神武门。正好我那时住北池子孟公府，自我处至中老胡同，穿过骑河楼，北池子北首，一拐弯就到中老胡同，不需十分钟的步行路程。

那时候，已时兴非约定不能随意串门的习惯。我忘记是个什么场合，我们相见了。他自我介绍，他是沈从文，我也自我介绍我是陈某某，然后我俩紧紧握手，互道久仰。可不是吗？自从一九三三年起，互通消息以来，中间经过十三年之久，才能见面，在那个年月，算是相当悠久的了。（……）

我那时候由于去东北接收半途而废，南京邮政储金汇业局就派我任北平分局副经理，我不顾职位高低乐得服务于北平，以偿宿愿。同时我尚兼任国民参政会参政员。北大方面有胡适、傅斯年、周炳琳、钱端升及杨振声等也是参政员，我们在会中早已相识，所以我到了北平，就参加参政会的一些活动。那时，北平行辕主任李宗仁及第十一战区司令长官孙连仲，还有北平市长何思源等人不时招待参政员，以资联欢。

一九四六年底，国内接收心气旺盛方兴未艾，社会上充满浮嚣气象，人群中应酬频繁，所谓“人心大开闸”时期是也。

中老胡同是北大沙滩教职员宿舍之一，别的地方还有。据我记忆所及，住中老胡同一号有四家：周炳琳（枚荪）、朱光潜、冯至与沈从文等四家。大门座北朝南，跟北平住家大宅门的格局一样，红大门上钉着擦得争光徹亮的两只浮沤、高门坎与宽门楼，一进门，左首便是负全院管理责任的“号房”——传达室。这位传达先生给我印象甚深，是一位老者，约有六十余岁，身材特高，方脸大目，举止斯文，说话有分寸，进退有礼数，诚不愧最高学府的“守卫者”。我道了姓名，说明来意，他就说：“沈先生已交代过了，您请吧！”一面扬手，意思是教我走在前头。我明白这是他的客气，就说：“请您领在前面，因为我头次来，路不熟。”

走过了一道仪门，就是一个长方形的四合院。我不知道为什么没有垂花门？大概因为院子小，拆了也说不一定。沈家住在靠北一溜房子的第一家。从文听见传达的声音，忙到门外来欢迎我。我谢了传达，就随从文走进他的客厅。

落坐之后，斟上茶，他的夫人张兆和女士自内室走出。她是我久已闻名的大美人，从文给我介绍，略加寒暄，就坐在一边，陪我们谈话。因为我造访的时间是夜晚，那时还没有日光灯，一只黄色电灯泡，发着不甚明亮的黝黝灯光。我们所谈无非是多年通信的经过与在伦敦的萧乾。

沈氏一口湘西话，但我还能听得懂，因抗战期间听得方言太多了。他中长个子，不矮也不高，永远穿中装，冬天一袭棉袍，夏天一袭长衫。似乎他喜欢灰色。头发不甚整齐，戴近视眼镜，好像微微有点驼背。有十足旧时代、北京城内的教书先生派头儿。我又问了他的健康情形及是否已开始写作。看起来，他虽瘦弱，但是还很结实。他也为我叙述了自云南复员北平的经过，其曲折与辛苦也不亚于抗战爆发后，离平南迁的历程。

这时候，有两个男孩子，一个六、七岁，一个四、五岁，带着浑身沙子跑进来。沈夫人斥责他们："还不赶快洗手去！"原来他们正在院心玩"办家家酒"及堆沙子。

沈氏的客厅似乎不太宽敞，跟院子一样系长方形，看起来窄长。又因为被书籍堆满了桌子，有点室小东西多之感。好像连卧室厨房共有四间房。厨房与卧室客厅隔开着。以北平住家一般情况而论，终老胡同北大教职员宿舍算不得宽绰，再不用谈阔气了。以当时我所住孟公府四号邮汇局宿舍（以前是东北军人韩麟春的住宅）相比，实比从文所住为优。

我在他府上，待了约四十分钟，然后又去周炳琳家造访。因为也是先期约好了的。从文送我到周家，就在隔壁。

周氏那时是法学院院长。周氏为人方正、性格固执，以敢言著称。在参政会内常常对某些声誉欠佳的官吏，做不客气的批评。然而，他对同仁及朋友则是满谦虚的。因为我们早在参政会内有了接触，所以这次礼貌性的拜访，因在夜间，故只停留二十分钟即告辞。

出门的时候，还走过一个沙堆。在黑暗中，也瞧见了一些儿童玩具。这都是从文小孩玩的东西。

第二次拜访中老胡同是一九四七年正月里。这时，从文已到过我孟公府寓所回拜过我。我第二次到中老胡同，一方面给从文拜年，另方面我要拜访朱光潜与冯至。因为是礼貌性的，而且假拜年之名，所以没有事前约定。

这次与从文谈到复员后的《大公报》"文艺"周刊。原由杨刚于一九四五年初把我所编的"战线"停刊，改出"文艺"。但这时候，杨刚又要去美国，所以改由天津馆编辑部一位同事任编辑之责，对外不出名，反正有的是稿件。从文这时也很少给“文艺”写稿了。

朱先生那时已以一本《文艺心理学》驰名文坛。他并且给上海商务印书馆编着刊物。天津报纸也有他的编务。他算是纯学院派的文艺理论家，在教授圈内，与朱自清氏有同样崇高地位，与纯从事新文艺创作的沈从文又有不同。

虽然，各有各的读者与青年群众。

这次我没能够看见冯至先生，是一大憾事。我仅留片致意。那时冯至的诗，是很受青年崇拜的。

七、他曾任北平区考试委员

一九四七年夏天，偶然一个机会，我去国会街，突然遇见从文。他仍穿着那袭灰色长衫，我问他：“有什么事？”他答：“来巡视高考考场。”原来那年考试院在举行特考，北平是一个考区，从文被聘为考试委员，所以前去巡视。考场就在国会街的前众议院旧址，那时已是某法商学院的院址。他问我：“你在干什么？”我答：“我在寻梦。”“怎么回事？”他问。“民国十三、四年当穷学生时代，曾在众议院夹道跟三位同学赁房而寓，事隔二十多年，特来访故居。”。“你真悠闲！”他说。我看着他进入上边悬着“抡才大典”的红布白字的横条幅的考场，才与他相别。

想当年（民国初年）众议院那还了得！终日价议论纷纷，冠盖云集，什么汤尔和、吴景濂的大名，每日上报，拥袁倒袁，解散国会种种风波，此伏彼起，比今天立法院可热闹多了！我曾进去参观过当年议场，如今已改做学院礼堂，所有议席都已拆掉，仅剩下讲台。不过仍可按建筑物的规模缅怀昔日风光而已。

八、我俩共同支持《华北日报》“文学周刊”

三十六年秋天，又是一个偶然机会，好像在怀仁堂的一个酒会上遇见当时《华北日报》社长张明炜兄（去年年底在台去世），因为他知道我已辞掉《大公报》的职务，他就赶着说：“有没有兴趣编个文学性刊物？”他的语意极诚恳而明朗。我就搭讪说道：“您知道我给《大公报》编了八年副刊，已编腻了，何况我现在邮汇局的职务特忙，恐怕难以找出时间来为您效劳。”他说：“不忙，您考虑考虑。我认为以您在文艺界的历史，从此中断，是太可惜的。目前华北教授与作家这么多，都苦无地盘发表。我们有地盘，但缺少有人来主持。请您不忙回复我，等等儿再说。”我答应考虑。

我之辞掉《大公报》多年的职务，一方面我邮汇局职务太忙，已无暇再写稿；另方面已预料报馆前途难测。我趁早辞职，不说是“急流勇退”，也可以说“识时务”吧！当我决意辞职，寄信给在天津的胡政之先生时，胡氏曾写长函安慰我，并且允我仍以“特约”名义写稿，以稿费致酬等语。后来果如所言，天津馆庆祝复员，我被邀由平去津参加盛会，偶然仍写写东西寄去，但已无昔日之勤之多了。

张明炜兄之善意，我不应置诸不理。

按抗战胜利后，中国国民党在平津有两大报纸：一是北平的《华北日报》，一是天津的《民国日报》。前者由张明炜兄主持，他也是抗战前英文《北平时事日报》的社长。后者是卜青茂先生（河北人，但我和他不熟，一九四九年后，曾在港办报，并死于港），两个报都为国民党宣传，拥有大批读者。其余平津民间报纸有《大公报》、《益世报》及《世界日报》等，各有文艺性的副刊。梁实秋兄与朱光潜先生都为天津报主持着周刊。

但是平津一带作家太多了，加上许多江南作家也争着向北方报纸投稿。这是多年的传统习惯，异地发表作品，是中国作家所喜爱的。

我考虑多天以后，忽然脑中生了一个念头，何不找从文商量商量？因为他在北平学界毕竟比我认识人多，他若答应支持一个刊物，自无问题。同时，我与文艺界多年关系仍在继续，抗战时期的一般作家都与我仍有往还，假若我若支持一个刊物自信也无问题。

于是我三访中老胡同，给从文说明原委，他说：“容我考虑考虑，过几天，我到府上去报告。”我听他无拒绝之意，高兴极了，但我说：“还是我来看您。”于是满意而归。

他考虑的时间，比我预期的为快。好像隔了一天，他就到我孟公府寓所。他说：“先决条件，不是我一个人支持，必须咱们俩联合支持，我才答应。”我说：“从文兄您一个人支持，已绰绰有余；既然如此，我也不偷懒，但您要找一个人负实际编辑责任。”他答：“我正要为这件事与您商量。”随后他就说：“有一个年轻人叫吴少若的，可以负责。他是清华大学二年级学生，学外文的，写的很好。改天我让他来看您。”

我见他说的很具体，我就说：“容我去答复了张明炜再说。”我深怕报馆有了变化。他说：“那么也好。”过来两天，我给他打电话，我说：“可以了，您让那位吴先生来吧。”

吴少若君第二天远从清华就来看我。其实清华校车就停在骑河楼清大办事处门前，距离我的寓所，仅一箭之遥。

吴君约二十四、五岁，著藏青长袍，非常有书卷气，见了我执礼甚恭。我问他："是否上过沈先生的课？"他说："没有。只是从师沈先生学习写作。"我顿时才明白，他跟萧乾一样，因习作尊崇沈氏为老师，沈氏并未在清大兼课。

我嘱咐他开始邀稿，等稿件够三期用的再出创刊号。并且告诉他："我再去《华北日报》交涉稿费及编辑费。"

过了几天，我交涉完毕，又告诉从文与吴少若君见面详细情形。我已不记得，每千字稿酬是若干、编辑费是多少。总而言之，两者均特别优厚，在平津报纸中，是数得着的。

我又带吴君去见张明炜兄，明炜又介绍了编辑部负责的人，教他以后就把稿件送交或寄交他，以便发排。诸事停当以后，我又以电话请从文准备发刊词与书写报楣"文学周刊"四字。他说："发刊词免了，同时报楣下也不必刊出咱俩与吴少若的名字。四个字会写的。"我一一同意。

周刊于一九四七年十月创刊。为了避免外界的误会，创刊号他与我都无文章发表，仅由吴少若写了一篇类似发刊词一类文章，说明这个周刊的旨趣与创刊经过。文内尊称从文为"老师"，尊崇我为"父执"。从文当之无愧，至于我则汗颜无地，当时我才四十岁，自忖尚年轻，没资格做他的父执辈。为这个称呼，还曾遭到天津某报的奚落。这当然是闲话。

周刊发刊曾引起各大学教授、同学们的广泛注意，争来投稿。我的许多朋友也都寄文章来。当时的声势不算小，口碑也还不错，因大家都知沈氏是主要支持人也。我算沾了他的光。不过话说回来，没有我与张明炜兄交涉也不会成功。因学界一般习惯，不会上赶着报馆去开辟园地；我若非久役新闻界，明炜兄也不会与我谈此事。可知天下事绝没有凭空而起，事皆有因也。

吴君的确不错，选稿严谨，处事稳妥。稿件刊出来，一看便知是沈从文"一派"的文风——细腻，生动，但也平实。

为了不辜负报馆当局的盛意，我也写了一个中篇《春芽》分两期刊完。以散文小说的体裁描写北平一个女校长的故事，说明人虽受命运摆布，但是人还是可以努力克服命运的。

这一个时期，我写了不少短篇，后交上海建中出版社出版，即以《春芽》为书名，但我始终没看见书。

《华北日报》的"文学周刊"，从一九四七年十月创刊，到一九四九年元月，一直是平津很有影响的文学刊物之一。一九四九年后，随报纸一齐停刊。《华北日报》也改为《人民日报》，以迄于今。吴少若君下落不明，我想从文一定知道。我非常惦念这位青年老弟，但愿他仍保持他“老师”的文采。

九、在台北巧遇从文的姨妹张充和

一九四八年全年，我在动乱中。三月调往郑州，七月又去沈阳。九月先父病逝，葬后又去南京开会。十一月回北平，一九四九年一月（一九四八年腊月）率领全家大小仓促离开故乡。因此与从文、少若都失去联系。偶然想起共同创办刊物的一幕，不禁怃然！

一九六五、六六年间，前中央银行会计处长何福元先生及中央党部妇工会方英达女士伉俪，邀请我与内子汪绥英女士同往他们府上吃饭，主客是一位新从美国经台要去香港的女士，她的名字叫张充和。她与何夫人英达女士是南京女中同学，擅昆曲，因方女士也是台北昆曲会的成员，所以在座还有“笛王”之称的徐炎之先生。还有两三位会唱昆曲的客人，最初以为这顿饭原为了唱昆曲而设，后来方女士无意中透露张女士即沈从文夫人张兆和的四妹，这才引起我的注意。但我并未惊讶，只以平淡口气，问她姐姐等有无消息？她摇摇头。

吃完饭，她们唱了一阵昆曲。张充和女士声音很美，而且中气很足，好像唱了一段《游园惊梦》。我对“笛王”说，我虽不能唱，却会听。盖自儿童时代，就在本县南关药王庙前听韩世昌、侯益隆、郝振基等的昆腔班，以后在保定、北平也听过，一直到一九三三年在天津天华景他们这群人报散，我都躬逢其“败”，因曲高和寡也。但我不反对以国粹保存之。

近来为要写从文，又向方女士探询一番。原来张女士是合肥人，她们的祖辈曾在清末为官（一说他的父亲是李鸿章的外孙），颇显要，故在地方上算是有钱有势的名门。张家有四女五男，男的名字不详。四个女的，大姐名元和，嫁了个票友，当初全家反对，但大小姐执意非嫁不可。她虽没正式读过什么学校，却文采多姿，中文好，字好，且好唱，刻在美国。老二名允和，曾是上海光华大学的校花，近况不详。老三即沈夫人——兆和。老四即前述充和，她嫁的是德裔美人，当年还没入美籍时，曾在北京研究中文，会说中国话。前次沈到美国耶鲁大学去“座谈”，就是住在康州纽海文附近充和的家里。充和与兆和是一母，前两个姐姐又是一个母亲，早逝。兆和和充和的母亲原也是合肥人，但寄藉苏州，创办“乐益女中”，故她们都会唱昆曲。

张家四个小姐长得都漂亮，一个赛一个。当然以老三张兆和最有丰采。她也是沈在青岛大学时代的高足。据说，从文师生恋爱时，一天给张兆和一封信，等于以信感动了她、征服了她。

众所周知，从文没有什么炫赫的学历，且是“大兵”出身。正因为他苦学成名，他的作品自二十年代起，已造成了文坛上的狂热；到三十年代更引起了震撼。但平心而论，他只是一个杰出的作家，绝非一个出色的教授。他不擅长讲话，而且还有时结巴（口吃），尤非吃讲义饭，把一套理论、一个情节说得滚瓜烂熟的教书匠。学生们选他的课，完全基于读了他的作品而来，并非由于能言善道讲得好。

有一点，值得特别注意的是他爱护青年，尤其照顾文艺青年不遗余力，所以不知有多少作家因仰慕他，投在他的门下，自动管他叫“老师”。他提拔这些人，介绍刊稿，介绍出书，从不吝惜助人一臂之力。如萧乾、如吴少若，还有我不知名的若干作家都靠他出名。所以他的成功并非来自教室，乃是来自课外。无论他住在哪里，总是室中客常满，有一群人环绕着他，他从无寂寞之感。

十、他是开启“文艺习作”及“文艺欣赏”两种学科的先河

截至今天，大学教育仍排斥“新文艺”课程。然而谁知道沈从文是第一位在大学里开“新文艺写作课”的人？谁又知道其中经过多少波折才开成的呢？

我曾于一九五五、五六年间，写过一篇文章，题目是《中国大学文学院课程的研究》载《文坛》月刊，后来又列入立法院质询记录。我曾把自“五四”以来全国各著名大学文学院的课程表列出来，做一综合性研究。我的结论是：三十余年来（指写文章当时），中国文学院（国文系）的课程，很少变化。考古学、训诂学、文字学、声韵学、诗词（旧）选读等等课程，已经教了几十年，试问造就出来多少专家？多少人可靠这些学问吃饭？

有人反驳说：“大学教育不是为解决吃饭问题，乃是提高青年兴趣，以做学术研究。”我说：“您的境界过高，前三十年可能如此，因大学教育法第一条开宗明义，便是大学教育之目的，在促进学术之研究（大意，并非原文），但是实施几十年下来，结果如何呢？”

中国文艺协会，在前二十年经常举办各种文艺性短期训练班，来参加的有很多是大学中国文学系的在校学生，最初没注意，后来我发现越来越多，深感诧异，我才问他（她）们：“你们为什么参加我们这非正规的训练班呢？”

您猜他们怎么答？他们说：“我们学的国文，既不能写一件普通公文当公务员；又不能如没读过大学的人从事文艺创作；当教员要检定；学一脑子这个学、那个学，只有读研究所一途。”

他们的话非常诚恳而现实。后来有人对我说：“大学教育又不是为造就作家？”我答：“我岂有不知？试问：大学教育造就作家又有什么不好？”

我举美国近年来文学院中所开Creative Writing（文学创作？）一科为例。他们就是专门造就作家，而且实行以来，已有非常圆满的例证。他们、她们没等到毕业已成为有名作家了，并且解决了毕业以后的生活问题。从校刊、不著名的杂志，到全国性及世界性的期刊上，都有这些人的著作。当然不是每个人都能够成为著名作家，但引导他（她）们走上“创作”之路，学校教育，仍是不可少的。

近年来文复会所举办的文艺训练班，大学生参加的比例仍不在少。而且由于经济繁荣、社会安定，今天职业作家已无计其数。换言之，前若干年，我们的作家还须要兼职当公务员或从事其他私人事业，靠写文章养不活，今天则不然，许多朋友完全靠卖文章为生。当然写文章是辛苦的。

作家能解决职业问题，谁说不重要？因此学校里造就作家有什么不好？

以前我反对这个学、那个学设在大学四年级内，但我不反对这些科目设在研究所。因人各有志，何况我们的社会也需要古典文学的专家呢？但通通设在大学内实不适合当前青年人的要求。

回头再说一说：沈从文当年开课是多么困难！

记得有一次杨振声（今甫）（一九四七年二月由北平同乘飞机去南京，出席参政会时）对我说：“当我接任青岛大学校长时候，有人介绍从文给我。因为我也是从事新文学创作的，早已拜读过他的许多文章，非常钦佩，也非常喜爱。我就问他：‘你能教大学规定课程中哪一门？’他说‘我都不能教！我只会写散文与小说。’我一听砸了，大学国文系也好，文学系也好，都没有教写小说与散文的。我虽也写散文与诗歌，但我是外国留学学教育的，我是以专家身份当校长。他既无学历，又非专家，光凭一个作家怎么能来大学教书？但是，我十分同情他的处境。于是我擅做主张把他留下来，以讲师名义指导学生写作。后来到了北大，老派教授反对他开课，说从来没有作家来堂堂第一流学府教书的？教授当作家可以，作家不能当教授！幸亏那时候有胡适之先生等在文化界的声望，才慢慢把反对的声浪压下去。最初好像还不叫‘文学习作’，叫什么‘新文学研究’。但即便课开了，这还是偷偷摸摸的，因教育部不承认。直到西南联大到了昆明，才正式列为文学院中的一个科目。”

“文艺欣赏”还是到台湾来才有的。

谢冰莹教授于抗战胜利后，执教北平国立师范大学，也遇到同样情形。孟瑶最初在师大教书，也是非常坎坷的。苏雪林教授她以“屈赋”为主，“文学写作”为副，所以才稳然在大学执教一辈子。当年，袁昌英、凌叔华都是以别的课程为主，兼教新文学，当时有提倡意味存在。

我有多次提倡修改大学法，尤其文学院的科目。

这一段往事，一时还说不净尽，但愿主持教育的人们，尤其当局放开眼光，展望世界，救救我们的青年吧！

十一、从文著作与简评

沈从文是中国多产作家，他出版了有五六十种著作，迄今还没有一个完整的书目（如有，恕我尚未看见），根据残缺的资料，大体如下：

《入伍后》、《传事兵》、《卒伍后》、《我的教育》、《边城》、《旅店》、《夜》、《黔小景》、《龙珠》、《船上》、《往事》、《还乡》、《渔》、《湘行散记》、《记丁玲》、《记胡也频》、《从文自传》等等。

以我孤陋所见，他在三十年代建立了他在文坛上的形象，主要因为他所写《边城》、《湘行散记》、《记丁玲》三部散文，其中至少有两部，是发表在《国闻周报》上。

《国闻周报》，是“国闻通信社”的姊妹事业。当《国闻周报》由沪移津（约在一九二六年九月以后）出版时，国内出版界，除商务、中华、北新等机构有文学出版物外，整个说来，还不发达；而《国闻周报》携《大公报》主体声望，备受全国高级知识分子之重视与喜爱。当时《国闻周报》总发行额已逾五万份，遍及全国各个角落，而每个读者，都相当有份量。因此之故，读后所发生的影响也不同。《记胡也频》在什么地方发表的？我就不记得了。

《边城》与《湘行散记》都是描写他的本乡本土凤凰县一带的所见所闻，里边有故事、有风俗、有人物、也有景色，可以说是纯粹的“乡土文学”。这也说明每个作家找他最熟习的对象描写是成功的要诀。据说最近几年，他有《新湘行记》，我想那里边的描写必与这两部有重大的分歧，因为时代变了。

《记丁玲》似乎比《记胡也频》为佳。丁玲是从文的同乡，且有长期友谊所以写来生动，有形象。《记胡也频》，我印象不深。

从他的以上三本著作而论，我们可以得到以下结论：

（一）因为他国学基础好，所以写出来的语体文，无枝蔓与冗赘之弊。但他也创下了一个“皆”字使用的先例。按在国语中，“皆”字是个“文言”字，当“都”字讲。“皆因为”即“都因为”。但是在旧体说部与若干笔记中，“皆”字用得很多，都当“都”字使用。从文把它“移植”过来，遂使后来有许多新文学作家效法他使用，最著者为小说家艾芜及另一小说家王西彦。

另一方面，这个“皆”字在东北辽宁省用得很多，犹如“都”字用。我最初不甚注意，后来到了新疆与盛世才督办闲谈突然听到他说“皆因为”、“皆因是”等话，觉得非常奇怪，后来遇见几个东北朋友，也是这么说。可是吉林、黑龙江两省的人就没听见他们如此说话了。我想，这种现象，一方面原来地方上就这么说，另方面可能还是读旧小说而来。但在新文学上，以从文使用“皆”字为始。

（二）他的文章，无论散文与小说，永远造句流畅，结构严谨；且避免用冷僻的字与语汇，故意令人惊奇；尤其不用西洋与东洋语法，教人读起来觉得别扭。他更不夸耀他的才华，甚至于自我吹嘘，使人有浑身起鸡皮疙瘩之感。特别没有“酸”味。写文章最忌的味道。这是近年来某些新起作家向人夸耀新潮派所流行的通病。他的文章永远在平实中教人读了如饮醇酒，也如饮清茶，有时也如饮浓咖啡，但也时如饮果汁。总之，他的作品，以味道而论，浓浅合度，绝不至于有刺激，也不至于淡然无味。写文章写到从文的火候，实在是功夫，也是他的潜养。单纯在这一点上，他独树一帜。这种火候，不是任何高手可翻译出来的。文章重火候。

（三）前边我已说过，三本中有两本是写地方的。因为他熟习那个环境，再加上他对于那些地方，有特殊感情与描写功力，于是才有了那么真挚与生动的杰作。

因为这不是人人做得到的。有的人虽在某地土生土长，但他并不深知他出生地的特点，缺乏新闻记者的嗅觉与分辨力；他没有深入到一个地方的骨髓去，缺少文学家对于事物品评的潜能。他若对地方缺少文学家的狂热，就不能把那个地方有具体而深入的形象，主要的还要靠描写的功力。

因此，有许多写出生地的文章，不是平淡无奇，就是描写过火。所以所谓“乡土文学”，不是自己把出生地与最熟习的地区形容一番就算了事，那里边，除形象外，还须有足以启发人思考的意义。

从文的《边城》与《湘行散记》都能达成文学作品的任务。

（……）

原文刊于《传记文学》一九八八年七月七日大湖街撰文

记苏雪林
——介绍《二三十年代的作家与作品》

全文提要：苏雪林先生是如今在台湾年纪最长的女作家。当年苏梅所写的文章，人人爱看，到台湾以后无论执教、为人，均受欢迎。她所著《二三十年代作家与作品》，恐怕只有她能写，因为她也是直接印象得来。

——作者谨识

中国新文学始自民国初年，到了二十年代，一些作家的大名，已渐被国人熟识。因为当时报刊较少，出版物不发达，任何传播都集中于全国几个大都市。又因为文盲太多之故，穷乡僻壤订阅报纸的人不多，所以作家的文名，也只限于通商大埠。但由于读报的人过分集中，也使若干作家的大名，给予人们较深的印象。

中国文学到了三十年代达到高峰，但文学内容，也最驳杂，也最纷歧。

一九二几年，在女作家群中，常见的大名有庐隐、谢冰心、绿漪、谢冰莹等。其中绿漪及苏梅，就是已经自大学中退休，现在八十二岁的苏雪林教授。

我认识苏先生是一九三五年春天，当一批《大公报》同事在武汉开创《大光报》之后，我用了大半天的时间访问武汉大学的四位教授：陈源（通伯，笔名西滢）与凌叔华夫妇、苏雪林与袁昌英教授。武汉大学位于武昌珞珈山上、东湖之滨，是一个山明水秀、环境极幽美的地方。武汉大学成立未久（一九三三年创办？）校园宏敞，房舍簇新，一派兴旺气象。又仿照燕京大学规模，每位教授都配有一幢独立两层的小洋楼。在中国长江以南，这样校舍，可以说唯一无二，打破中国高等教育设备一向简陋的第一个学府。首任校长即王世杰（雪艇）先生。因为他们多半是北京大学的教授，所以邀请的学者专家也偏重来自北方。周鲠生、杨端六等都是著名的中国学人。我因有《大公报》一段历史与通伯先生曾通过信，说明我用“滢”字比他早十三年。因我生于一九一五年，生下来，就因根据族谱，除中间按“式纪庭胤，永叙尔伦”采用“纪”字外，第三个字要按五行“金木水火土”以取字，老人就给我取了个“滢”字。通伯先生于一九二一年才开始用“西滢”二字。这当然是一种闲话。由于通伯先生的介绍，我连续拜访了苏雪林与袁昌英两位女教授，也捎带着访问了杨端六教授，因杨、袁二氏，跟陈、凌二氏，都是夫妇教授也。归后曾撰写《陈纪滢访问陈西滢》一文刊登次日《大光报》上。当时报道文学还欠发达，一般读者对于这样体裁感觉新奇，所以吸引了大批读者的注意。

那一次，我对于苏先生的印象独深。深的原因是，不但从她的谈话中，可体会出一位学者的修养外，也默默的察觉她有强烈文学家的个性。一个作者不可无个性，所谓个性并不完全是“特立独行”与“有棱有角”的怪脾气，才算个性；相反的，他必须“通情达理”“悲天悯人”有“与人为善”的胸怀，才配作一个文学家。不知怎的，当时我对苏先生的印象，是以上混合的“情结”。

苏先生自法返国，来台湾以后，先后执教于师范大学与成功大学，除授课外，仍不忘情于写作。所作《屈赋与九歌》当为她学术研究之力作，与她所著《天问正简》及《楚骚新估》等书，在“屈赋”方面永远有探讨的参考价值。其他“学术研究”“传说文学”“文艺批评”“小说”“戏剧集”“散文集”“自选集”“翻译”等将近四十种，都是她过去六十年中的心灵收获。比起她同一代的谢冰心、凌叔华、庐隐等，可以说辉煌得多，丰富得多。尤其对于自由旗帜下的“中华民国”文坛，有这么一位老前辈，卓越的站在前边，拿成就显示于现代青年文艺工作者前边，使我们感到骄傲（安慰）与兴奋！

（……）

苏先生近著《二三十年代的作家与作品》一书，可以说是她六十年的经验与阅历所产生的一本巨著。它填补了中国新文学史上的许多空白，它也增强了中国文学史内重要问题的论断。这些都是她亲身经历与耳濡目染的文学发展，与根据资料所著的文学史（自然它有它的价值）大不相同。因为一般文学史，只有客观的叙述，不应也不会有主观的论评。苏先生以一个与时代并进的人，写出她的感触，写出她的论断，使我们感觉到特别亲切与真实。

这部书共分五编。第一编为新诗之部，自胡适的《尝试集》谈到戴望舒与现代诗派。第二编小品散文之部。由周作人的思想及其著作，到自传文学与胡适的《四十自述》。第三编为长篇小说之部。她也例举了鲁迅的《呐喊》与《彷徨》、老舍、茅盾、巴金、丁玲、沈从文、张天翼等人的作品。在戏剧之部——

第四编，她谈到熊佛西、田汉、丁西林、洪深及曹禺等人及其作品。第五编为文评及文派之部，这里边包括着二三十年代的文艺思潮及文学论战的源流及经过，为最完整的记述，足资参考。

通常一个文学作者，往往把时间与精力集中于写作方面的构思、结构与故事的搜集，一般文坛发展与作家的生活，很难全般照顾，看了苏先生这部书，才知道她平素留心事物之多，不下于一个报馆图书室的资料员。我自忖有此功夫，但看了苏先生的细心，我却该惭愧！

苏先生是位明是非，有正义感，并且怀有强烈的爱国心的学者，她早年作品，固然有传世价值；就是这本著作，更值得留心中国文学史的后辈多所参考。

至于苏先生当年“毁家抒难”（抗战时期把全部家当换成五十两黄金贡献政府）与其他美德，更值得人景仰，为后世法。

广东出版社有此魄力印行苏氏著作多种，令人钦佩；但同时盼望能筹印《苏雪林全集》，使若干绝版的书，重行问世，尤为紧要。

一九八〇年六月四日于内湖大湖街

记查良钊

——怀赤子之心，秉圣人之志

“怀赤子之心，秉圣人之志。”是我多年来想赠送给查良钊（勉仲）先生的两句话。因为他有这样的胸襟，所以他对任何人都无城府。他那一片天真，铸成他永远满脸微笑；无分男女老幼，都非常容易跟他交朋友。因为他的胸怀广阔，以天下为己任，所以他忧国忧民，社会上任何事，都似与他有直接关系。因此他每天黎明即起，不到八点钟早已出门，他常常整天在外边，他忙的都是别人的事。他的热心助人，与关怀之多，使他整天忙碌不堪；也可能因此，他的健康情形比同辈与同庚的朋友好得多。“查勉公是个大忙人。”熟朋友无不这样说。

我知道他的大名是早多少年的事。却于一九五三、五四年时，在罗志希（家伦）先生的办公室与他相识。他自哥伦比亚师范学院得到学位归国后，历任清华、北大、师大、南开、河南等大学教授。抗战期间，他任国立西南联合大学训导长暨教授、师范学院导师，甚至于来台湾以后，还先后担任台湾大学的训导长和教授并任侨生辅导委员会主任委员。他在教育界广泛的服务。使得他桃李满天下，知交遍杏林。不知有多少人管他叫“查老师”。如今学生的学生，多半已学有专长，在各界出类拔萃的颇不乏人；至于在国际上有学术地位的，也数不胜数了。

但是，我还没有看见过第二个人像查氏这样与学生关系密切亲近与学生们倾心爱戴的师长了。有的人或因学术地位崇高，或因历史关系成为某一学校的灵魂、偶像，他们的学生才奉为精神领袖，攀附之不暇，引为自己的光荣。独有查氏不是这种因素才获得爱戴，才获得接近。确实因为他当年对于每位受业的学生当年照顾普通，也可能因为他的一言一行，使学生受了一生用不尽的恩惠。再由于他从来不板老师的面孔，相反的，他怀有充沛的慈悲心肠，待学生如子女，也待学生如友朋；因而出了校门，他也能叫出每个学生的名字，他也仍然照顾每个学生。相同的，学生们依然依靠他，无论就业谋职，甚至家庭细故，每逢遇到这个当口，学生们都乐意找他求教，求解决；而查氏也绝不推诿，一定竭力相助，不得到结果绝不中止。“找查老师去！”是一般学生们求“救”的口头语。

每年十二月十二日是西南联大师范学院的校庆日，查先生是最受欢迎的老师。在抗战期间，他对这个学校灌注的心血特多，对于这段生活他培植了最丰富的感情。所以那天夜晚，他的学生们必齐集于金华街清华大学月涵堂或假座金山街华美协进社台湾分社聚餐庆祝。多的时候到六七十人，少的时候也有三四十人，由他的学生宋道心、董敬乔、黄季仁、赵淑真、钱鞮南、屠婉瑛等筹备那天的饮食与招待。老师们参加的有毛子水、姚从吾、樊际昌、陈雪屏、田培林、程毅志先生等。我沾了太太汪绥英女士之光，以眷属身分成为客人之一，十几年来，每次参加这个盛会，必有许多感触。尤其当饭后，查氏分给每位与会的男女师生，以及师生配偶子女每人一支点燃着的红烛，由他领导，秉烛绕室齐唱“传播光明，传播光明，传播，传播，光明，光明，还要光明，还要光明。”由于数十位不同身分，不同年龄的大合唱声中，充满了和谐与喜悦和人性的光辉。同时也显示出当年勉仲先生所领导的教育精神和宗旨，仍能绵延壮大，可以说杏坛上一年一度的盛事。我躬逢其盛，好不快哉！

可是当年的女学生，如今多半已做了祖母或外婆；当年的男学生，不是祖父，便是外公了。当年的青年教授，有的已作古，即活着的，已是白发苍苍，届垂暮之年了！宇宙是自然旋律的范畴。不必怕老，也不必怕远离尘世。这些过程，是人生必经之路。我每次参加这个盛会之后，便有此想。所以还是满怀愉快回家。

我个人与查氏还有一段特别缘分，那便是一九六〇年七八月间，跟随何应钦公同去瑞士柯峰（CAUX）参加道德重整会（MRA）。我俩被分配同住一室。这个房间，是在二楼的一个角落上。柯峰在山巅，海拔约二千公尺，不但看山下六公里的小镇茫特尔（Montreawx）历历如绘，就是遥望七十公里外的日内瓦，在灯火辉煌中，依然可辨。那是“道德重整”的巅峰时期，布克曼博士那年正是八十三岁。他领导这个团体以“绝对诚实”“绝对纯洁”“绝对无私”和“绝对仁爱”四项标准，达到双重目的。第一是：“使上帝恢复到至尊的地位，成为一股引导国家生命的力量；其次便是加强一个国家内在的民心，因而建造健全的国家生命。”

用这种意识形态，改变人类，改变世界。（……）但我官方拿不出钱来贡献该会。看了别的国家或私人每次捐款多者几百万美金，少者几十万美金、英镑、法郎另人咋舌，同时我们无分文捐助。不免自卑。在四十天当中，我跟查氏自晨至暮，自暮至深夜，参加各种会议，兢兢业业小心翼翼既睡眠不足，还须强振精神，可说相当辛苦。查氏比我勤快，他每天必四时起床祷告、作功课。我非到六时起不来，在MRA吃饭不是享受，却是工作。每天早餐，必须交换启示（Guidiance），而且初去之时，有人Fight你，你必须承认若干过错，才能“过关”。有些西洋“打手”非常幼稚浅薄，往往拿些迹近侮辱人的问题向你逼问。如你曾犯过偷窃罪吗？如你犯过同性恋吗？等等。我们中国人，尤其受过高等教育的人，大都加以驳斥，批评其发问之不当。反之，别的国人则俯首承认一两样，就过关，以后不再找麻烦了。中国人觉得MRA既讲“绝对诚实”，我们的答复才是“绝对诚实”。因此在初期，我们给他们的印象是固执（Stubborn），不容易改变。我们则觉得他们方法错误，不理解人性。后来胡轨先生要带领五十位青年去了，还有董显光大使夫妇等。这大队人马名义上是接受训练为MRA工作。但我们事前事后无分文捐款，每天吃住消费甚多，天长日久，总部高级领导人士难免无怨言。有一天夜晚，在将近五百人的跪祷中，一位加拿大甘拜尔医师说：“大家要知道来到柯峰的中国五十位青年，每人要花费两千美金的旅费，而后要训练一年，每天都要钱，这笔钱不是少数目！”又说：“我不知道我们大家要怎样在他们身上工作？他们能不能立刻接受MRA的道理？我也不知道查、陈两位怎样帮助他们？你们二位预备做什么？以及怎样去做？”虽是祷告词，但声色俱厉，大有质询与教训意味。而且一再提到钱，令人难堪。我俩一阵心冷，背如芒刺。按MRA成例，有人质问无立刻答复习惯，只能在另一场合说明。那夜散会后，我俩决定了次晨答复词句与态度，然后想到骨子里的问题所在是无捐献，而我俩又绝难得使他们满意。思前想后，以及所负使命，不由得感触万端，情绪激动，我俩便抱头痛哭起来。第二天，我俩以不亢不卑的态度，说明我们的立场。特别指明我们五十位青年是被邀请才来，不是自动而至。事前既未说明须带食宿交通费，其过不在我们。

话虽如此，终不免歉然。

我在柯峰四十天后即离开。勉仲先生一直留到那年底。董显光先生也照例被“考问”。董先生是虔诚基督徒，而且有身分有地位，正人君子一个。哪经得起他们幼稚的挑战。后来在纽约中风，与柯峰“受辱”，不能说毫无关系。

勉公与我虽痛苦一场，但我俩尚有幽默感。与无知的人打交道，虽受辱亦不必斤斤计较。圣人也曾受辱。我虽不学，勉为勉公之后。

查氏曾在印度执教，这些年来，中印邦交与私人联系，他从中用力不少。孔孟学会他是主角。至今他仍是活力最强的人。今天因医药发达，卫生讲求，人生已由七十升到八十才开始，九十老翁仍是小儿。勉公身体犹如壮年，我这个忝列墙外的人，欣逢此日，也只能写篇小文聊尽秀才人情罢了。

一九七五年三月十一日海外归来二日后

注：勉仲先生逝世于一九八二年十二月二十日，享寿八十七岁。

第三辑

美国国会图书馆与中国图书收藏

了解东方文化的开始

美国国会图书馆东方部包括五个单位：中国、日本、韩国、南亚（印度、巴基斯坦、锡兰、尼泊尔）、近东（阿剌伯、土耳其、伊朗、叶门）。无论从成立沿革或实际收藏，中国图书馆为东方部的主干，毫无疑义。

一位美国图书馆专家说："国会图书馆的历史和发展，无妨说象征着美国人民了解东方文化的开始。"又说："如今东部包括五部门，也反映了我们的世界观念已大为增进，我们的精神范围，也有长足扩展。"

人类共同遗产

一七八四年，当第一艘美国商船"中国皇后"号，驶入广州湾后，或者自琼斯爵士（Sir William Jones）以梵文翻译中国文学哲学之后，才引起美国人对于东方——中国研究的兴趣。

虽然在十七世纪，由于以拉丁文翻译书籍，以及传教士的通信，中国思想已对法国发生了影响，但对于美国的影响，极为轻微。只有像爱默生（Ralph Waldo Emerson，一八〇三—— 一八八二）和素洛（Henry David Thoreau，一八一七-一八六二）才沾染上了一点气质。因为那时候，美国人的祖先，正在一片几乎无人烟的地区，忙于殖民。他们也觉得只要把希腊、罗马和巴勒斯坦的文化移植过来，就够用了。他们对于另一种语言文字都无了解，对于一切非西方的生活方式与思想，也认为无法接受。

那位专家说："我们的文化思想已经有了定型，我们的行为也有了规律，我们的口味业已形成了。我们要继续接受它的指导，虽然我们已知道在世界另一角落，还有另一种文化传统，并且已听到它的呼声。”又说：“可是，由于两次世界大战，以及前所未见的科学发展，人类第一次在地域上结合为一，虽然精神仍旧分裂。过去那种地域孤立思想，已渐不存在。多求了解别人的传统与其政治经济上的问题，则与日俱增。在一个圆形地球之下，无有一处能够自夸是世界中心，也没有一国敢保证惟我独尊。人类灵性的文化传统，已变为所有人类的共同遗产；欧洲人与美洲人的思想，在全球事务中，再不是世界唯一宝贵的通货了！不夸张地说，这种感觉，也许有助于人类的团结与知识分子的共同努力。”一位印度的哲学家赖达克瑞史南（S. Radhakrishnan）说：“西方正在兴起一项新文艺复兴运动，可能突然对世界形成一种新观念、形式、幻想；在亚洲，也因为新遗产的成长，急遽的精神生活形态，正在酝酿中。”

那位专家作了这样的结论：“无论如何，亚洲的觉醒，已不容西方忽视。我们研究别国的文化，是在增进我们的宝贵收获与新鲜的见解。”

同治八年清廷赠书

国会图书馆首批所收到的东方书籍，来自中国，其意义非常重大。一八六九年（同治八年）六月，清廷赠送美国政府书籍九百三十三帙，共分十类，粗略分析，大致如下：

《本草纲目》全套，一六五五年（顺治十二年）出版。三套《大清会典》，分别于一六九六年（康熙三五年），一七四八年（乾隆十三年）与一七六一年（乾隆廿六年）出版。一套关于农业的书籍于一六四〇年（崇祯十三年）出版。另一套系一八三七年（道光十七年）再版本。还有大批文学书籍，印行于一八二九年（道光九年），其中有历史、地理、法律、戏剧、诗歌和艺术等书。

驻华使节捐赠典籍

十年之后，也就是一八七九年（光绪五年），国会图书馆自美国驻华首任公使顾盛（Caled Cushing，一八〇〇——一八七九）处，获得大批汉文和满文书籍，约共二千五百帙，书目列于一八九八年的年报中，顾氏的收藏集中于太平天国时代的善本书籍，另一部分是当时天主教神父与基督教牧师有关中国文化的译著。

一九〇一年（光绪二十七年）至一九〇二年，第二位美国驻华公使洛克希尔（William W. Rockhill）赠予图书馆书籍六千册，其中汉文、满文、蒙文及藏文各种典籍。因为洛克希尔是研究语文的，而且是一位非常细心的学者。他的收藏，着重于佛教一类书籍，尤值称道。因此在本世纪初，国会图书馆已拥有九千五百册各种东方语文的书籍，但最大部分仍是中文的。七百三十三册是满、蒙、藏文书籍。一百四十册是日文书籍。五十五册是亚美尼亚（Amenican）书籍。少数自暹罗来的巴利语文（Pali）的书籍。希伯来文的书籍更少了。

中国政府二次赠书

第二次所收到的中文书籍，是中国政府于一九〇四年（光绪三十年）在圣路易（St. Louis，Miss.）将中国书籍一千九百六十五册赠予美国政府。那是当路易斯安那（Louisiana）贸易展览会结束以后中国政府将这项陈列移赠。其中包括一百九十八种书籍，大部分属于文学类。

唐绍仪代表呈献《古今图书集成》

一九〇八年（光绪卅四年），中国政府因美国退还庚款，又赠予美国政府《古今图书集成》全套。这是世界最大的百科全书，共有五千零四十册书籍，于一七二八年（雍正六年）出版于北京。清廷派特使唐绍仪代表呈献。清廷选派唐绍仪呈献这项礼品，颇有提醒注意必要，因唐氏为清朝于一八七四年（同治十三年）选派留美学生之一，当时他才十四岁，后来他当了驻美使节。

两位专家的影响

自一八九九年到一九三九年，中间经过两位专家的努力，国会图书馆在收藏方面，大为开展。对于美国农业，颇有贡献。一位专家是巴特南博士（Dr. Herbert Patnan），他认为一个国家图书馆，一定是世界最佳文学收藏所。那里边所收藏的，除普通书籍之外，仍有最不寻常的著作。那里不仅是鼓励专家学者的研究所，同时也是国民精神道德的圣坛。在他这种了解之下，国会图书馆的收藏，愈为扩展。

另一位专家是隋古博士（Dr. Walter Swingle，一八七一——一九五二），一位植物学家，曾服务于美国政府农业部。因为他曾在亚洲各国旅行，他就把中国的大豆、桐油树、橘子设法移植到美国。他又鼓励一位叫哈格泰（Michael J. Hagerty）的读中国农业方面的书籍，后来他成为中国农业书籍翻译专家，并于一九三二年把他的论文刊载在荷兰著名汉学杂志《通报》（T' oung Pao）。隋古又于熟读了中国植物学家蔡襄于一〇五九年（宋仁宗嘉佑四年）所写的专论《荔枝谱》后，他又把荔枝移植到美国来。

"橘子"与"荔枝"两篇专论，无异于两篇农业文学，奠定了中国植物、农作物和药品移植到美国来的基础。对于美国国会图书馆收藏中国文学、历史以外的书籍，更起鼓励作用。

历任中国图书馆专家

可是直到一九一一至一九一二年（宣统三年至民国元年），国会图书馆才把已收藏的一万五千五百五十册书籍，予以编目。最初负责的是一位广东籍康乃尔大学毕业的冯景桂先生（Feng Ch'ing Kuei）。他虽服务于美国农业部，在编目主任马泰尔博士（Dr. Charles Martel）指导之下，他按照中国传统的方法，予以分类。此后十五年内，每年暑期，图书馆就雇佣中国留美学生办理编目工作。其中一部分学生是临时受农业部支持来这里服务，一部分则是图书馆以本身经费来办理这件事。一九一九年，有两位中国学生曾在这里工作，一位现在已是社会学家执政于清华大学，他的名字叫陈达；另一位叫王国群，普林斯顿大学毕业生，后来曾是上海《申报》馆的副经理。李小云自一九二〇年至一九二一年曾在此服务，后来他又去阿尔班尼的纽约州立图书馆学校（New York State Library School at Albany）工作，并曾任南京金陵大学图书馆长。同样协助这项工作的，还有袁同礼博士，他于一九二一、一九二二、一九二三等年在此服务。他是纽约州立图书馆学校学生，后来曾以杰出的才干担任北平图书馆长。江亢虎博士也曾在此工作。江氏曾在加州大学执教并与白纳（Witter Bynner）合作翻译《唐诗三百首》。

从农业到少数民族文件

在一九一三年冯景桂服务时期，他曾得到巴特南的准许，搜求基本而与旧存不重复的书籍，以充实中国图书的收藏。那一次共购入一万七千二百零八册，其中不只包括农业与植物一类书籍，范围广及历史、地舆志、辞典、百科全书，以及各种丛书等。

一九一五年，隋古博士到中国研究防止果木病虫害的方法，并将中国谷物如何移植美国再作进一步考察。他又搜集不少书籍，据估计连前已达十万册。

一九二五年，国会图书馆又收到曾任中国及澳洲大使的强生（Nelson T. Johnson）的赠书，包括六十五种，共计一千零一十二册中国书籍。在此期间，又收购无数中国云南边疆苗族文件。

《本草纲目》与《救荒本草》

除《本草纲目》引起美国人甚大兴趣外，另一本《救荒本草》（Famine Herbal or Chiu Huang Pen T'sao）系明朝太子编著，于一四〇六年（明成祖永乐四年）出版，国会图书馆于一九三五年购得。那里面有四百一十四种不同类型的野生植物，可以用来救荒，虽然书中很多已在《本草纲目》中，加以介绍，但至少有二百七十六种系初次谈到。

《耕织图》的下落

一九六七年，国会图书馆又从芝加哥约翰·柯理尔图书馆（John Crerar Library in Chicago）移来六百六十六种，一万二千八百一十九册中国书籍。这项书籍系罗佛博士（Dr. Berthold Laufer）于一九〇八——一九一〇年自（Field Columbian Museum）购得。这批书多系有关社会科学的著作。其中有一种，是全世界仅有的一本，叫做《耕织图》，是楼璹于一一四五年（宋高宗绍兴十五年）所绘。一二二七年（宋理宗嘉熙元年）再复绘。虽然日本于一六七六年（清圣祖康熙十五年），再行复制，但已失去原来的精彩。

一批明版书

一九二九年，又由麦伦先生（Mr. Andrew W. Mellon）将天津王书庵氏（Mr. Wang Shu-an）家中藏书一千六百四十四种，计共二万二千一百本，移赠图书馆。在个人收藏方面，这是一批较大的捐献。其中有八十七种手抄本，时间起自十五世纪到十九世纪。九十四种罕见的殿本书。二百七十门种系明版书（一三六八至一六四四年，即明太祖洪武元年至清世祖顺治元年）。

到此时止，国会图书馆已拥有将近两千种不同书籍，构成研究中国重要时代历史的宝库。

县志、家谱

一九三五年，国会图书馆又搜罗了四十种中国地舆图，十七及十八世纪的明代舆图。其中有黄河、道路、壁图等，于一六七四年（清圣祖康熙十三年）印行于北京。

国会图书馆又搜求中国各县的县志、重要家族家谱及私人传记等，共有三千六百多种。国会图书馆曾出版中国地方历史目录。在珍珠港事变前一月，又搜得二千八百册重要手抄本。中国政府允许国会图书馆影印此类著作，共达一千零七十卷。

“善哉！楚弓楚得！”

胡适博士当时驻美，曾写信给馆长麦克莱斯说：“亲爱的先生：这封信是根据孔夫子所说故事的精神写成的。有一次，楚王狩猎回来，发现他宝贵的弓遗失了。左右向他进言派人去寻找，楚王说：‘不必，楚王丢了弓，楚人拾起来，就够了，何必再去找？’当孔子知道这个故事以后，他特别赞美的说：‘善哉！’但他只是赞美，并没有多说一句话，楚弓楚得的意义究竟意味着什么？”

佛经

仅有一个例外，国会图书馆所存的佛经，原印于公元九百七十五年（宋太祖开宝八年），据说是最早的版本。但是后来于一九二四年，当杭州雷峰塔倒塌时，又另有发现。后来在日本又发现公元七百七十年印本。因此国会图书馆现存有三种残缺不全的版本佛经。另有手抄佛经多本，九卷佛经图。这些典籍都是于一九〇七年（光绪三十三年）在敦煌千佛洞发现。其中之一，是胡适博士于一九四六年所赠送，以纪念文化交换之友谊。另有十册医书，系一二四九年（宋理宗淳佑九年）在山西平阳出版。一本《莲花经》，于一一六〇年（宋高宗绍兴廿七年）在杭州出版。

《永乐大典》

最后应该提及的，是《永乐大典》国会图书馆共有四十一大本，其中两大本是借来的。这套世界罕有其匹的百科全书，编纂于一四〇三年——一四〇八年（明成祖永乐元年至永乐六年）原有二千零九十五册，都是用手抄写的。这套奇异的书籍，据知存在世界的不过四百册（？）分散在世界各国的图书馆中。

物聚于所好

当罗佛博士（Dr. Berthod Laufer）于一九一九年九月，访问华盛顿市区以前，曾在国会图书馆参观中国书籍的收藏，虽然那时这项书仅有六万册，但他在来宾名录中写道："我十分欣幸，无需去中国，就在这里找到了中国！"

国会图书馆自一八六九年开始收藏中国图书，至今已拥有中国书籍三十九万四千册。正如胡适博士于一九三六年八月二十六日在来宾名册中所题的字："物聚于所好。"在西洋社会中，爱默生也有相同意义的回声："凡物是为了你，它就移向你！"（Things that are for you gravitate to you!）

一九六五年十月 · 原载《美国的图书馆》

沃农山庄

美国国父故居沃农山庄（Mount Vernon），也是到华盛顿的旅客，不肯轻易放过参观的名胜之一。由华盛顿市区越过波托迈克河（Potomac River），进入维吉尼亚州境内。沿华盛顿纪念公路（George Washington Memoril Highway），经过风景幽美的旷野，穿越历史名城亚历山大镇（Alexandria），约行一小时半，就到达沃农山庄了。

大厦包罗万象

沃农山庄有一个类似普通公园式的门口。进入之后，一条宽阔的甬路，横在眼前。树木夹道，地势起伏；远望有房屋几幢，气象幽静，令人胸襟为之一畅。这是在华盛顿居住一个短时期之后，最佳游览的去处。因为看多了立体建筑，容易使人发生坐井观天之感，只有平原才能使人觉得天宽地阔。

所有游客无不以华盛顿氏所住的大厦为参观中心。这里也包罗万象。这个大厦是庄内主要建筑物，共有三层楼。正门辟在当中，边有旁门各一。楼下有六只窗户，楼上则有九只。粉墙朱顶，房顶上，有两个烟囱和三只顶窗。一间顶楼上，安装着避雷设备。大厦门前有古槐数株和广大草坪，树枝上还倒悬着冰柱，光是大厦门前这片毫无修饰的自然环境，就可以反映当年这里主人的心胸。

华盛顿图书室

进入大厦门内，在楼下，有宴客大厅、小型饭厅、中央会客厅、小会客厅及卧室等。二楼有五间大卧室，包括华盛顿氏住的一间、图书室、餐具室和盥漱室等。三楼共有七个房间，一间是储藏室。

室内各种陈设用具，都依照华盛顿氏生前样式照旧布置。在二楼华氏卧室内，他当年所睡的寝具，是由四根柱架着帷帐的铜床。床前还摆着脚凳子。室内地毯、化妆台、茶几等物，一切完整如初。

华氏书房是一个小型图书馆，据说共有八百八十四册书籍、无数小册子和丰富的地图收藏。

华氏生前存书当然不只此数。如今从文件内证明，他于结婚后，曾向他的英文书籍代理人订购《农业新制度》或《致富的捷径》一类的书。在他未接受十三州军事统帅前几天，在日记中，他曾记载着："五本书——军事的，共用一磅十二先令。"这八百多册书籍包括农业、军事、文学、诗歌、历史、地理、政治、宗教等类著作。

华氏藏书和许多重要文件曾遗赠他的侄儿，也就是他的继承人布施罗德·华盛顿（Bushrod Washington）。他曾任美国大法官。后来他把这项收藏又分赠给华氏其他两个侄儿，一个叫乔治·C·华盛顿（George C. Washington）；一个叫约翰·奥古司汀·华盛顿（John Augustine Washington）。一八五〇年，其中有关内战与军事资料售与联邦政府，现收藏于国会图书馆内。一八四八年，波士顿博物馆曾自书商手中购得华氏藏书三百五十册。沃农山庄协会也曾寻获华氏散失的藏书七十五册。其余书籍部分是捐赠，部分是价购，终于使华氏藏书恢复旧观。

华氏习惯在他藏书封面签名，有时候，他把名字签在书签上。

在他的书房内，有一只附带五屉厨的书桌和一只椅子，据称系费城时代所购置。华盛顿氏曾将这两样东西遗赠给詹姆士·柯莱克博士（Dr. James Craik），他是自一七五四年以来与华氏交往最密切的朋友。直到一九五〇年，这张桌子，由柯氏后人转送沃农山庄。那只椅子，柯氏孙女已赠与安柱·杰克逊（Andrew Jackson），再由杰克逊的后人送还，使一百余年后，书桌与椅子能够按华氏生前情况，布置在原地。

巴士的监狱钥匙

在二楼拐角处，有一只立钟模样的玻璃柜，里面藏着那把历史上著名的巴士的监狱钥匙（Key of the Bastille），使所有去参观沃农山庄的人都有欣赏机会；不过多数人不了解它的来历，往往在那里瞅一瞅，便茫茫然走去。

原来这把钥匙是巴黎巴士的监狱（Bastille）所有，一七八九年法国大革命时，革命分子把监狱捣毁，囚犯获得自由，为法国历史上最动人的一幕。打开巴士的监狱的钥匙与监狱绘图四幅落入汤姆士·裴因（Thomas Paine，一七三七——一八〇九）之手，裴因转赠给拉法埃脱将军（General Marquis de Lafayette，一七五七——一八三四）。拉法埃脱将军又把它转呈华盛顿总司令，并附函说明：

亲爱的将军：容我把巴士的监狱图书四幅连同监狱门前的总钥匙呈献给您。正像我数月以前下令把它摧毁时那样的情景。这是一个侍从武官对于司令的敬礼，也正如义子对义父，以及传教士对主教的一项报答。

汤姆士·裴因也附具一函：

我能够经由拉法埃脱将军，把推翻暴政的战利品转致将军，深感愉快！毫无疑问，法国大革命是美国政治原则移植欧洲所产生的第一只成熟的果实。由于美国革命，因而将巴士的监狱的大门启开。这把钥匙来到它适当的处所，一定有无限欣慰。

华盛顿氏去世后，这些纪念物曾经散失。后来约翰·华盛顿上校（Colonel John A Washington Jr.）——也就是最后沃农山庄的主人把这件纪念品找回，再呈献于协会。协会按照华氏生前情况，恢复原位。

大厦客厅、饭厅、休息室内许多物件，都是极富历史价值的纪念品。

简朴二字概括生活

大厦后面的走廊，往往被参观者忽略；其实，走廊上才是沃农山庄视线最远，欣赏景物最佳地方。因山庄大厦前面，地势平坦，界限逼近；但走廊后面，地形则居高临下，由低洼渐次有起伏，附近数十里的田庄农舍，一览无遗。其中大部分土地，属于沃农山庄。我猜想华盛顿氏当年，在花晨月夕，一定常常在走廊上欣赏大自然。他的胸襟得自自然的影响必也不小。有六根巨柱和几十把铁椅点缀着走廊，显得气派玄昂，为休憩最佳处所。

大厦右首，有一个拱形花廊。那里春季有珊瑚色的金银花环绕。越过走廊去，有一幢房子算是大厦的附属建筑，它的主要用途是作厨房。不过根据华盛顿氏给他的经理人的信，曾说这里楼下有两间卧房，通常由佣人使用，有时候也招待客人。后来也曾充作秘书整理文件的地方。

在厨房里，陈列着当年作饭的各种用具。在华盛顿遗嘱中，所有厨房用具一律遗赠他的夫人。

华氏曾致函他的友人说："我的生活态度可以简朴二字概括。"又说，"我也不乐意矫枉过正，一杯酒，一盘羊肉就够了。如果来我这里的朋友，企求过奢，定会失望。"所以在整个华盛顿生活中，从无显示他如何奢侈的纪录。

但在革命战争之后，山庄在一个管家指挥之下，曾有两名厨司及两名侍者，并经常准备较多的食物供客人吃用。因为在那一段时间，几乎没有一天山庄没客人。仅有一次，他和他的夫人两人用饭。那便是他自总统位上退休以后，也是二十年中的首次。

当年华氏用饭时间，早餐晨七时，是维吉尼亚普通人家惯用的早餐，包括茶、咖啡、冷肉或热肉。午餐时间是下午三时。有一位曾在山庄吃用午餐的人写道："午饭太好了，有烤猪肉、热羔羊腿、烤禽、牛肉、豌豆、青菜、黄瓜、菊芋、布丁、糕点等等。我们常常被问要喝什么饮料，主人供应多种酒类，他如啤酒、汽水等，也无不应有尽有。华氏自己则喜欢喝马德拉白葡萄酒（Medeira）。饭后，主人经常停留一小时或者更多，非正式地与来客轮流交谈。有时也趁此机会为因事未来的客人举杯祝福。

山庄经常是六时饮茶，九时晚餐。有一位客人曾称道他所吃过的饭，是"一顿最高雅的晚宴，从未受过第二个主人同样款待"。

不要让客人饿着肚子走开！

沃农山庄主人的好客，并不限于那些幸运有机会与他同席的高官显要。华盛顿氏的钱袋与谷仓经常是敞着口的。虽然他常年不在家，但对于自己的责任，从未忘记。一七七五年，他从剑桥（Cambridge，Mass.）写给管家劳德·华盛顿（Lund Washington），说道："我们要对穷苦的人家客气，不要让他饿着肚子走开。假如任何这样的一个贫民来索米，尽他的需用给他，这样恩惠倘使不鼓励他懒惰，我绝不反对。每年在四十磅至五十磅数额之间，用于慈善事业，当你觉得那是很合适的赠予时。我之所指不反对，意在那桩事是我的愿望，应该要作的。你应该知道，我和我的内人，无论哪一个，都有同样想法。"

名贵的半身塑像

"华盛顿博物馆"在山庄进口处的左首，于一九二八年由山庄协会建筑于原有房屋之旁。内藏华氏遗物及有关物件很多。华氏半身塑像系法国名雕塑家珍·安东尼·霍顿女士（Jean Antonine Houdon）应维吉尼亚州政府之请，于一八七五年十月偕同三位助手来到山庄，先用陶土制成模型，然后又用石膏雕塑，携回巴黎，才告竣工。这是华氏生前第一副塑像，也是后来所有他的雕塑中最佳的一个。无数雕塑评论家对于这件艺术品，都一致赞赏。现在成为山庄协会最贵重收藏之一。半身像曾于一九〇八年谨慎地修饰过一次。

宁握剑伏地，莫背剑而逃！

华盛顿生前，曾将他所佩宝剑，在一种谕言中，遗赠五个侄儿。谕言内容如下：“执此剑者，不得任意出鞘使其浴血，除非为了自卫或保卫国家及其主权。为了后一目的，你定要拔出鞘来，宁握剑伏地，也莫要背剑而逃！”

后来有三个侄儿愿遵守谕令，选择了他的遗剑。第四柄剑仍属于华氏自己，现在陈列于半身塑像旁，连同两副肩带也在此展览。

五件中国瓷器

博物馆内也有一部分书籍与文件。书籍多是家庭用的《圣经》。文件则置放在东端书橱内。

另有五件成套的中国瓷器，储存于西端靠墙的厨里，标明广州（Canton）字样，系华氏夫妇生前常用之物。一些银器，也在此陈列。另有若干棉织品，显示山庄主人喜爱针凿。

博物馆乃在发展之中。有时，为某一专门题目，作特别展览，以纪念此一代伟人。

他是位进步的农业专家

山庄内有农田、牧场、马厩以及花园等等，共计八千英亩之广，分五个田庄。田庄的名称如下：

大厦田庄（Mansion House Farm）、联合田庄（Union Farm）、道格河田庄（Dogue R. Farm）、泥洞田庄（Muddy Hole Farm）及河流田庄（River Farm）。一般游客，通常仅能消耗一二小时游览大厦田庄，其余四个田庄，都难一一游览。

每一田庄是一单位。有单独监工、工人、牲畜，各种农事设备与房屋，并且都经过高度开发，所有仓房都由厚砖砌成，在当时美国建筑物中，列为优等。有一幢具有十六道墙的房屋，是华盛顿氏自己的设计。内有专门为打谷用的棚屋，那里的地面建筑，其坚实程度也是罕见的。

华盛顿氏在山庄的时候，他经常骑马或驾车到各个田庄去察看、计划和指导。他不在山庄时，就由管家主持一切，然后每周写一张报告，他也经常收到华氏对报告的评语和指示。

有一次，华盛顿氏写给他的朋友说："说实话，种田是我最喜欢的消遣。不过你也应该知道，直到现在，对于农业知识，我还是非常浅薄，正如我不会作丈夫一样。我的工作，时常变化，在家时又很少，我很难集中精力求得一点农业上的学问。"

可是，许多农业专家一致认为在当时华氏的确是一位很进步的农业家。他早于一七七六年从事研究他的田庄为什么不适宜种烟草，如何轮流栽种谷物以保持土脉的肥沃。他经常与农业专家通信。在旅途中，他也极注意路旁禾苗的成长和种植的方法。甚至于后来在军事倥偬与政务虫胃集时，他对农事，从未忽略。

他并非富有

华盛顿氏拥有三千英亩可耕的土地，雇有一百二十五名奴工，理应富有；可是按照记载，则证明错误。根据一七九八年沃农山庄的总账显示，四个边远田庄的收益，几乎都被大厦田庄给开销完了。那年的结余是二千七百美元。同样的数字，再未发现于其他时期。而一七九八年还是丰年。收益少的缘故，是肥料不佳，工人工作不力，监工人吊儿郎当。种种情况反映，主人不亲自监督，是田庄不能发达最重要的原因。他既献身于革命，就无法再照顾家，而他又慷慨好客，因之华氏的财富多半消耗于服务国家了。

平民化的遗嘱

华盛顿于一七九九年在遗嘱中曾说："我死后，希望我的尸体按照私人仪式葬埋，既不需要什么仪仗队，也不要有什么追悼演说。"又说："我家在沃农山庄的墓地，急需整修。我希望用砖砌的新坟在旧墓地建立起来。"

华氏于一七九九年逝世后，国会立刻通过决议，在华盛顿市内，为他建筑一座大理石的纪念碑，如果家族乐意也可把华氏遗骸埋葬在纪念碑下。可是这一计划，迄未实现，直到一八三一年，华氏和他夫人的遗骸，才自旧墓地移至现在这个地方。一八二七年，一具大理石棺，始告完成。

华盛顿与沃农山庄年代简表

华盛顿生于一七三二年，死于一七九九年。

沃农山庄系华氏曾祖约翰·华盛顿（John Washington）的遗产。他父亲奥古司汀·华盛顿（Augustine Washington）又从他姑母那里取得产权。乔治·华盛顿生于维吉尼亚州波多迈克河岸的威斯莫兰镇（Westmoreland Country）。一七三五年至一七三八年，他父亲才卜居于山庄之内。

一七四三年　他父亲逝世。华盛顿异母的长兄劳伦斯（Lawrence Washington）结婚，并定居于山庄。

一七五四年　自寡嫂手中，获得山庄产权。

一七五九年　娶丹尼尔·白克·邱底斯（Danial Parke Custis）的孀妇玛萨·丹枝·邱底斯（Martha Dandrige Custis）为妻，并与她的两个孩子约翰·派克·邱底斯（John Parke Custis）玛萨·派克·邱底斯（Martha Parke Custis）住居于山庄。

一七七五年　被选为美洲总司令。

一七八一年　华盛顿自约克郡（York-town）来往，曾在山庄短时停留。是年，约翰·派克·邱底斯死去。华盛顿又把他的两个孩子过继下来。

一七八三年　辞去国会职务，退隐山庄。

一七八七年　在费城支持宪法会议。

一七八九——一七九七年　任美国大总统时代，前后莅临沃农山庄共十五次。

一七九九年　逝世，遗骸埋葬于华家旧墓地。

一八〇二年　夫人玛萨去世，葬于华氏遗骸旁。

一八二九年　华氏继承人布施罗德死。沃农山庄传于其侄约翰·奥古司汀·华盛顿。

一八五三年　沃农山庄妇女协会（The Mount Vernon Ladies Association）自维吉尼亚州政府接受最后特许状，将山庄自约翰·奥古司汀·华盛顿第二手中购来。

柯宁汉小姐的伟大贡献

沃农山庄妇女协会，于一八五三年由南加罗林州（South Carolina）安·柏米勒·柯宁汉（Ann Pamela Cunningham）小姐发起成立。柯宁汉小姐成立这个会的目的，就是要获得华盛顿的故居，使它成为国家的一块圣地。在她的指导下，每一州分会的理事们踊跃地发起募款运动。一八五八年，山庄妇女协会终于正式与华氏曾孙侄约翰·华盛顿第二上校（Colonel John A. Washington，Jr.）签订条约，把整个山庄购买过来。

协会并依照维吉尼亚州会所示，把沃农山庄“永远奉献于美国国父”。在这种精神感召之下，柯宁汉小姐和她的同事们以及她的继承者，经过多年的辛劳，使恢复与保管美国第一任大总统故居的工作，顺利进展，以迄于今。

以下是柯宁汉小姐于一八七四年六月一日，向协会全体致告别辞时，说：

诸位女士们！诸位所经营的华盛顿的故居，一定要使来到这里的人，乐意看到何处他曾居住，何处他曾逝世，这便是诸位的责任。

原载《美国访问》·一九六五年十月

林肯纪念堂

八十七年前，我们的祖先在这大陆上创建了一个新的国家。此一国家孕育于自由，并委身于‘人类生而平等’的原则。现在我们进行庞大的内战，考验此一国家，或是任何致力自由与平等的国家，是否能永垂不朽。我们今天在那一次战争的伟大战场上集会。我们来此，是要把这战场的一部分，献给那些为国家生存而牺牲的人们，作为永息之所。我们这样作，是完全合宜的。但是，从更大的意义上讲，我们不能奉献此一场地，也不能使其成为神圣之地。曾经在此奋斗的勇士们，活着的及死去的，他们的贡献，远超过我们增减的力量。全世界很少注意，同时也不会永远记得我们在这里所讲的话，但是却永远忘不了他们在这里的丰功伟绩。现在应该由我们活着的献身于未完成的工作，而此一工作，已由曾经在这里作战者伟大地予以推进。今天在这里的我们，应该委身于留给我们的伟大任务。为了这些光荣的死者，我们应该加倍致力于他们所鞠躬尽瘁的原则。在这里的我们已有高度的决心，务使死者不致白死，这个国家在上帝之下，将有自由的新生，而民有、民治、民享的政府，将永存于世。

——林肯一八六三年十一月十九日在宾夕法尼亚州盖提斯堡国家公墓落成典礼中演说，也就是举世闻名的盖提斯堡演词（The Gettysburg Address）。

同胞们：这是我第二次宣誓就任总统职位，在这一个场合中，我认为是无须发表像第一次那样长篇的演说的。在第一次就职典礼时，发表演说以详细解释施政方针，似乎是适当的。现在，四年任期已经完结了，在那四年当中，公众于现在仍然吸引全国精力和注意力的伟大斗争的每一点和每一方面，都曾经发表过意见；因此，我现在没有什么新的东西可以奉告各位。我们国家的力量——也是一切其他事物所依赖的东西，其进展的情形，诸位也是和我一样清楚；而且我相信大家也认为满意的和令人兴奋的。我们既然对将来都抱着崇高的希望，所以在这里，我不想对我们的力量作一个预测。

四年前在现在这样的一个场合里，大家的思想都焦虑地集中于即将爆发的内战。大家都恐惧它，而且都想法避免它。那时，我在这里发表就职演说，表示愿尽力拯救国家而避免战争时，叛乱分子即在本市进行阴谋，企图无需用战争的方式而破坏我们的联邦。虽然，两派人都不赞成战争，但一派宁愿作战而不愿让联邦存在，一派则宁愿作战而不愿联邦毁灭，于是战争卒于降临了。

我国人口，约有八分之一是有色人种，他们不是分布于联邦各地，而是集中于南部地区。这些黑奴，构成了一种奇特而强大的利益。大家都知道，这种利益，便是那次战争的原因。叛乱分子们之所以不惜用战争来分裂联邦，其目的就是想加强、保存和扩大这种利益，而政府所能有权从事的，不过是限制这种利益在区域上的扩张而已。那次战争的规模和持久，双方都没有料到。而且双方也不期望战争的原因，会随战争的结果，或在战争结束之前而解决。每一方面，都只求轻而易举的胜利，每一方面，都没有企求根本性和惊人的结果。两方面的人，都是读一样的《圣经》，也是向同一个上帝祷告，而每一方面的人，都企求上帝的帮助以战胜对方。说来也许觉得奇怪，人们从人身上的血汗中榨取面包的时候，为什么竟敢要求英明上帝的援助呢？然而，让我们不要裁判别人，正如我们也不愿受人裁判。我们两方面的祷告，都不会如愿以偿的。事实上，我们任何方面的祈祷都没有获得充分实现。全能的上帝，他有他自己的宗旨。《圣经》上说：“触犯上帝的罪行是难免会发生的，世人如触犯上帝，灾祸便会从天而降；但是，这种灾祸，只降临于那些引起犯罪的人。”由此观之，如果我们假定美国的奴隶制度是上述那些罪行之一，假定南北战争是上帝所加诸那些引起犯罪的人的处罚，那么，我们难道怀疑上帝的神圣和公平吗？诚然，我们希望并企求这个战争的灾难迅速结束。但是如果上帝要它继续至一定时间，要我们用血来偿清我们所犯的罪时，那我们也只能说：“上帝的判断是真实的而且公平的。”

让我们对任何人不存恶意，让我们对一切人均保持慈悲之心，让我们坚持上帝使我们看得清楚的正义，让我们继续努力完成未竟的工作，裹起国家的伤痕，照顾那些在战争中的牺牲者及其孤儿寡妇，大家竭尽一切能力，以谋致我们互相间及国际间的永久适当和平。

——林肯于一八六五年三月四日发表的第二任就职演说（Lincoln’s Second Inaugural Address）。

值得参观的纪念堂

到华盛顿的人士，除了国会，最高法院等地要游览一下外，如果时间许可，一定莫失去机会看看林肯纪念堂、杰弗逊纪念堂、华盛顿纪念碑、阿灵顿国家公墓，及无名英雄冢等。这些地方，如无意在考证方面下功夫，仅为了观光，每一处停留半小时，也足可达到目的。大多数游客对于纪念性的建筑物，也只能以走马观花式的姿态去欣赏。能把那份导游说明书读完的有几人？什么时候再能消化这些耳闻目睹的事物，更是问题。一般情形，只是马马虎虎浏览一次，说起来某处去过而已。至于接受建筑物的教训，对于人生启发什么影响，那境界更高了。如果认真研究每一纪念物的历史背景，也颇不简单。譬如我在访美期间，读到一条关于建议修建罗斯福总统纪念堂的新闻，就显示其复杂性。有一位民主党参议员向国会提出法案，为罗斯福总统筹建类似林肯纪念堂式的建筑物，不料竟遭到阻碍；反对的人包括共和民主两党议员。他们的意见是罗斯福总统虽系美国历史上伟大总统之一，但他的功过，迄今尚无定评：站在国计民生的立场，这项建筑物，还不急需，应该从缓。究竟这个法案是否因此就被搁置，甚至被取消，固然还在未定之天，但至少已生相当波折，则是事实。

筹建的波折

今天美国人对于罗斯福总统还在怀疑他的功过，推测当年提议修建林肯纪念堂时，或不无类似情形，至少也发生过相当阻碍。筹建林肯纪念堂始自他死后第二年。一八六七年三月二十九日，国会通过一个法案，批准组织林肯纪念碑建筑协会，由协会负责筹备捐款及建碑，由协会负责筹备捐款及建碑设计一切事宜。但这个协会并未发生实际功效。一年年地溜去，虽然若干影响有助于这项目的，可是直到一九一一年二月，国会再通过另一法案，规定“新委员会应迅速计划建碑或建堂，以纪念亚伯拉罕·林肯。”一九一一年三月四日，委员会举行首次会议，一年之后，就是一九一二年二月三日，在第十次委员会上，决定在波托迈克公园（Potomac Park）内，国会与华盛顿纪念碑轴心地带，建立一座面向东方的林肯纪念堂（Lincoln Memorial）。

哈定主持竣工典礼

于是两位来自纽约的建筑工程师，一位名叫亨利·培根（Henry Bacon），一位约翰·R·包伯（John Russel Pope）接受邀请，负责设计。委员会并指定由培根最后决定图样。国会又于一九一三年元月二十九日，通过全部设计蓝图。于一九一四年二月十二日，开始破土。基石于一年之后竖立。在工程进行中，委员会选聘丹尼尔·C·范琦（Daniel Chester French）雕塑林肯石像。又聘请裘罗·古仁（Juleo Guerin）负责设计壁画及装饰堂内梁柱。六年多之后，纪念堂建筑始告完成。由委员会主席，也就是最高法院大法官威廉士·H·塔虎特（Williams Howard Taft）于一九二二年五月三十日——美国阵亡将士纪念日（Memorial Day）将此纪念堂呈献于哈定总统（Warren G. Harding）之前，由他代表美国人民接受这项历史建筑物。

由此可知，一个解放黑奴的历史伟人，他的纪念堂，由国会成立法案之日起，到建筑完成，耗时五十五年，历经十二任总统，纪念之难，于此可见。

宽忍、诚实、坚定的美德

在介绍这座纪念堂的一篇文章内说："这座纪念堂、是崇敬具有容忍、诚实与坚定精神的人类美德。这里的大理石雕像，他曾经靠这种美德，作为治国方略，而借此永久裨益他的国家与永久影响其人民。"

"林肯即便是一个平凡的总统，甚至是一个平凡的英雄，一座平凡的纪念碑，毫无疑问，早应及速建立了。可是，半世纪之后，这个纪念物才在美国首都建立。好像是故意让时间溜走，把这桩崇敬伟人的工作，留给下一代人完成。"

"纪念堂既非庙宇、宫殿，也非坟墓，但分享所有。这座纪念堂的大理石墙，已把这个伟人的人格真实精神镌入，他相信人人应该享受自由、自由思想和自由表达自己，在合法事业上，有使用自己的天才与雄心的自由。"

我于游遍南方各州之后，目睹黑人问题对美国人所增加的困扰，愈感林肯精神之伟大；而林肯解放黑奴的德政，无人可能相比。因此参观林肯纪念堂，启人深思之处更多。

建筑雄伟庄严

回头再说说纪念堂的建筑情形。纪念堂系由白色Colorado-Yule石建筑而成。

整个建筑设计与雅典卫城上巴特农神殿（女神）相似。外边是古朴的圆柱，里边柱子都是爱奥尼克式（Ionic，即柱头带涡卷形装饰）。这两种形式代表着希腊整个艺术，堪与希腊、罗马建筑物媲美。它的圣洁和优美的设计，较之任何古代的最佳建筑物，毫无逊色，在宽广的支柱中间，有一幅象征各州团结的图形。环绕纪念堂外墙的三十六根巨柱，代表林肯逝世时的三十六州，在支柱的横眉上，刻着这些州的名字。另在古典的墙壁间，镌有纪念堂建筑完成时的四十八州的州名。由名艺术家埃爱斯·C·贝司铎（Ernest C. Bairstow）镌刻横眉并装饰这些古典墙壁。

三项纪念物

纪念堂正殿有三项纪念物。一项便是林肯的巨大坐像。其次便是一排柱子把正殿与中间部分隔开。再其次是在北墙上镌刻着林肯第二次就职演讲词，南墙便是盖提斯堡讲词。

内部墙壁一律使用印第安纳石灰石（Indiana limestone）。堂顶天花板距离地下是六十尺，包括铜梁都用月桂及橡树叶加以装饰。横梁之间的嵌板，都用阿拉巴马石（Alabama marble），以石蜡磨光，显出透明体。地面和墙角，用的是粉红色的田纳西石（Tennessee marble）。

林肯像座所占中间地位，宽度五十八尺，深度七十四尺。艺术家采用战时林肯的容貌。从头至足是十九尺高，这种比例是假若林肯站起来是二十八尺高。整体像两端（包括椅上的褶皱）也是十九尺。像座是用二十八方乔治亚石雕刻而成。皮西瑞里兄弟（Piccirilli Brothers）雕刻这些石方，在纽约工厂内，于四年中完成。最初丹尼尔·C·范琦设计的林肯像是十尺高，但后来发现，如果这样，将与整个纪念堂不成比例；所以才改变计划，将林肯像的高度加倍，成为现在这样形状。林肯石像坐在十尺三寸高、十八尺一英寸宽、十九尺二英寸深的长方形半身塑像座内。

林肯纪念堂共用二百九十五万七千美元。林肯像共用八万八千四百美元。

单纯以建筑物而论，在当前世界，林肯纪念堂也是举世无比的。

原载《美国访问》一九六五年十月

访日本老作家
——武者小路实笃先生

一、周作人介绍新村运动

大约一九二二、二三年间，我还在中学读书，我的国文老师宋屏舟先生，给同学们选读周作人介绍日本文学作家武者小路实笃所领导的“新村”运动。当时，中国作家从日本留学回来的很多，介绍日本作品成了一时的风尚；而西洋作品，日本翻译最为迅速，因此若干欧美名著也有很多是从日本翻译成中文的。日本作家厨川白村、夏目漱石、小泉八云、芥川龙之介、菊池宽等人的作品，正大量介绍过来；突然，又有人介绍另一作家，而且涉及一种理想，于是武者小路实笃的大名和他的“新村”运动，很快地就被中国人知道了。

那时候正当第一次世界大战之后，沙皇推翻，苏维埃劳农政府成立未久，新潮流汹涌而来，公理战胜强权的声浪，高唱入云；旧桎梏枷锁，人人厌弃，都想打破它。由“五四”运动所产生的文学革命，正在中国文坛如火如荼地发展着。周作人介绍武者小路实笃的作品与思想，可谓恰当其时。

随后，武者小路实笃的作品，如短篇小说《第二个母亲》、《一个青年的梦》，剧本《爱欲》、《妹妹》，都曾译为中文。崔万秋兄并于一九二八年翻译他的长篇小说《母与子》，后又翻译他的中篇《忠厚老实人》，戏剧《孤独之魂》（中华书局出版）及《武者小路实笃戏曲集》等。

在第二次世界大战以前，武者小路实笃的著作，还有《人间万岁》、《友情》、《我也不知道》、《幸福者》等。战后的作品有《真理先生》、《大傻瓜》（原文为马鹿一）等。

武者小路实笃是日本文艺界白桦派领袖，在他的旗下，有志贺直哉、有岛五郎、有岛生马、长与善郎、里见（弓享）、犬养健、龟井胜一郎、高田博厚、山县深雪、杉山参绿、土崎洋二、河野通明、小川保男、耕治人、岸田幸四郎、松尾正光等，有的在日本文坛早负盛名，著作等身；有的是后起之秀，正脱颖而出。

实际上，“新思潮”杂志主角芥川龙之介、菊池宽、久米正雄、谷崎润一郎等，不但因深受白桦派的影响，另辟蹊径，这些人也尊武者小路实笃为前辈。

由此可知，武者小路实笃在日本文学界的崇高地位，为仅存的硕果了。（另正宗白鸟年龄比他大几岁，但声望没他高。）

二、车中恶性补习

今年六月下旬，我于美国访问结束归国途中，预定在日本停留十天，其中有一部分时间，用作观光外，我希望抽出一两天来拜会日本作家。事先，我曾写信给我大使馆参事崔万秋兄，表示我这项愿望。崔兄既驻日本多年，通晓日本事务最多，且又系我国文艺、新闻界前辈，对于介绍日本文学他是权威，所以我的愿望非由他的介绍，无能实现。我与万秋兄嫂是多年老友，抗战时期，在他重庆巴县中学崔府上，常为食客。我也就不客气地把这个责任托他担承。

到东京之后，我去大使馆拜访他。经过我们一番磋商，决定于六月廿八日上午去拜访这位我仰慕几将四十年的日本老作家武者小路实笃先生。

万秋兄说：“既要拜访老作家，就要拜访最有名望的；要会晤新作家，就要会晤最红的。”然后他又告诉我，等我自关西旅行归来，要特设宴席，为我介绍一批新作家，其中一位是目前日本文坛上声望正隆的曾野绫子女士。

我感谢他的盛意。

到了日子，我先去大使馆去会他，他说：“已经和老先生约好了，我们就走吧。得一小时的汽车路程才能到。”

在我俩下楼时，我发现他手提两瓶酒，我已意会到将有作什么用场。

坐在车上，我回想周作人介绍武者小路实笃那篇《新村》文章内容，事隔将近四十年，实在记忆模糊了。幸而因他的名字特别，未忘其人。同时我所知武者小路实笃的事迹未免太少，于我访问不无滞碍，于是我不得不临时抱佛脚，得一点救急知识。同时我也发生疑惑，问道：

“万秋兄，武者小路实笃，哪几个字是姓？又哪几个字是名？又日本音怎么拼法呢？”

“武者小路四个字是姓，实笃是名字，若以英文拼日音，应该是Mushakoji Jitoku。”

然后他又告诉我：武者小路先生生于一八八五年（即明治十八年），今年已七十七岁，是东京人，曾肄业东京帝大哲学科。他是贵族，袭子爵，有三个女儿，没有子嗣，仅有一养子。他的弟弟名武者小路公共，在战前曾任驻德大使，去世未久。

又万秋兄介绍白桦派的由来，说道："武者小路先生因深受托尔斯泰的人道主义影响，又鉴于沙皇推翻后，苏维埃政权的种种设施，因而提倡新村运动，实行耕读主义。于一九○九年创办《白桦》杂志，标榜新理想主义，以人道为本质，以无技巧为形式，鼓吹自然，单纯真率。因此白桦派影响日本文坛很久，也可以说迄今不衰。"

万秋兄又说，《白桦》杂志停刊后，武者小路先生又创办了一个刊物，叫做《此路》（日名："二四道"）。这个刊物于昭和二十八年三月廿四日创办，每月一期，到现在已有九个年头了。

白桦派健将志贺直哉战前曾著有《到网走去》、《混浊的头》、《母亲之死与后母》、《大津顺吉》、《和解》、《暗行夜路》、《山科之记忆》、《万历赤绘》、《范之犯罪》等。战后曾有著《灰色的月亮》、《秋风》、《被腐蚀的友情》、《自行车》等。

长与善郎为白桦派后起之秀。《白桦》停刊后，曾由他编另一杂志《不二》，为《白桦》与《此路》中间白桦派同人刊物。他个人的作品有《青铜之基督》、《项羽与刘邦》、《野性之诱惑》、《那一夜》等。

这些人与作品不但影响了日本文坛，更反映白桦派寿命之长久。

我在车中，以恶性补习的方法，临时学得一些关于武者小路实笃及其周围的知识，深感其重要性。

车子一直向东京西郊开去，我也不辨方向，只见由最繁华的区域穿过，渐渐走到偏僻的街道，还是前途茫茫。司机一再查看地图，万秋兄频频指示路标，好像距离尚远，我瞅一瞅手表，已走了四十分钟了。

三、朴素的住宅与布置

约续行一刻钟，到了郊外更偏僻的地方，路旁牌上写着"调布市"，据万秋兄说马上要到了。我见这一带房屋样式，街道宽窄，甚至于环境卫生情况，与台北近郊，毫无分别。这和我在美国所见的农村小镇显然不同。日本的财富大概仍集中于都市，不均的现象在乡镇便较分明。

看着看着，车子走过一条窄街，在一所较大建筑物前，石坐上刻着“桐朋学园大学”，据说是一所学校所在地。车子到了这里又向回折，走入一条下坡路，在路的右首有一个两边有木柱的豁口，万秋兄指挥司机径直把车子开进去。他的住址经更改后是东京调布市若叶町一丁目二三四二〇番地。车子停在一幢日式房前，有一位着黑色宽大和服的老人，已自玄关走出门外，来接客人。

万秋兄首先与这位老人相互施礼，然后与我介绍说：

“这位就是武者小路先生。”他随口也介绍我的姓名与他。

“久仰了！久仰了！”我说。

于是他引我俩进门，脱鞋，上玄关，走进约有十席大的榻榻米客厅去。

万秋兄说：“多日不来拜候先生，路径竟生疏得走错了。”随后他把两瓶酒递上，作为拜见礼物。我内心不觉有点赧然。万秋兄为了我，既要耗费时间，又要破费金钱，可知桥梁也不易当。

在万秋兄介绍我，类似说开场白，武者小路先生倾听的时候，我坐在对面，端详这位老作家的外表，他有一副中长身材，以日本人旧日平均高度，他不属于矮的一型；方圆的脸，耳垂与下颏多肉，戴金属窄框眼镜，头发灰白，稍有脱落。宽袖和服中露出的两只浑圆胳膊，手背也无鸡皮暴筋之状。他的听觉似乎也很好。整个健康情形，看来不似将近八旬衰老的人。如果说他年仅六十岁，绝不致令人惊讶。

我再扫视一下客厅内的环境，除了一只大沙发，两只小沙发都用藏青布套外，中间还一只长茶几。这些物品算是待客用具了。屋内一角，有一张长案，摆着许多纸与画具一类东西，案下也有调色板与未完成的画幅。墙壁上悬着一张日式山水画和两张静物。室内整个陈设与气氛，既不似日本高等家庭的整洁高贵，也不像小户人家的局促狭隘，这种不加修饰，毫无向人夸耀意味的情景，正反映素持自然主义文人的住宅；但从右手一溜玻璃拉门中望去，后院有树木、池塘之类的点缀，代替一般人家的亭台花园。

为了充分利用时间，等万秋兄开场白话尾说完，我就开始访问。我首先说明四十年前读了周作人介绍“新村”运动的一些印象，又说明于四十年后，亲来领教，内心是如何愉快。我首先以一些轻松话题开始，我说：

“先生近来有什么大作？”

这时候，有一位瘦小的老妇端着三杯茶和两碟干果自内室进来。武者小路先生介绍：“这是我的太太！”我们忙起坐行礼，她放下茶杯也忙双手扣膝。我看见两碟干果，一碟是杂色糖，一碟是红枣，所用瓷器，异常朴素。等他的夫人退出后，他才开始答复我刚才的问话。

“因为年纪大了，我就不能不把要说的话，趁早说出来。现在我经常用随笔形式发表。”他说到这里，忽然一停顿，但不一下功夫又续说道：“这两天，我又准备写写小说了。”

凡是有创作经验的人，对于他为什么由随笔改写小说的原因，不难索解，所以我就省去了一问。但我接着又问道：

“先生自一九一八年在日向创设新村以来，时间已度过将有半个世纪，请问先生的思想，有什么显著变化？您还在提倡新村运动吗？”

万秋兄翻译完毕后，他略加沉吟，就答复说：

“我的思想与风格，虽然经过悠长的岁月，可以说没有什么变化。”然后他解释无变化的理由，“大自然比人类聪明。人类若按自然走路行事，不会有错；反之，若违背自然，一定会错。如花木，各有各的开花季节，有先有后，次序井然。樱花、桃花、李花依时生苞长蕾，完成自己的功用。如吃东西，本是为营养，却借味觉满足要求。大体来说，我主张顺应自然，万事不可强求。至于新村运动，并不因时间关系中断。”

这些话可以说相当深奥，需要相当意会。

四、新村运动与时代

武者小路先生之提倡新村运动远在本世纪初起，当时东方两个君主国家（中国和帝俄）相继革命。新的民主政体，尚待完成，土地改革与社会制度，更谈不到，新村运动在此时机确是一崭新课题；不过，近四十年来，民主国家借种种联营与合作制度，发展经济，至于社会福利事业，更为重视，在这么一种情形下，新村运动是否已感陈旧，在我心中，实成问题。于是我把我的怀疑说出来，向他请教。

“目前民主国家社会发展情况，与我的理想，并无冲突；只是新村运动的理想更高一层，因为人除经济生活外，还有精神生活，也可以说是真理生活吧！我们就是注重真理生活的一群人。”

我听到这里甚感茫然。我知道在基督教内有一支派，叫作“小群弟兄”，他们所标榜的便是“有福同享，有罪同受”的共同生活。也称作和睦同居。

我举这个例子，请武者小路先生说明异同。

“我们无宗教成见。我们新村中宗教信仰也不同，但对新村理想则一。我们共同操作，共同享用。我们要作自己认为合理的事，心安理得之事。”

我本来还想往更深一层请教，尤其请教些具体事实；以证明什么叫“合理的事”与“心安理得的事”。但我们彼此的问答，经过来回翻译，不知不觉已超过一小时之多，于是我不得撇开原则，问些较易了解的问题。

五、慷慨好义的地主

“我知道在九州的日向新村（也叫作西村，因为在日本西部）仍然有好多家，不知东村在什么地方？共有若干住户？”

他答道：“东村在埼玉县毛吕山，现在共有二十四户。”

我问：“他们共种多少田，那些地从哪儿来的？”

万秋兄代答道：“东西两村所有田地都是武者小路先生捐赠的，据我所知东村有三町步，就是三百日亩。”

武者小路先生接着又说：“村里的人一面耕种土地，饲养鸡鸭猪只等等，一面还定时读书写字。我们有会员，彼此互称兄弟姊妹，常常集会。我们有自己的学校，自己的商店，公共浴室等设备。”

我和万秋兄说道：“武者小路先生原来是个大地主，不过他不是蓄养奴隶的贪婪者，却是一位慷慨好义的理想家。可惜我没有时间去亲访一下新村；否则，我一定可以为他的理想多有作证。”

万秋兄把我的意思，翻给他听后，他不住地点头。他好像怕我不了解他的理想，又继续发挥道：

“我们承认私有财产制度，但对于过分集中的财产，我们主张限制。我们承认个人是社会的基础，因此我们尊重个人。我们主张发展个性（天命），但要有团体生活。我们不主张国与国斗争，阶级与阶级斗争，我们愿彼此都能和平相处。我们所追求的是人类共同的快乐、幸福与自由。”

六、对现代作家的批判

我忙捉住机会改话题，问道：

“老先生，对于近代日本新兴作家有什么高见？”

他略微沉吟了一会儿，便说：“老实讲，我对新作家的作品阅读太少。不过，真正有价值的作品，我虽不看，一定也会影响到我。作家写故事，引人入胜容易，在思想能发生影响实在很难。”

谈着谈着，有人来到玄关，据说是给他来送钱来的。原来武者小路先生，近年来除提倡新村运动，写文章外，更借售画来维持生计。他画的多半是静物，如一棵白菜、两只萝卜、荷花与藕等等，各百货公司均有代售，每一小幅售日币五六百元，据说生意相当不错。复制品还便宜，后来我在白木屋百货公司买了他所画的两张复制的白菜萝卜，每幅仅三百日币。

七、老人与鱼

我见时间已过中午，就要道谢告辞；但他一定要我去到后院看他的池塘。

我们从房端甬道，跟随他走入后院，越过一道狭桥，就看见一个池塘，池水不深，见有无数尾金鱼鲤鱼，游来游去。大的有两尺长，小的有五六寸，共有一两百条之多。老先生拿着鱼食向塘里丢去，鱼都聚在跟前争夺，啧啧有声。

“这也是我每天的功课——喂鱼。”他笑着说。他好像对于饲养生物非常有兴趣。怡然自得之情，可在笑面上寻见。我看见他迈步渡狭桥的姿式，与行路的速度，可以说步履还相当矫健。大概这位老先生不但充满理想，摄生也有道呢。

临别，他送我七月份《此路》月刊一本，我在返程中，阅读武者小路先生所写的第一篇文章《本心》，因我不懂日文，请教万秋兄，大意说：“自从兄弟去世后，我愈觉在世之日无多，所以我要把要说的话，尽早说出来。我现在常以绘画自娱，但是可惜我用功太晚，画不好，如果再给我几年工夫，也许有些进步。”“人间贤与不肖，美与丑，健康与羸弱把人分成几类，但都在追求生活的乐趣。现在世界思想混乱，强者胜，弱者败，都争着在武力方面竞赛。只要我活一天，我就不乐意看见暴力，而暴力迟早必失败。”

八、西村创立四十四周年

总之，这位老先生的思想，仍是以人道主义为基础。他主张人类应和平相处，维持人性尊严，发展个性，顺乎自然。追寻一个幸福快乐自由的世界，为他最高理想。

因此，他的理想或者可以这么概括：是儒家的大同思想，是尧舜时代的生活。但今天的社会已复杂多了，谋求人类幸福方式，已有不少例证。新村运动正接受时代考验，有无存在价值。虽然，无论他能否如其他学说主义，向世界发扬，在人类史上有什么贡献；但愿借两个新村，至少埋伏下一颗种子，等待日本国民看它抽芽茁壮，在三岛上开花结果，也不辜负二十世纪初期有这么一位伟大的实践家了！

今年九月十六日，为西村创立四十四周年纪念日，新村运动者，将在西村举行大规模庆祝会，并发行纪念特刊。预料这一日，这班新村实践家与慕道者必有一番盛会。作为一个中国人，在前四十年曾对这一理想有些印象，四十年后侥幸能亲自拜访新村运动创始人——武者小路实笃先生于其东京郊外私寓，真有说不尽的愉快。这篇文章聊当我四十年来记忆的印证，更愿借它庆祝新村运动的成功，与创始人武者小路实笃先生的健康！也借此谢谢我的好友崔万秋兄！

一九六二年七月

从札幌到旭川
——访晤《冰点》作者三浦绫子女士记

中俄战后到满洲里

我想去日本北海道（Hokkaido）一游，至少已有四十四年之久。一九三〇年夏，我奉吉黑邮政管理局之命，调往满洲里一等邮局服务。中俄战于一九二九年底起，未两月即结束。我方损失韩光第旅长、梁忠甲被俘。这一仗暴露了苏俄的野心，也暴露了我军政两部门的弱点。起源于中东铁路局内共产职员的破坏我主权，实际与搜查苏俄驻北平大使馆（大使是加拉罕）有关。结果是损兵折将，招了一场失败。蔡运升签《伯力协定》，与中东铁路督办莫德惠赴莫斯科交涉，都是不得已的补缀工作而已。

我到达时，满洲里一片凄凉。野外交战痕迹还未消除，炮弹壳子还星散在风砂的地上。我去的第一个星期天，就捡回了三只大小不同的弹壳，拿回来当花瓶使用。战壕工事原封未动。西望俄境内十八哩小站，消失在朦胧中。人迹罕见，草木不生，鸟兽皆无，满目荒凉。《吊古战场》文中的形容词与描写，在这里都用得着，只是这儿比“胡天”、“胡地”更“胡”就是了。

西伯利亚为欧亚交通捷径

那时欧亚交通情形是这样的：如果由上海去欧洲，乘船要经过苏彝士运河需要二十四天，如乘火车由满洲里到法国西岸只需时十二天。去欧洲的旅客，如喜欢乘船，在上海、香港都可以搭乘；如为了赶时间，可乘西伯利亚（鲜卑利亚）火车。过了俄境，可改乘欧洲大陆各种直达车，有的地方七八天就可以到了。邮局为处理欧洲邮件，长江以南的重件（印刷、包裹）往往发交邮船经苏伊士运河运转，轻件（信函类）则仍经由西伯利亚火车运转。因此那个年代欧亚两洲的人民，凡寄信或印刷品时要注明走哪条路，要走水路就要注明Via Suez（即经由苏彝士运河）；如走旱路，就要注明Via Siberia（即经由西伯利亚）。邮局也备有现成的贴签，跟现在“航空”“限时专送”的贴签一样。换言之，欧洲人民寄亚洲邮件也是一样，任由选择一条路线。当然如中东一带国家，只有一条路可走。东南亚一些地区的信函也有经由亚伯利亚的。

邮局在边陲之地设立一所一等局，其主要工作，就是负责经由西伯利亚邮件的运转，凡是亚洲地区，包括日本、韩国、菲律宾、关岛，澳、纽（新西兰）、越、暹（泰国）、星（新加坡）、马地带的轻件。都要先运转满洲里。也就是经过中国境内，再由满洲里邮局把这些邮袋装上苏俄的亚伯利亚火车往欧洲运。这一交一接需要一番手续，邮局工作人员就是负责交接事项，要记载某处的邮件多少袋，某处寄某处的包裹若干袋、印刷品若干袋；而中东铁路与俄国铁路，往往按照规定的时间，当中只差半小时，最多一小时，时间既促，邮件又多，全体员工都须动员办理装卸、分类、记数、制单据等等工作，以配合火车开驶时间。真是急如星火，分秒必争。如在夏天还无所谓，因那里气候不热，工作起来方便；到了十月以后直到次年四月，有半年之久，是冬季。大部分月份，是在零下二十几度，寒冷异常。工作人员虽穿厚皮大衣、戴皮帽子、手套、穿毛袜及毡帽，仍难挡住北风的吹袭。我们常常在零下四十八度时工作，您相信吗？因为到了冬季，西伯利亚经常有大风雪，火车被风雪阻塞，几乎无一次不误点，一误就是十几个小时，正是下半夜二三点钟的时候，东北管这个期间叫做“鬼呲牙儿的时候”，极言其冷，连鬼都得“呲牙咧嘴”不胜其酷寒。每一次邮件，常达两三千袋之多。而每国有每国特制邮袋，无论质料颜色或花纹，都有特别标志，令人一看，便知是哪国邮袋。其他如袋牌、绳索及铅印等都有坚固、牢实、纤脆、易折的分别。大半工业发达的国家，它的邮袋必定好，如德国、英国、荷兰的邮袋，不但好看，也坚固，尺寸标准。尤其德国，连重量都极平均，很少特重，也很少特轻的。而上端那一条红色横条，更陪衬美观。又西班牙的邮袋用红黄线陪衬在中间，显得非常华丽。当时我们非常喜欢处理德国邮袋，无他，因整齐故也。柏林B四（Berlin B4）是柏林最大的邮局。如中国的上海，当时首都虽是南京，但以邮局而论，上海则居全国之首。因此我们每次交接柏林B四的邮件最多。其次是伦敦、巴黎、阿姆斯特丹及布鲁塞尔。罗马、马德里、哥本哈根、奥斯陆，以及斯特哥尔摩等地的邮件也不少。至于英国的格拉司哥、曼彻斯特、爱丁堡、利物浦；法国的里昂、瑞士的日内瓦、意大利的弗罗伦斯、威尼斯等地及巴尔干半岛诸国，东欧波兰的华沙、匈牙利的布达佩斯、奥地利的维也纳等地每次都有邮袋发来。

日本邮袋中有北海道

至于发往日本的邮袋，当然以东京（Tokyo）、大阪（Osaka）、神户（Kobe）、横滨（Yokohama）、长崎（Nagasaki）、门司（Moji）、下关（Shimonoseki）等地邮件为多。这些地名我们入局后，不到一年，在信件中，早已背得滚瓜烂熟了。因为邮局录用人员考取之初，大多数都要先在邮件部门工作一个时期，才调到其他岗位。在邮件部门中，先从国内起，然后及于国外，天长日久，对于中外地名无不熟知。不但大城市知道，就是小镇店，也无不知道。我入局不到两年，对于山东、河北两省的小城镇名便知道很多，因东北一隅，以直鲁豫人为多，封信时节，必须查看地名由哪里转，才能把信封入哪里。

譬如胶济路上的高密、淄川、潍县等地方的信件，一定封交青岛局转，济南府以南的信件由济南局转。国际邮件也是如此。当时看了欧洲的邮袋牌上写着Hakodate，Hokkaido，Japan，就觉着奇怪，不知这是什么地方，回头一查地图，才知道Hakodate是“函馆”，Hokkaido是“北海道”。再看看纬度，北海道在北纬四十二度至四十五度之间，与哈尔滨的纬度相仿。可以说在同一纬度上。当时就梦想：什么时候可到日本北海道一游？这真是梦想不到的事！因为依当时情形，这不过因查地名，一时激起的空想。那时不用说到外国，就是国内若干地方也没有办法准能实现游览的目的！

自一九六二年起，我曾五度经过日本，其中有两次停留时间较长，但因贪图游东京附近及关西名胜，北海道之游仍无法实现。

初闻札幌之名

一九六七年我在西班牙马德里遇见两位日本青年，攀谈之下，据说是来自北海道，并且是首府札幌（Sapporo）人。这两位青年向我宣传札幌之美，更引起了我的兴趣。后来在台北县永和镇又认识了耿殿栋医师，偶然有一次他展示他的摄影，有大部分是北海道的风景，尤其冬季降雪后的郊野等等风光，引起我不少遐思，其中札幌若干帧照像极伟大壮观。所以从那时起，决心寻找机会一偿游览北海道之宿愿。

札幌行

今年十月七日，笔者应日本新国民出版社社长大江可之之邀，去东京出席拙著《荻村传》日文本出版的纪念会，会后又去大阪演讲。等我的公务已了，我就于十三日由大阪乘“全日空”班机直飞札幌，两小时到达，住进车站前国际大旅馆已近午时。吃完了中饭，马上参加下午札幌游程，可以说没有半点耽误就开始游览。四个小时的游程，不但使我窥见了札幌市的主要街道，并且把重要名胜也游览无遗。

我虽非最老的旅游家，但十五年来，我旅行欧美四次，已颇有若干经验。我一查看札幌的旅游节目表，便选择了最主要的一路。而市内交通因一面看地图，一面乘车通过，也有所了解，内心非常愉快。出乎我意料之外是札幌市之现代化，不亚于日本的东京、大阪，恐怕有若干处上述两大都市还不及札幌。以前我总以为北海道是日本最北的一个岛，地处边陲，气候严寒，岛上的一切，不会如东京、大阪那么繁华与现代化；哪知道我猜想错了！不但高楼大厦栉比连云，而道路之宽阔整齐与百货公司与市面之繁荣，决不逊于东京大阪。车站的地下名店街，更非两大都市可比。札幌也有“地下铁”，我试乘了两次，非常清洁与有秩序，地面交通由公共汽车维持，也极方便。所以四小时的旅游，可以说已偿宿愿之大半，但我此来仍有一愿，即会晤日本名女作家三浦绫子是也。

旭川拜访

我在台北早已知道这位作家是北海道人，住在札幌的北边旭川（Asahikawa）。我请翻译她的名著《冰点》与《绵羊山》的女作家朱佩兰女士为我介绍，并且告知她的住址与电话号码，我于游览完毕回到旅馆后，就请柜台上的服务人员给她打电话，马上挂通了。我请他代我问问：哪天去合适？对方回答说：最好明天（十四日）就来。我一想反正我是来游览，哪一天去都是一样。所以我立刻请他答：可以。我又问：什么时间去合适？对方答：我可乘下午二时三十五分的直达车，四时二十六分达到。我可以在她们那里待上四小时，于八时十五分再回札幌，十时十五分到达。我问：我们彼此不相识，以什么作志号呢？对方答：以穿雨衣为标志。我说：一切遵命。说完了电话，我问服务员对方是谁？他说是位男性，好像三浦绫子也在旁边。我想说电话的人一定是她丈夫了？她丈夫何许人？当时我并不知道。于是我便请接待替我订购十四日下午二时三十五分由札幌到旭川的车票。

那两天札幌的气温是华氏表四十度至五十度之间，又刮着北风，自亚热带去的人自然深感寒冷。我虽生长中国北方，并在东北作事多年，对于寒冷并不陌生，但因为年岁大了，颇有既不耐暑也不耐寒之概。但我看了当地人随走随发抖的样子，知道衣服单薄不足抗衡气温的突变。我自台湾去时曾带有毛背心及秋日夹克各一件，但这天清晨都穿在身，仍觉冷飕飕的。于是决计乘去旭川的早晨到百货公司添置冬装。车站前恰好有两家大公司，一家叫“东急”，一家叫“五番馆”。这两家公司的规模，绝不逊于东京的“高岛屋”、“三越”及“松阪屋”等，我先游览一番，然后在“东急”买了一件厚棉夹克，穿在身上才觉得暖洋洋的。

中午在名店街饱餐一顿，稍微休息，便步行到车站去，因国际旅馆就在车站前，不需两分钟就到了。依照标志找到了月台，准时搭上火车。这是由札幌专门开旭川的直达车，当中任何站也不停。虽不对号，但人人有座位。车厢及椅子倒也干净，两个人一排坐，坐得满满的也没有人站立。可知他们管理制度好，票与位置都相互配合。车上并不供茶，仅有小贩来回售饮料及糖果。日本人有读书习惯，上了车几乎人手一册，默默地阅读，从不见有人高谈阔论，扰及邻座之事。

我借机会则隔窗欣赏沿途风景。第一天借参加游览之便，已经把札幌市郊的名胜看得差不多了，重温寒带的秋意，给了我不知多少回忆；这次乘火车自札幌往北行，另有一副景象呈现在我眼前，那便是两边草木，不是红色就是深黄色，而满山遍地的红叶，尤其令我喜爱。不只一块地方如此，整个一百多公里的旷野都被深红赭紫及菊黄的颜色埋没了。一片片、一簇簇的红叶，到处可见。有一段很长时间，我被这种景色吸引得发呆。

记得抗战胜利后在北平，每逢秋季，城内文人墨客必到西山看红叶，为一年一度的雅事。我们附庸风雅，也率领全家大小到香山慈幼院一带去跟着人家的足迹寻拾红叶，其实所看见的红叶并不多，只是借机郊游，以舒畅心神而已！东北严寒，一到深秋，野外草木枯萎，呈一片土色，没啥好看；而北海道则尽是颜色的天下，独霸而普遍，真是美不胜收，若人喜爱！

我一路看来，真觉得这儿的草木获“阳光”与“水土”的滋养变得这么美丽，如果不获人欣赏它，真是白白长得这么娇艳，煞风景之事了！

不知怎地，此刻我忽然忆起《老残游记》上刘鹗到了济南府“家家泉水”“户户垂杨”的描写。而这里够得上是“老圃黄花”“秋意正浓”的季节了。

人，不接触自然，不知自然的可贵可爱。惟有自然，才能激发人思。我此时的思怀既远且古。工业社会有什么好处？物质供应无缺，让人多便利、多消耗、多生产、循环相应，促使社会繁荣而已；每个人慌慌张张，不可终日，毫无思索的时刻，精神陷于空虚。还不如日出而作，日入而息，咬菜根、踏泥土的时代。人类有充分的时间，也有充分自由；既无应酬之烦，也无开会之累；三五成群，闲话桑麻，说些澹话，看起来无聊已极，实际上，何尝不是修心养性？我常常在欧美报纸上发现一些非政治性的篇幅中，怀念古老时代的幽情，大有人在！我们不能耻笑这便是落伍、不进步。古时代，得精神分裂症的人不多，得怪病的人也少；唯有现代，精神病院人满为患，癌症更令人视若蛇蝎猛兽，人类之大敌。“究竟农业社会好呢？还是工业社会好？”我不禁问道。

在家乡，四季分明，每个季节有每个季节的特点。到了亚热带，季节等于无。北平是最适宜中国人生活的地方，无论你是江南漠北，只要到了那里便被其同化，不想再走。

我在车中触景生情，如野马奔驰于旷野之中，无所拘束；不知不觉“旭川驿”到了。

乍见三浦伉俪

车站颇似彰化车站味道与规模，我走出站外，见一个人身著雨衣，向我张望，走向前去，我用英语问道：“您是三浦（Miura）先生吗？”他也用英话答道：“我是。你是陈先生吗？”我答：“是，三浦先生。”老实讲，在此以前，我不知三浦绫子用的是丈夫的姓，像咱们中国女作家，一辈子叫娘家的姓，而且当了祖母还称小姐。（这种怪事，只有中国才有！）我等于冒叫了。我俩正在寒喧中，从右首急步走来一位女士，我虽然连她书上的玉照也没见过，但我猜想必是三浦绫子无疑，我就趋向她去，我用英语说道：“三浦绫子女士，您好吗？我就是陈某某。您二位来接我，十分不敢当。”她也用英语答道：“非常欢迎您来。”我见她满面堆笑，态度谦和，而且有一股不可抗拒的力量吸引人，也受人尊敬。

我夹在她们贤伉俪当中，在车站前寒喧不到两分钟，便招来一部计程车坐上去。我坐在右首，绫子坐在中间，三浦坐在左首，因为日本规则靠左首行车，所以第一个上车的要坐在右边。我问：“离府上很远吗？”三浦答道：“不很远，几分钟便到。”这时候掏出一张名片递给我，我忙将我的名片还礼。这时候我才知道他的全名是“三浦光世”。我的好奇心驱使我寻根究底。我问：“您二位原来是同姓，可是Ayako姓的您的姓？”这句英文他俩都一时没弄清楚，我一再解释。他才明白了，答道："Ayako娘家姓堀田，嫁了我之后改为三浦。"我忘记堀田的日文发音是什么了。

三浦光世的英文听的能力，好像比说好一点。绫子可能怯于说，她对英文懂得不少。这是我在车内简单谈话的经验。我们一面谈着，一面我也浏览旭川街道上的风光。这又是出我意料之外，这个更北的城市，可能仅比札幌小一点，其他街道宽敞，高楼栉比，都是一样。因为战后日本经济发达，尤其近十五年来，一切旧式建筑物多不存在。新建筑物都是楼房，普通都是四层以上，二十层以上的高楼像旭川这个边远小郡也有。由此推之，可知北海道其他地区也是这样。

她们在旭川市丰冈二条四丁目。按说还应有番号，可是她们没有，其他人也没有，我不明白怎样分辨。她们的房子是一座镶着绿色马赛克的二层楼（一楼一底），进门处有玄关，上了玄关，右首是客厅、地板、有五坪大小，有沙发、地毯、有摆设纪念物的橱柜。左首是饭厅。与客厅平行的一间，是榻榻米式的，靠墙有两只书橱，但不见书桌。我不晓得她们这间房子平常派什么用场。在饭厅拐角处有楼梯，可达二楼。我推测楼上是三个房间，其中至少一间是卧室，另一间是书房，是三浦绫子写作的地方。

互相赠礼

我在她们客厅坐定之后，依照东方待客习惯，绫子与我先奉茶，然后我也把预备的礼物献上。我首先把朱佩兰女士翻译她的《绵羊山》递给她，我说："我明知您已有此书，但为了尊敬您，我乐意远从台湾把您的中文译本亲自送您一本。"我并且把扉页上的题字请她看。其次我把拙著《荻村传》中、英、日三种本子，一一题名送她。我那本中文原版本，印刷简陋，而且陈旧，我也不避讳这些缺点照送一本。她接到手中，一一翻阅，面露笑容，对于那本刚出版的日文本更翻阅至再，显出她更觉亲切。赠书仪式完毕后，我才再拿出我的世俗礼物，一筒台湾清茶，两只大理石彩色小花瓶，一赭红，一灰白，我发现她的纪念品橱柜内尚有空隙，于是我自动把两只小花瓶替她填补，也颇为陪衬。我的赠礼完毕后，她也立刻还赠我两本书，一本是三浦绫子著《道安りき》青春编，另一本是（歌集）《共に歩めば》（三浦光世、三浦绫子合著）。并且已题名记上年月。另外三浦光世先生拿出两间礼物，但仍由绫子亲手递给我一个纸盒，内有包装得很美的北海道手织领带一条，这是很名贵的东西。另一个大纸盒，我不知道里边是什么，但依照西方规矩，我必须当面拆开表示我的喜爱，原来是只雕钻花纹葫芦形两层柚木小盒，打开了里边有一只小盖，底层空档很大，可盛任何小饰物。外边腰间有一条红丝带缠着，美观典雅，不愧精心之选。使我感动的是她们夫妇对我之来访有完好的准备与设计，绝非普通应酬。

打开话匣

这一切礼节过后，我坐在当中长沙发上，她们夫妇二人坐在我对面两只小沙发上。我们三人面前各有一杯茶，把刚才那互相馈赠的热闹气氛驱除，静静地，我首先用英文把我对川浦绫子夫妇要说的话，徐徐道出，我说：

“三浦先生，中国有一句话，‘不知者不怪’，平素因我穷忙，对先生知道太少，因此书内没题您的大名，请莫见怪。我仰慕绫子的大名是读过朱佩兰女士翻译大作《冰点》之时起，后来又读了她译的大作《绵羊山》越发敬佩。您的《冰点》电影，我们也看过，深受感动。可以这么说，您在台湾读者心目中，比任何日本作家都为深刻。不只因为您的著作成功，也因为您的著作译文刊登在一个销路最广的报纸上，引起广泛读者的注意，所以书一经出版，就列为最畅销者之一。我为此首先向您致贺。其次因您有宗教信仰，一股真实力量涵盖在您的书内，所以能吸引人能感动人。一个从事写作的近五十年的人不会盲目褒贬人，您的作品是我在世界当代作家中最看得起最崇拜的第一人，因此我愿献上全副对您的敬意。第三，我有机会能亲来旭川拜访您，引为半生最大幸事。尤其对两位风采与表情感到无限亲切。”

我是用英文，慢慢说的。可能她俩仍不能完全会意。但实在说来，只要是个真实有经验的作家，无需语言，就是默默相对，灵犀一定相通。所以她俩仍接受了我的赞誉，面部表示了相当愧感。

可能因为朱佩兰女士对她们过分夸张了我的“地位”与“成就”，她们夫妇二人对我执礼甚恭，而且无形中谦居“后学”，处处表现了她们对我的重视。我却尽量抑低自己被人错估的身价，表现轻松。这是人类礼貌上的大学问，我虽不擅长，却知其中奥秘。

随后她俩也稍微表现了心理上的松弛。

海曼牧师任翻译

说着说着，一对西洋人从外进入。我曾听朱女士说过，上次殷颖牧师拜托她，赖一位洋牧师替他们传译，才沟通思想。我想来者必是为我们解除语言障碍的人了。

“我是大卫·海曼（David Hayman）。”

“我是陈某某。”

“这位是内人。”

“您好，海曼夫人。”

寒暄已毕，然后海曼自我介绍说他是这里一个教会的传教士，来自澳洲。若干年前，曾在中国贵州传教。我问他还会说中国话吗？他说已丢得差不多了。我把刚才的一段话，重复一遍，请他再以日语传译给三浦夫妇。传译完了，三浦绫子再道谢不止。

我带着一具摄影机，我要求三浦夫妇，试着在室内沙发上拍照，又在榻榻米上拍了一张。海曼先生住在附近，也回家去取来有闪灯的照相机，各拍几张。

因这时已快下午六时，光线暗淡。我表示我的拍照，毫无把握，海曼牧师也说，虽有闪光，但也不一定照得好。三浦绫子说道：“不要紧，等会儿咱们再请职业摄影家来。”

于是她提议：“咱们出去晚餐！”

我说：“那不是太麻烦吗？我可以不吃饭，谈谈就回札幌。”实际，我有此准备，谈到八点钟，我可能还不会饿，我在火车上买点心吃，也能过得去。

“那怎么行？我们一切准备好了。”

“既是那样，恭敬不如从命。”

居然穿中国旗袍

“请稍待，我去换衣服。”然后她上楼了。刚才三浦光世穿的是一套深色西装，结深红领带。光世中等身材，瘦瘦的，一个聪明过人的外表，看起来也不过四十一二岁。绫子穿着一件深色短外衣，下边长过膝盖的浅色裙子，头发虽不是刚从美容院出来，却也不散乱，既未敷粉涂唇，也没有戴耳环。她也是中等身材。整个打扮，与她的作家身份，十分配合。而她眼睛里有神，有光，令人一看，就会喜爱她。趁她换衣服的当中，我才有此估量。

约有五分钟，她下楼来，站在我面前，使我大吃一惊！原来她换上来的新衣是一件白底紫色与黄色相间、长可及地的中国旗袍，穿在这位温静娴淑的女作家身上，既高贵大方，又特别显着端庄优雅。我说：“美丽极了！‘Thank your motivation, Ayako!’”我说。

于是走到门口，两辆计程车已等候在门前。

不消几分钟，就来到北海道旅馆（Hokkaido Hotel）。这是旭川最大的旅馆，约有十几层，楼下布置华贵堂皇。绫子在前引路带到她所预定的座位，照宾主位置坐好。我与牧师分据了宾位，坐在绫子这边，海曼夫人坐在光世上首。好在共五人，所占面积不大。

日本物价高昂，我作主客的，自然懂得选菜的道理。我选的是中等价钱的，绫子说："不行！一定吃最好的！"她表现的慷慨大方，令我感动。我三番两次说："绝对吃不了！"她才答应吃中等价钱的，好像是四千五百元日币，也够贵了。因为大家都是基督徒，所以免用酒。

正式用饭以前，由澳籍牧师祷告谢饭。祷告中，他特别感谢上苍给予大家见面的机会，并且特别提到我与三浦夫妇的相会是上帝的安排。

我看看表，已六时半了。我先问："此地距离车站需要多少时间？"绫子答道："三分钟就够了！""那么，我们要于八时前离开这里。"我说。"没问题。"牧师说。

然后我们正式进入谈话港湾。

反被访问

我本来有许多话想问她，虽然在她府上，我已知道三浦光世是位诗人，两个人并有合著。我也知道三浦光世现在是绫子的著作的经理人（manager），因为她有四部著作拍成了电影，并有若干著作被拍为电视连续剧。包括她十几种著作都经常需要人照管，三浦光世就替她司理这些琐务。

我还没张口，三浦绫子就抢先问我道："陈先生，我想先问你一个问题。为什么以你一个政治家还要从事小说创作？"

她以日文发问，经过海曼牧师传译。我听后，很奇怪，她为什么先发此奇问。我来是访问她，她反倒先访问起我来了！我欣喜她有此种态度。我并未加思索，答道：

"绫子女士：人是政治动物。我对于政治不能不承认有相当兴趣，可是我从事写作在先，而且我也不能不承认我是政治的低能儿。政治使我糊口，却不能培养我的精神生活。同时我感觉政治生命极短促，文学生命如果有好成就可能比较长些。"

她听后点点头。她又要想问我什么，我不等她张口，我便很冒失地说："绫子女士：我是来拜访您，容我先问您几个问题好不好？”

她点头说：“好。”

我说：“依您的自述，您是受中坞正昭牧师的督促，您写下了《迷失于黑暗的旅途》，以后您再为《主妇之友》写《太阳不再沉落》，您的开始，好像很突然。你感觉这是哪股力力量激发您？”我用英文讲，由海曼牧师译为日文。

她似乎胸有成竹很肯定地答道：“完全是神的力量。我常从祷告中获得启示。”

“包括《冰点》吗？”

“是的，包括所有写作。”

海曼牧师与他太太都在此插言：“您不知道，她夫妇二人对崇拜上帝是如何虔诚！她俩所获稿费也大部分捐给教会了。”

“您们是同一教会吗？”我问。

“不，三浦夫妇参加的教会并不是我所主持的。是另一个几个教派的联合会。”海曼太太答。

概谈生活

我接着问道：“我知道日本稿酬与版税都很高，您在十年之内出版了有十五种之多的作品，那么您的收入一定相当可观了，我不要知道详情，您可否对您的经济状况稍加描写？”

她听后莞尔一笑，但也并没有多加思索，便答道：

“是的，日本作家报酬相当高。可是我们夫妇身体不好，常常生病，医药所费不赀，再加上我们捐献教会，收入多花费也多。我们盖刚才您看见的那栋房子用了许多钱，这些钱都是预支版税或是得的特别奖金。因此过去四五年我们都是欠着书局或出版社的钱。从现在起，我们的拖欠已偿清，今后或者有比较好的日子过了。陈先生，您呢？”她不放弃了解我的机会。

我道：“说来惭愧，我还不能靠笔耕以糊口，我的生活要大部分仰仗立法委员的薪给，稿费只是补贴而已。但我们许多青年作家，已能专靠写稿维持生计了。”

我问她：“您写作习惯是什么？譬如白天写，夜晚写？吃茶？或抽烟？”

“我不吃烟，您是知道的，我爱在静静的夜晚写。”

“写通夜吗？”

“不，我几乎有定时，不影响睡眠。”又说：“有时我与光世一起来写。但是如果没神来领导，我几乎一个字也写不出来。陈先生，您靠什么写作呢？”

她想多了解我，与我想了解她的心情是相等的。

“说来惭愧，我虽是受洗长达四十多年的基督徒，但绝不是个好教友。因我不能经常上礼拜堂。我的写作仅仅是靠写作经验的激发，觉得不吐不快时才拿笔，而习惯性也很重要。是否这里边有神助我不知道。形迹上虽不近神，但我在精神上与上帝并不疏远。可能祂暗中在提携我。”她听后表情严肃而欢欣。

因为双方语言须经过传译，因此时间耗费加倍。无论怎么说，我们是在吃饭中，也不免耽搁些工夫。说着说着快七点半了。突然见有人携着照像架子进来了，原来她们怕刚才自拍照片没把握，请来职业照像人。（我与牧师所照均未成功）

幸赖职业拍照

那位摄影师和他的伙计在饭厅一边支开了架子，又稳住镜箱，请我们暂停进餐先拍照。我们尊请摆好姿势，先拍了一帧五人合照，又我和三浦夫妇三个人拍了一张。这两张照片于十一月初寄到。

我又跟海曼牧师夫妇攀谈。他的教会名称叫“国际福音宣教团”，他们对于日本传教很有信心。夫妇二人都讲流利的日语，有两个儿子现在澳洲，曾来过北海道探亲。

说着说着，快八点了，我忙于回札幌，所以匆匆吃完了最后的甜食，便登车赶往车站，进入车内，还有两分钟就开动。但这时北风刮得飕飕的响，气温越发降低。两对夫妇在我窗下，冷得打抖。她们不得不两男两女互相拥抱起来以抗寒，使我立在车内心甚不安，等火车开动了，才摇手告别。

此行印象

因为时间短促，又兼语言隔阂，彼此心曲，无法畅通；而有许多问题无法深入探讨，实在是彼此的损失。我相信再有半日，我会从她身上发掘许多问题。

众所周知堀田绫子学历并不高，她当过四五年小学教员，她对学生爱的教育影响了后来的写作生活。她先后有两个爱人，一个不幸死亡，一个解除婚约。她患过严重结核病及骨疽症，在病榻上挣扎了十三年之久。三浦光世也有过不少女朋友，但他爱上了绫子，招呼她的病痛，等她痊愈后两人结婚。绫子生于一九二二年四月二十五日，今年五十二岁，光世今年五十岁，比她小两岁。但看起来都比实际年龄小十岁。结婚后，他俩曾经营一爿杂货店，增加了绫子许多社会与生活经验。一九六四年以《冰点》一书，获得《朝日新闻》一千万元征文奖金，约合新台币一百万元，轰动文坛，并享誉世界。台湾读者印象尤深，其后又有《绵羊山》、《盐狩岭》、《爱的信赖》、《冰点续集》、《我的结婚生活》（原名《尘土的器皿》）、《寻道记》多种，分别由朱佩兰与刘慕莎二女士译成中文出版。她的许多著作，都显示了她特殊风格，细腻、坦率、风趣，并具有动人的诱惑力量。她与丈夫三浦光世的诗集，语多缠绵。这对夫妇与曾野绫子及三浦朱门有相似处。但三浦绫子与三浦光世接受了宗教的影响多了几分光与热，所以照耀在读者心灵中，烤炙在读者的躯干上所发出来的反应有所不同。她是位有更远大前程的当代作家，她的影响力将垂诸永恒！

一九七四年十二月二日于东南亚访问前夕